主　办　北京华人经济技术研究所
编　辑　《华人经济年鉴》编辑委员会

北京华人经济技术研究所
《华人经济年鉴》编辑委员会
地　址　北京市东城区安德里北街 19 号 1-2-102
电　话　（010）84137439
传　真　（010）65043062
邮　编　100011

華人經濟年鑒

YEARBOOK OF THE HUAREN ECONOMY

2012～2013

（1994年创刊）

华人经济年鉴编辑委员会

中国·北京

编辑委员会

本年鉴在国家工商行政管理总局商标局注册

编　辑　说　明

一、《华人经济年鉴》1994年创刊，是一部旨在反映世界各国和地区华人经济的发展历史、现状及其所在国和地区的经济概况的实用性资料工具书。

二、本《年鉴》2012～2013年版是《华人经济年鉴》1994年版、1995年版、1996年版、1997～1998年版、2000～2001年版、2009～2010年版的续编。在栏目上较前有所调整，集中述及华侨华人经济及其所在国家和地区的经济概况。可对读者出国访问、考察、投资、移民、调研，提供有益参考。

三、本《年鉴》在述及国家和地区时，按洲划分。洲内各国和地区按其英文名称字首排列，以供查阅方便。

四、本《年鉴》资料来源由于涉及面广、出处不同，在编辑过程中，虽尽可能加以订正和统一，但不足之处在所难免，切望指正。

五、本《年鉴》在编辑出版过程中，承蒙中外学者、专家、有关单位和个人给予大力支持和帮助，谨在此致以谢意。

《华人经济年鉴》编辑部

2013年9月

目　　录

亚洲

美洲

欧洲

大洋洲

非洲

附：

亚　洲

文　莱（Brunei）

国名　文莱达鲁萨兰国（Brunei Darussalam）

面积　5765平方公里

人口　40.6万（2009年）。马来语为国语，通用英语，华语广泛使用。伊斯兰教为国教。

首都　斯里巴加湾市

国内生产总值（2010年）：120亿美元

人均国内生产总值（2010年）：3万美元

货币名称：文莱元

汇率（2010年）：1美元＝1.4文莱元；与新加坡元实行1∶1汇率挂钩。

简　况

位于东南亚加里曼丹岛北部，北濒南中国海，东南西三面与马来西亚的沙捞越州接壤，国土被沙捞越州的林梦分隔为不相连的东西两部分，该国沿海为平原，内地多山地。有33个岛屿，海岸线长约162公里。属热带雨林气候，终年炎热多雨。年均气温28℃。

古称渤泥。14世纪伊斯兰教传入，建立苏丹国。16世纪初达到极盛时期。16世纪中期葡萄牙、西班牙、荷兰、英国等相继入侵。1888年沦为英国的保护国。1941年被日本占领。1946年英国恢复对文莱的控制。1971年同英国签约，获得除外交和国防事务外的内部自治。1984年1月1日文莱宣布独立。

全国共划分4个区，区以下设穆金（相当于乡），行政长官是乡长，由政府任命；穆金以下设村，村长由村民选举产生。

经　济

文莱是东南亚地区主要产油国和世界主要液化天然气生产国。石油和天然气是文莱的经济支柱，约占国内生产总值的67%和出口总收入的96%。近年来，侧重油气产品深度开发和港口扩建等基础建设，积极吸引外资，促进经济多元化发展。目前，建筑业和服装业发展较快，已成为继油气产业之后的第二大出口收入来源。

资源　石油与天然气资源丰富。另外有11个森林保护区，其面积为2277平方公里，占国土面积的39%，而86%的保护区为原始森林。

工业　以石油、天然气的开采和提炼为主，建筑业是新兴的第二大产业，其他还有食品加工、家具制造、陶瓷、水泥、纺织等。

农业　农林渔业的产值在国内生产总值中所占比重近2%。可耕地面积很少，除种植少量水稻，此外还有橡胶、胡椒、椰子、木瓜等热带作物。90%的食品依赖进口满足国内需求。

旅游业　旅游业是文莱近年来除石油、天然气业外大力发展的另一产业，政府采取多项鼓励措施吸引海外游客。主要旅游景点有：独具民族特色的水村、王室陈列馆、赛福鼎清真寺、杰鲁东公园等。中国已成为文莱最大旅游客源国。

交通运输　公路总长3773.7公里。水运方面，水运是文莱的重要运输渠道。穆阿拉深水港是主要港口，此外还有斯里巴加湾市港、马来弈港等。另有诗里亚港和卢穆港等主要是供出口石油和液化天然气使用。空运方面，首都有国际机场。文莱皇家航空公司有 10 架客机，开辟了 26 条国际航线。

同中国的关系 1991 年 9 月 30 日中文两国建交。

华人经济

目前文莱华侨华人约 6 万人，约占当地总人口的 14.56%，华侨华人多集居于首都斯里巴加湾市，约占该国华侨华人总人数的 35%。1929 年英荷壳牌石油公司在文莱诗里亚地区发现石油后，即进行大力开采，当时许多华工被召募雇佣来文莱从事石油开采和加工。文莱独立后，由于政府对外侨采取控制政策，所以文莱的华侨华人基本保持在 6 万人左右。其中约 2 万多人已取得文莱国籍，1.5 万人为永久居民，另 1.5 万人仍为临时居民。文莱华侨华人祖籍多为福建、广东两省，其中福建省籍者约占 80%，主要为大、小金门人；广东省籍人大约占 18%，主要为客家人和潮州人；海南省籍人约占 2%。

文莱华侨华人主要从事批发、零售、贸易及建筑业。餐饮、娱乐性行业已成为华侨华人的垄断行业。律师是华侨华人另一主要从事的职业，文莱现有近百所私人律师事务所全部为华侨华人开设。台商 3 万余人多来自金门。

文莱华人社团组织有文莱斯市中华商会等。

柬埔寨（Cambodia）

国名 柬埔寨王国（Kingdom of Cambodia）

面积 18.1万平方公里

人口 1481万（2009年）。高棉语为通用语言，与英语、法语同为官方语言。佛教为国教，93%以上的居民信奉佛教。

首都 金边

国内生产总值（2010年）：114.4亿美元

人均国内生产总值（2010年）：792美元

货币名称：瑞尔

汇率（2010年平均）：1美元＝4060瑞尔

简　况

位于中南半岛南部。东和东南部同越南接壤，北部与老挝相邻，西和西北部与泰国毗邻，西南濒临暹罗湾。海岸线长约460公里。属热带季风气候，年均气温24℃。

公元1世纪下半叶建国，历经扶南、真腊、吴哥等时期。9～14世纪吴哥王朝为鼎盛时期，国力强盛，文化发达，创造了举世闻名的吴哥文明。1863年沦为法国保护国。1953年11月9日柬埔寨王国宣布独立。1970年，朗诺在美国策动下发动政变，推翻了当时的西哈努克政权。当年5月5日，西哈努克亲王宣布成立柬埔寨王国民族团结政府。1976年4月17日柬全国解放。1993年11月，柬王国政府成立。随着柬国家权力机构的相继成立和民族和解的实现，柬政局渐趋稳定，进入和平与发展的新时期。2004年，柬国内局势发生重大变化。柬组阁僵局被打破，新政府和国会成立，新老国王顺利更替。

全国共划分23个省和1个直辖市。

经　济

柬埔寨是世界上比较贫穷的国家，工业基础薄弱，农业在国民经济占有重要地位。柬经济结构单一，过于依赖制衣、旅游和建筑业。据柬埔寨国家银行统计，2010年柬经济增长率由上年的0.1%上升至5%，通胀率为3.1%，柬币对美元汇率微增3.2%。外资实际投入5.53亿美元，同比增长8.1%。柬经济形势有望看好。

资源 主要矿藏有金、宝石、石油、磷酸盐及少量铁和煤。柬盛产紫檀、黑檀、白卯、柚木、铁木等贵重的热带林木，并拥有多种竹类。森林覆盖率达61.4%，木材储量约11亿立方米。柬渔业资源丰富，有东南亚地区最大、素有“鱼湖”之称的洞里萨湖天然淡水渔场。此外，柬西南沿海也是重要的渔场。

工业 柬工业基础薄弱，主要是一些食品加工业和轻工业。柬自实行自由市场经济以来，各类私营企业发展迅速，多为小型加工业和建筑业。主要工业产品为服装、香烟、食品、饮料、木材制品等。制衣业是柬最大工业。

农业 柬埔寨是传统的农业国。农业是柬国民经济的第一大支柱产业。农业人口约占总人口的71%，占劳动力人口的78%。可耕地面积679万公顷，其中可灌溉面积37.4万公顷，占18%。2010年柬稻谷产值占国内生产总值的11.5%。其他农作物产值占国内生产总值的7%，畜禽养殖占4.6%，渔业占7.6%，林业占2.8%。柬橡胶种植面积约为18.15万公顷，产量约4.6万吨，主要出口马来西亚、越南和新加坡。柬主要农产品有稻谷、玉米、豆类、薯类等。经济作物有橡胶、胡椒、棕榈糖、烟草、麻类、棉花等。

服务业 柬服务业发展较快。交通、通信、商品批发与零售、酒店和餐饮、旅游、银行与保险、房地产、医疗卫生等服务业有比较大的发展。

旅游业 是柬埔寨第二大支柱产业。主要旅游景点有世界闻名的吴哥窟，它是著名的佛教圣地、世界七大奇迹之一。首都金边的名胜古寺和没有污染的西哈努克市海滩，吸引着大量外国观光者。除越南、韩国外中国游客首超美国和日本，成为柬第三大外国游客来源国。旅游业带动了柬金融、交通运输、商业零售批发及酒店餐饮等行业的发展。

交通运输 以公路和内河运输为主。主要交通干线集中于中部平原地区以及洞里萨河流域。北部和南部山区交通闭塞。公路总长39495公里，包括4802公里国道、6692公里省道和2.8万公里乡村道路。金边是柬埔寨公路交通运输的枢纽，其公路网络以金边为中心，向四面八方延伸。内河航运以湄公河、洞里萨湖为主，主要河港有金边、磅湛和磅清扬。西哈努克港为国际港口。铁路共有两条，一条是金边——波贝，全长385公里，可通曼谷；另一条是金边——西哈努克市，全长270公里，是柬交通运输的大动脉。空运方面，柬主要航空公司有暹粒航空公司和吴哥航空公司。有金边——曼谷、金边——胡志明市、金边——万象、金边——吉隆坡、金边——新加坡五条国际航线。外航公司在柬也有多条航线。柬埔寨的主要机场为金边国际机场和暹粒国际机场。西哈努克港、马德望、上丁等机场为国内机场，可起降中、小型飞机，有定期航班。

同中国的关系 1958年7月19日中柬两国建交。

华人经济

有资料表明2011年华侨华人有近60万，占该国总人口的3%，是目前柬埔寨第二大民族。现在华侨华人主要分布在马德望、干拉、贡布、茶胶等省；金边市的华侨华人最多，有30多万人。柬埔寨的华侨华人中祖籍是潮州的占80%，约40多万人。其他为广东、海南及客家等。潮州话和广东话为被广泛使用的语言。

第二次世界大战后的柬埔寨经济恢复较快，许多潮州人已经重新站住脚跟，但绝大多数华人经济仍属于中小企业。其中70%的华商从事第三产业，主要经营进出口贸易、房地产、日用百货、旅游餐饮等；20%从事第二产业，主要经营食品加工、制衣、五金机械、建筑、木材加工等；10%从事农业和渔业，其中农业主要以种植橡胶、胡椒、瓜果蔬菜为主。

随着柬埔寨经济的恢复和发展，华人经济出现了由低层次向高层次的发展，并出现了华资自办的商业银行等。在金边随便走走就能看到“东北洗脚房”、“广东美发屋”这样的汉字招牌。路边网吧的门上还写着“发邮件、打字、打国际长途”的汉字。中餐馆更是随处可见。目前柬国的华人在零售业及主要民生消费品产业方面，具有相当的实力。

台商自1989年起开始进入柬埔寨，2010年人数约有3000多人。台商以中小企业占多数，前五大投资产业分别为纺织成衣业、木材加工业、服务业、农业及食品加工业与制鞋业。其中以纺织成衣业最多，投资项目达90个。另外，还有房地产业及土地开发、旅游业和娱乐业等。台商投资总额2008年约有4.03亿美元。

目前潮州会馆是柬人数最多的华人社团。柬埔寨台商协会成立于1996年9月1日，目前会员约260家厂商，涵盖有制衣、制鞋、旅游、房地产、木材加工、农产品加工、医疗服务等行业。

东帝汶（East Timor）

国名 东帝汶民主共和国（Democratic Republic of Timor-Leste）

面积 14874平方公里

人口 115万，其中78%为土著人，20%为印尼人，2%为华人。德顿语和葡萄牙语为官方语言，印尼语和英语为工作语言。约91.4%的居民信奉罗马天主教。

首都 帝力

国内生产总值（2010年非石油领域）： 5.02亿美元

人均国内生产总值（2010年）： 470.9美元

货币名称： 通用货币为美元，发行有与美元等值的本国硬币。

简　况

位于东南亚努沙登加拉群岛最东端，包括帝汶岛东部和西部北海岸的欧库西地区以及附近的阿陶罗岛和东端的雅库岛。西部与印尼西帝汶相接。境内多山，沿海有平原和谷地。大部分地区属热带雨林气候，平原、谷地属热带草原气候，年均气温26℃。12月～翌年3月为雨季，4～11月为旱季，年均降水量约2000毫米。

16世纪初和17世纪，葡萄牙和荷兰殖民者先后入侵帝汶岛。1859年荷兰、葡萄牙签订条约，规定帝汶岛东部及欧库西归葡，西部并入荷属东印度（今印度尼西亚）。1942年日本占领东帝汶。第二次世界大战后葡恢复对东帝汶的殖民统治，1951年将其列为“海外省”。1960年，第15届联大通过1542号决议，宣布东帝汶岛及附属地为“非自治领地”，由葡管理。1975年，葡政府允许东帝汶实行民族自决。1975年12月印尼出兵占领东帝汶。1999年10月印尼承认东帝汶公投结果，允许东帝汶脱离印尼，2002年5月20日东帝汶民主共和国正式成立。

全国划分13个地区，区以下划分65个县，443个乡，2236个村。

经　济

东帝汶是小国，90%的产业是农业，农业生产比较落后。近年来，石油与天然气有较大发展，但非石油经济发展缓慢。

资源 已发现的矿藏有金、锰、铬、锡、铜等。帝汶海有储量丰富的石油和天然气，已探明石油储量约1.87亿吨（约50亿桶），天然气含量约7000亿立方米。

工业 东帝汶工业主要以印刷、肥皂、手帕、纺织业为主。

农业 农业人口占总人口的90%，2009年农业产值1.46亿美元，占国内生产总值的32%左右，主要农作物是玉米、稻谷、薯类等。粮食不能自给。经济作物有咖啡、橡胶、椰子等。其中咖啡是主要出口产品。

旅游业 东帝汶境内多山、湖、泉、海滩，具有一定旅游潜力，但旅游资源尚待开发。抵达帝力的国际航班少且价位高。

交通运输 基础设施落后。公路总长3800公里，许多道路只能旱季通车。帝力港为深水港，另有COM海港、HERA渔港等。有3个一级机场，5个二级机场。帝力机场为东帝汶唯一国际机场，可起降波音737型客机，共有3条国际航线，分别飞往新加坡、巴厘岛和达尔文。

同中国的关系 2002年5月20日中东两国建交。

华人经济

东帝汶的华侨华人是东南亚国家中人数最少的华人群体，且变化较大。据有关资料记载，1935年东帝汶华人共有3500人，占总人口的0.17%。1950年华人有3128人，占总人口的0.7%。1960年华人有4585人。1967年华人有5000人，占总人口的1%左右。1974年华人有9500人，占总人口的1.5%。至2010年增至2万2千人。

东帝汶华侨华人原籍多为广东、澳门一带。华侨华人所从事的行业一直以商业为主。例如，1959年东帝汶有零售商店200余家，除3家为葡商及两家土著所有外，其余全部为华商经营。到20世纪60年代末，400家零售商店中的397家是由华人家庭经营的。1959年东帝汶共有进出口商25家，除葡商、西德及西班牙商家外，华商占了21家，但华商进出口总量中的比重极低。

华人掌握着零售业，据有关资料统计，东帝汶有四五百家华人商店，从事木材、咖啡和各种领域的商业活动，特别是华人在发展种植咖啡和推动输出咖啡方面，起着非常积极的作用。华商也同新加坡、澳洲和中国台湾、中国香港、中国澳门等地有着良好的联系和合作。

印度尼西亚（Indonesia）

国名 印度尼西亚共和国（The Republic of Indonesia）

面积 陆地面积1904443平方公里，海洋面积3166163平方公里（不包括专属经济区）。

人口 2.376亿（2010年）。信奉伊斯兰教的人约占87%，是世界上穆斯林人口最多的国家。世界第四人口大国。官方语言为印尼语。

首都 雅加达

国内生产总值（2010年）：6423万亿盾（约合7070亿美元）

人均收入（2010年）：3005美元

货币名称：印度尼西亚盾

汇率（2010年）：1美元=8990印尼盾

简 况

位于亚洲东南部，地跨赤道。与巴布亚新几内亚、东帝汶、马来西亚接壤；与泰国、新加坡、菲律宾、澳大利亚等国隔海相望。由太平洋和印度洋之间17508个大小岛屿组成，是世界上最大的群岛国家，其中约6000个岛有人居住。海岸线长54716公里。属热带雨林气候，年均气温25～27℃。

公元3～7世纪建立了一些分散的王朝。13世纪末14世纪初爪哇形成强大的麻喏巴歇封建帝国。15世纪先后遭葡萄牙、西班牙和英国人的入侵，1602年荷兰在印尼成立具有政府职能的"东印度公司"，开始长达300多年的殖民统治。1942年日本入侵，1945年日本投降后爆发8月革命，于8月17日宣布独立，成立印度尼西亚共和国。

全国共划分一级行政区（省级）33个，包括雅加达首都特区，日惹、亚齐达鲁萨兰2个地方特区和30个省。二级行政区（县、市级）共497个。

经 济

印尼是东盟最大经济体。农业、工业和服务业在国民经济发展中起重要作用。其中农业和油、气产业是印尼的传统支柱产业。

资源 印尼资源丰富，富含石油、天然气以及煤、锡、铝矾土、镍、铜和金、银等矿藏。森林面积为1.27亿公顷，约占国土面积的67%，盛产贵重木材和多种树脂，木材产量居东南业首位。

工业 近年来，制造业发展较快，其增长速度均超过经济增长速度。就业人口达1106.6万左右。主要工业部门有采矿、纺织、轻工等。矿产中锡、煤、镍、金、银等产量居世界前列。

农业 全国耕地面积约8000万公顷。农业人口约占全国总人口的60%。农作物主要有稻谷、玉米、大豆。富产经济作物，棕榈油、橡胶和胡椒产量居世界第二，咖啡、可可产量居世界前列。印尼渔业资源丰富，年捕捞量超过800万吨。

旅游业 印尼山清水秀环境优美，是旅游度假观光的好地方。政府重视旅游业的发展，注重开发旅游景点，兴建旅游饭店，培训旅游专业人员，并加强旅游设施的建设与管理。现今旅游业是印尼非油、气行业中的第二大创汇行业。主要旅游景点有巴厘岛、婆罗浮屠佛塔、印尼缩影公园、日惹皇宫、多巴湖等。

交通运输 以公路和水路运输为主。截至 2009 年年底，全国公路总长 43.78 万公里，其中高速公路约 1000 公里。铁路总长约 6458 公里。海运在印尼占有重要位置，共有各类港口 670 个，主要港口有雅加达的丹戎不碌国港、泗水的丹戎佩拉和棉兰的勿老湾等 25 个港口。近年来，印尼航空运输有显著发展，有民用机场 196 个，其中 29 个国际机场，167 个国内机场。印尼鹰记航空公司最大，其次为鸽记、狮航、曼达拉、辛巴迪等。首都雅加达附近的苏加诺——哈达机场是印尼最大机场。

同中国的关系 1950 年 4 月 13 日中印两国建交。

华人经济

中国人到印尼可以追溯到汉代，迅速发展时期是明代，他们在这里创业，与当地族群通婚，衍生一代又一代。据统计，1860 年印尼华侨只有 22 万人。到 1930 年已经达到 123 万人。到了印尼独立时期（1945 年），华侨人数多达 170 万人。到 1949 年，增加到 200 万人。他们分布在印尼东南西北，几乎每一地区都有华侨在这里生息。如今，2009 年印尼的华侨华人估计最少 1800 万人，占印尼总人口的 7.5%。是东南亚华侨华人最多的国家之一，也是全球华侨华人人数最多的地区。华侨华人大多属于客家族群，集中在首都雅加达及泗水附近。

早期华商多从事烟、米、油（尤其是棕榈油）、糖、面粉等大规模的传统内销并独占市场，具有举足轻重的经济影响力。印尼华人的大型企业之间也有相当程度的合作关系，例如合资经营即是常见的模式，也有通过婚姻的结合使得华人的经济地位更加巩固。

印尼是台商在东南亚地区重要的投资点，以外销为主。台商投资最多的行业是家具业、纺织业、鞋业、非铁矿石业、金属制品业、贸易服务业及农业种植等。据印尼移民局资料显示，目前在印尼经营事业或工作的台商及技术人员约 7076 人。主要在印尼投资厂商有宝成制鞋、宏基电脑、中国信托银行、统一食品、荣民工程处及南亚塑胶等。

老　挝（Laos）

国名　老挝人民民主共和国（The Lao People's Democratic Republic）

面积　236800 平方公里

人口　600 万（2007 年）。统称为老挝民族，分为 49 个民族。通用老挝语。

首都　万象

国民生产总值（2010 年）：约 59.7 亿美元

人均国民生产总值（2009 年）：1030 美元

货币名称：基普

汇率（2010 年）：1 美元≈7500 基普

简　况

位于中南半岛北部的内陆国家，北邻中国，南接柬埔寨，东界越南，西北达缅甸，西南与泰国毗邻。湄公河流经西部 1900 公里。属热带、亚热带季风气候。5～10 月为雨季，11 月～翌年 4 月为旱季。年均气温 26℃，年降水量 1250～3750 毫米。

公元 1353 年建立澜沧王国，为老挝最鼎盛时期。1893 年沦为法国保护国。1940 年 9 月被日本占领。1945 年 10 月 12 日宣布独立。1946 年法国再次入侵。1954 年 7 月签署关于恢复印度支那和平的日内瓦协议，法国从老挝撤军，不久美国取代法国。1962 年签订关于老挝问题的日内瓦协议，老挝成立以富马亲王为首相、苏发努冯亲王为副首相的联合政府。1975 年 12 月宣布废除君主制，成立老挝人民民主共和国。

全国共设 16 个省，1 个直辖市：万象市，1 个行政特区：赛宋本。

经　济

以农业为主，工业基础较薄弱。由于近年来实行多种经济形式并存的经济政策；逐步完善市场经济机制，将自然经济转化为商品经济，对外实行开放，改善投资环境，争取引进更多资金、先进技术和管理方式，老挝经济有一定发展。

资源　有锡、铅、钾、铜、铁、金、石膏、煤、盐等矿藏。水力资源丰富。森林面积约 900 万公顷，全国森林覆盖率约 42%，产柚木、紫檀等名贵木材。

工业　主要工业企业有发电、锯木、采矿、炼铁、水泥、服装、食品、啤酒、制药等行业，以及小型修理厂和编织、竹木加工等作坊。从业人口约 10 万人，占总劳动力的 4.2%左右。

农业　农业人口约占全国人口的 90%。农作物主要有水稻、玉米、薯类、咖啡、烟叶、花生、棉花等。全国可耕地面积约 74.7 万公顷。

旅游业　自实行革新开放以来，旅游业成为老挝经济发展的新兴产业。老挝与 500 多家国外旅游公司签署合作协议，开放 15 个国际旅游口岸，同时采取有效措施使旅游业持续发展。旅游景点除已列入世界文化遗产名册的琅勃拉邦市、巴色瓦普寺外，著名景点还有万象塔銮、玉佛寺、占巴色孔埠瀑布等。

交通运输　老挝没有出海口，没有铁路，交通运输主要靠公路、水路和航空运输。公路总长 36831 公里。水运方面，内河航道总长 4600 公里。空运方面，老挝有 8 条国际航线。万象的瓦岱机场、琅勃拉邦机场、沙湾拿吉机场和巴色机场是国际机场。

同中国的关系 1961 年 4 月 25 日中老两国建交。

华人经济

据有关资料统计，2008 年在老挝的华侨华人共有 30 万人，祖籍多数为潮州，也有来自广东其他地区及海南岛的。台湾籍的仅有 100 人。目前，华侨华人多居住在都会区，以首都万象（Vientiane）、百细（Pokse）及銮巴拉邦（Louangpphrdbang）为主。

老挝华侨华人经济状况不错，多数从事小型的工商业活动，例如批发、零售、进出口贸易等，虽然属于小型的经营规模，但销售据点相互联结，经营网络遍布老挝全国。另外，近年来由于边界贸易活动盛行，也有许多老挝华人投入边界贸易，与越南、泰国、中国大陆、香港、台湾等地商人互通有无。

近年来因老挝经济逐渐实施开放，许多华人也开始与外资合作经营事业，尤其在开发天然资源方面，例如林业、矿业等。特别是泰国与老挝签订合作协定后，两国华商也在橡胶、纺织、有机化学乃至银行及酒店等行业中积极合作。

台商在老挝的人数较少，但经营行业的范围相当广泛，不过仍以劳动力密集型的轻工业为主，其中以木材加工业（家具为主）、成衣、塑胶较多，另外也经营一些银行及旅馆等服务业。

马来西亚（Malaysia）

国名 马来西亚（Malaysia）

面积 33.02万平方公里

人口 2830万（2010年）。马来语为国语，通用英语，华语使用广泛。伊斯兰教为国教，其他宗教有佛教、印度教和基督教等。

首都 吉隆坡

国内生产总值（2010年）：2378亿美元

人均国内生产总值 .(2010年)：14670美元

货币名称：林吉特

汇率（2010年平均）：1美元＝3.22林吉特

简 况

位于东南亚，国土被南中国海分隔成东、西两部分，西马位于马来半岛南部，北与泰国接壤，南与新加坡隔柔佛海峡相望，东临南中国海，西濒马六甲海峡。东马位于加里曼丹岛北部，与印尼、菲律宾、文莱相邻。全国海岸线总长4192公里。属热带雨林气候。内地山区年均气温22～28℃，沿海平原为25～30℃。

公元初年马来半岛有羯荼、狼牙修等古国。15世纪初以马六甲为中心的满剌加王国统一了马来半岛的大部分。16世纪开始先后被葡萄牙、荷兰、英国占领。20世纪初完全沦为英国殖民地。沙捞越、沙巴历史上属文莱，1888年两地沦为英国保护地。第二次世界大战中，马来亚、沙捞越、沙巴被日本占领。战后英国恢复殖民统治。1957年8月31日，马来西亚联合邦宣布独立。1963年9月16日，马来西亚联合邦同新加坡、沙捞越、沙巴合并组成马来西亚，1965年8月9日新加坡退出联合邦。

全国划分为13个州，包括西马的柔佛等以及东马的沙巴、沙捞越。另有首都吉隆坡和纳闽及布特拉再也联邦直辖区。

经 济

马来西亚经济原以农业为主，依赖于初级产品的出口。后经不断调整产业结构，大力推行进出口导向型经济，电子、制造业、建筑业和服务业发展迅速。实现经济多元化，马来西亚经济取得较快增长。

2009年受全球经济危机的负面影响，马来西亚国内生产总值增长率下滑1.7%，但是2010年马经济恢复很快，国内生产总值增长率达7.2%。在洛桑国际管理发展学院发布的《2010年世界竞争力报告》中，马来西亚名列全球最具竞争力国家和地区排行榜的第8位。

资源 马来西亚自然资源丰富，主要矿产资源有锡、石油、铜、铁矿石和铝土岩。锡矿蕴藏丰富，曾是世界产锡大国，但近年产量明显减少。盛产热带硬木。

工业 马政府鼓励发展以本国原料为主的加工业，着重发展电子、汽车装配、钢铁、石油化工和纺织等。重要的工业部门包括：橡胶工业、油棕果加工业、轻工业、制药业、医疗技术产业，电子制造业、锡铅采矿加工业和木业。2010年马来西亚工业生产增长率为7.5%，其中制造业增长11.0%，制造业从业人员超过110万人，电力增长8.0%，矿业下跌0.5%。工业总产值占当年国内生产总值的41.6%。

农业 马来西亚农业用地约占土地总面积的24%。其中40%左右的农业用地种植油棕，主要供出口，约30%的农业用地种植橡胶，其余的部分用于种植其他农产品。林地面积约占土地面积的63%。

马来西亚的农产品主要以经济作物为主。马来半岛出产橡胶、棕榈油、可可粉、大米等；沙巴出产自给作物，椰子、大米等；沙捞越出产橡胶、木材、胡椒等作物，稻米自给率为60%。近年来，由于许多生产者转向棕榈油生产，橡胶产量逐年递减。马来西亚盛产热带林木。渔业主要是以近海捕捞为主，近年来，深海捕捞和养殖业有所发展。

服务业 主要包括水、电、交通、通信、批发、零售、饭店、餐馆、金融、保险、不动产及政府部门提供的服务等。这几年，马来西亚服务业发展很快，成为国民经济发展的支柱性行业之一，从业人数约占马就业人口的一半，是马来西亚就业人数最多的行业。

旅游业 马来西亚主要旅游景点有吉隆坡、云顶、槟城、马六甲、浮罗交怡岛、刀曼岛、热浪岛等。旅游业是马来西亚第二大外汇收入来源，国家的第三大经济支柱。旅游业收入约占马来西亚国内生产总值的9.5%。

交通运输 公路总长98721公里。铁路总长1849公里，铁路总长度居全球第75位。水运方面，航道总长7200公里，其中马来半岛航道总长度3200公里，沙巴1500公里，沙捞越2500公里。主要港口和枢纽有民都鲁、新山、乔治城和巴生港。马六甲海峡是重要的海上通道，由印、马、新轮流管理，每三年轮换。空运方面，全国共有118个机场，3个直升机场。民航主要由马来西亚航空公司和亚洲航空公司经营。

同中国的关系 1974年5月31日中马两国建交。

华人经济

马国的华侨华人2010年有639.2636万人，祖籍台湾的约5万人。马来西亚政府宣布，在当地居住满15年的即可申请为公民。因此，在当地许多华侨都办理了入籍手续成为当地的公民。马国的华侨华人由来自中国不同地方的族群组成。依方言不同各自形成群体，其中最大的是福建系，约占华人总数的33%。其次是广东系，约占20%，客家系的约占20%，潮州系约占10%，海南系约占5%，其他地方约占12%。从地区分布看，吉隆坡（Kuala Lumpur）是广东系群聚的地方，新山（Johor Baharu）是潮系群聚的地方，槟城（Pinang）则是福建系群聚的地方。由于方言语系的关系，槟城也是台商投资最为集中的地方。槟城又名槟榔屿，是马来西亚第二大城市，素有“东方花园”、“印度洋翡翠”的美誉。槟城位于马来半岛西北海岸，地理位置十分重要，是马来西亚唯一华人人口比例超过半数的州，是名副其实的“中国城”。华人中又以福建人居多。福建华人无论从数量还是其对当地贡献而言，都是最重要的。

马来西亚是一个多元种族国家，主要由原住民（即马来人）以及非原住民（以华人及印度人为主）组成。目前华人在马国从事的行业甚多，就商业而言有11万余家，主要为杂货业、餐饮业及贸易业。从事工业的约有1万家，以机械、建筑和食品制造为主。农矿业有500家。而资产雄厚的大华商企业多以房地产、投资控股、旅游等商业为主。

与东南亚其他国家相比，马国在政治稳定、基础建设与政府效率等各方面的条件均相当不错。所以马国一向是台商重要的海外投资据点之一，目前估计有1700余家。1980～2000年间，台商在马国累计投资金额达88.93亿美元，仅次于美国与日本，为马国第三大外资来源地区。台商在马国的投资以电子电器业及纺织成衣业最为重要。目前电子电器业不但已是马国工业中最主要的产业，约占工业产值的1/4，占制造业产值的1/3，同时也是马国最主要的出口产业，约占马国总出口的60%。纺织成衣业，台商在1980～2000年间，在马国投资达14.55亿美元，仅次于电子电器业，绝大多数为中小企业，经营规模不大。近来因马国当地劳工短缺，工资相对昂贵，成衣生产相当困难，因而早期到马国设厂生产成衣的台商多半已移到邻近工资相对便宜的越南或柬埔寨。更多厂商转往中国大陆投资。

吉隆坡的唐人街是马来西亚华人文化的标志，它集中了所有对马来西亚华人来说十分珍贵的传统习惯。这里有用于各种场合的食品。还过各种节日，婴儿出生满一个月吃满月饼，农历新年吃烤乳猪。新的变化也在改变着唐人街。当地政府计划重建并美化八打灵街，这条街是遍布这个地区的窄街小巷中的主干街道。年复一年，唐人街的居民开始逐步打理经营场所。以月饼和甜食闻名的康禄泰糕饼店，店房十分敞亮，还兼营面条。美化唐人街工程意味着唐人街会提供最好的现代化设施。

马来西亚有将近7000个华人社团，包括地缘性、血缘性、业缘性、学缘性、教育性、联谊性，等等，尤其以地缘性和血缘性乡团组织占大部分。目前一些较活跃的乡团组织分会，除了聘请专业的秘书来处理组织内的行政会务，设立网际网络来对外联系，也派代表团到中国寻根、旅游，以及与中国以外的国家乡亲接轨，这些都是直接达到与国际交流的作用。

缅　甸（Myanmar）

国名　缅甸联邦共和国（Republic of the Union of Myanmar）

面积　67.6万平方公里

人口　5050万（2010年）：全国85%以上的居民信奉佛教，约8%的居民信奉伊斯兰教。

首都　内比都

国内生产总值（2010年）：429.53亿美元

人均国内生产总值（2010年）：628美元

货币名称：缅币

汇率（2010年平均）：1美元＝970缅元

简　况

位于中南半岛西部。东北与中国毗邻，西北与印度、孟加拉国相接，东南与老挝、泰国交界，西南濒临孟加拉湾和安达曼海。海岸线长3200公里。属热带季风气候，年均气温27℃。

1044年形成统一国家后，经历了蒲甘、东坞和贡榜三个封建王朝。19世纪英国发动三次侵缅战争后占领了缅甸，1886年将缅甸划为英属印度的一个省。1937年缅甸脱离英属印度，直接受英国总督统治。1942年5月被日本占领。1945年3月全国总起义，缅甸光复。后英国重新控制缅甸。1948年1月4日，缅甸脱离英联邦宣布独立。1988年9月18日宣布废除宪法，解散人民议会和国家权力机构，9月23日将“缅甸联邦社会主义共和国”改名为“缅甸联邦”。国家和平与发展委员会系国家最高权力机构。2011年1月31日缅甸联邦议会召开首次会议，改国名“缅甸联邦共和国”。新政府宣誓就职，“国家和平与发展委员会”正式解散。

全国划分为7个省7个邦和联邦区。省是缅族主要聚居区，邦多为各少数民族聚居区，联邦区是首都内比都。

经　济

缅甸大部分地区属热带季风气候，自然条件得天独厚，天然气、石油、珠宝玉石等矿产资源丰富，但现代化工农业发展缓慢，被联合国列为世界上最不发达国家之一。如今，缅甸政府为了摆脱贫困落后，实行市场经济，对外开放，允许外商投资，农民自由经营农产品，私人企业可经营进出口贸易。目前缅甸私营经济占主导地位。2010年，缅甸政府进一步规范市场经济制度，积极推动国有企业私营化，国有燃油经营权和港口经营权开始向私营企业转让。政府大力支持以资源为基础的外资投资项目、出口项目以及以出口为导向的劳动密集型项目，允许投资的范围包括农业、畜牧水产业、林业、矿业、能源、制造业、建筑业、交通运输业和贸易等。目前，缅政府进一步深化市场经济体制，吸引更多外资，继续实施国营私有化改革，以求经济腾飞。

资源　矿产资源主要有金、银、锡、钨、锌、铝、锑、锰等。天然气、石油、珠宝、玉石等矿产资源丰富，缅甸宝石和玉石在世界上享有盛誉。森林资源丰富，全国拥有林地3412万公顷，覆盖率为50%左右，是世界柚木产量最大的国家。缅甸水力资源极为丰富，伊洛瓦底江、钦敦江、萨尔温江大水系纵贯南北，但由于缺少水利设施，尚未得到充分利用。

工业 缅甸全国有18个工业区，工厂9849家，全国工业从业人员约174万。主要工业有石油和天然气开采及一些小型机械制造、纺织、印染、碾米、木材加工、制糖、造纸、化肥和制药等。缅甸工业产值约占国内生产总值的20%。

农林牧渔业 农业是缅甸国民经济的基础。可耕地面积8470万英亩。主要农作物有稻谷、小麦、玉米、花生、芝麻、豆类、甘蔗、橡胶、油棕、烟草、棉花和黄麻等。稻谷产量达3160万吨，大米出口90余万吨，主要出口东亚国家及南非、新加坡、斯里兰卡、阿联酋和埃及等国，创汇2.8亿美元。豆类出口约130万吨，继续位居世界第二，创汇约9.8亿美元。2010年，缅甸橡胶种植面积达19万公顷，共产橡胶9万吨。主要用于出口，重点出口中国、马来西亚、新加坡、越南、泰国、印度、印尼和韩国。棉花种植面积约15万公顷，产量4.45万吨。林产品主要有花梨、丁纹、鸡翅木、黑檀木、铁木等各种硬杂木和藤条、竹子等。畜牧渔业以私人经营为主。缅政府允许外国公司在划定海域内捕鱼，向外国渔船征收费用。同一些外国公司合资开办鱼虾生产和出口加工企业。目前有144家水产品出口公司，水产品出口到49个国家和地区。水产品是缅第三大出口创汇行业。

旅游业 缅甸历史悠久，文化绚丽多彩，素有“佛塔之国”的美称。缅甸南部以典型的热带风光著称，若开邦的丹兑——额不里是著名的海滨度假胜地。西北部海拔4000米以上的高山雪景，克耶邦落差600米的气势磅礴的鲁比达瀑布和伊洛瓦底江、萨尔温江两岸的美丽风光吸引了大量游客观光游览。在人文旅游资源方面，缅甸是名副其实的佛教之国，有世界罕见的古代佛教圣地、万塔之城蒲甘，保存佛塔5000多座。仰光大金字塔举世闻名，是缅甸的象征。拥有1000多座佛塔的古都曼德勒（瓦城）是贡榜王朝的京都。较著名的酒店有仰光的西多娜饭店、茵雅湖酒店、商贸酒店，曼德勒的西多娜酒店，蒲甘的丹岱饭店、蒲甘饭店等。

交通运输 交通运输以水运为主。铁路多为窄轨，铁路总长4034英里（1英里=1.6093公里）。全缅公路和主要道路总长约38000公里。水运方面，内河航道约为9219英里。伊洛瓦底江是主要通航干线。可供远洋货轮停靠的港口有28个，主要的有仰光港、勃生港和毛淡棉港，其中最大港口是仰光港口。空运方面，主要航空公司有缅甸国际航空公司、曼德勒航空公司、蒲甘航空公司、亚洲之翼航空公司等。全国共有大小机场69个，主要机场有仰光机场、曼德勒机场、内比都机场、黑河机场和蒲甘机场等。主要国际航线有曼谷、北京、昆明、广州、新加坡、中国香港、吉隆坡、河内等。目前国内航线总长4500千米。

同中国的关系 1950年6月8日中缅两国建交。

华人经济

根据2012年的统计资料，缅甸人口6000万中有近600万华侨华人，约占总人口的1/10。

缅甸的华侨华人主要集中居住在缅甸第一大城市仰光和第二大城市曼德勒，大多是六七十年前从中国移民而来，仰光的华侨华人多来自福建和广东，曼德勒在缅甸北部，离中国云南近，云南移民多。数十年来，华侨华人第一代、第二代移民乃至第三代移民还从来未在缅甸政坛发出过声音。

在仰光和曼德勒，华侨华人都主要居住在唐人街。这里的唐人街面积很大，是一片地方。不像欧美的唐人街，真正的是一条街，街口还有气派的牌楼。仰光和曼德勒的唐人街没有牌楼做标志，见到中文标牌多了起来，唐人街便到了。

唐人街上各式店铺比肩接踵，有食品店、理发店、中餐馆、影碟店等，也有电器店、金店等大店。缅甸的唐人街还与欧美唐人街不同的是，欧美唐人街主要由中国超市和中餐馆组成，客人也主要是华人。缅甸唐人街则什么都有，缅甸人也光顾这里。缅甸经济相对落后，比起缅甸人开的商店，唐人街的商品实在是琳琅满目。

昂山将军市场坐落在仰光市中心，这个有数百家摊位的市场是仰光最大的市场，这里较大的玉器店都是华侨华人所开。由于玉器价格连年暴涨，华侨华人的玉器生意越来越好。由于缅币面值太小，100 元人民币能兑换 1.2 万元缅币，所以这些玉器店全部是用美元或人民币现金结账。

近年来随着华人经济实力的增强，缅甸和中国经济往来频繁，缅甸对华人的重视也加强了。缅甸华侨华人形容当地的经济状况说这里的经济水平相当于 30 多年前的中国。时下，中国商品在这里受到追捧。曼德勒只有一条较繁华的商业街，随处可见中国商品的广告，有美的空调、海信电器。曼德勒骑摩托车的人很多，华侨华人开起了大洋摩托车和宗申摩托车的专卖店。

目前在缅甸的台商仅有 150 人，全部是中小企业，主要从事成衣业。

缅甸华侨华人社团主要有缅甸华侨慈善会、缅甸华商商会、仰光华侨互助会及旅缅福建公司等。

菲律宾（Philippines）

国名 菲律宾共和国（The Republic of the Philippines）

面积 30万平方公里（菲国家统计办公室）

人口 9400万（2010年）。国语是以他加禄语为基础的菲律宾语，官方语言是英语。约85％的居民信奉天主教。

首都 大马尼拉市

国内生产总值（2010年）：1887亿美元

人均国内生产总值（2010年）：2007美元

货币名称：比索

汇率（2010年平均）：1美元＝45.11比索

简　况

位于亚洲东南部，北隔巴士海峡与中国台湾省遥遥相对，南和西南隔苏拉威西海、巴拉巴克海峡与印度尼西亚、马来西亚相望，西濒南中国海，东临太平洋。共有大小岛屿7107个，其中吕宋岛、棉兰老岛、萨马岛等11个主要岛屿占全国面积的96％。海岸线长约18533公里。属季风型热带雨林气候，高温多雨，湿度大，台风多。年均气温27℃。年降水量2000～3000毫米。

早在西班牙殖民者入侵之前，菲律宾就有许多土著部落和马来族移民建立的割据王国。1521年，麦哲伦率领的西班牙远征队到达信岛。1565年西班牙侵占了菲律宾，统治菲300多年。1898年6月12日，菲宣告独立，成立了菲历史上第一个共和国。同年，美国通过对西班牙战争后签订的《巴黎条约》占领了菲律宾。1942年，菲被日本占领。第二次世界大战结束后，菲律宾再次沦为美国殖民地。1946年7月4日，美国被迫同意菲律宾独立。2010年6月阿基诺三世任菲第十五届总统。

全国划分为吕宋、维萨亚和棉兰老三大部分。设有首都地区、科迪勒拉行政区和棉兰老穆斯林自治区等17个地区，下设81个省和117个市。

经　济

按世界银行标准，菲律宾属于下中等收入国家之列。2010年，菲律宾国内生产总值为1887亿美元，在菲律宾的产业结构中，工业、农林渔业占国内生产总值的比重均略有下降，而服务业则有所上升，服务业在菲律宾国民经济中占据重要位置，其产值占国内生产总值的一半左右。2010年，菲律宾国内生产总值在东盟中排在第5位，占东盟全部国内生产总值的10.2％。服务业是菲律宾经济增长的重要产业，特别是与国际服务贸易相关的产业有大幅度的增长。菲律宾已取代印度，在全球共享服务和商务流程外包行业排名第一。2010年，菲律宾有52.5万人从事服务外包工作，该行业提供的就业人数年增长24％，服务外包收入增长26％，总额达89亿美元。

资源 矿产主要有金、银、铜、铁、铬、镍等。菲律宾地热资源丰富。巴拉望岛西北部海域有约3.5亿桶储量的石油。

工业 2010年，菲律宾工业产值占国内生产总值的31.3%，增长率为12.1%，从业人员占总从业人员的15%。其中制造业产值占国内生产总值的20.7%。制造业增加值占全部工业部门的66.3%。矿业约占全部工业部门的6.1%，占国内生产总值的1.9%。建筑业产值占国内生产总值的5.3%，占工业部门的16.9%。矿业产值占国内生产总值的1.9%，占全部工业部门的6.1%。电力、煤气和水供应产值占国内生产总值的3.3%，占全部工业部门产值的10.6%。

农林渔业 2010年菲律宾农林渔业产值约为11824亿比索，占国内生产总值的13.9%。从业人口占总劳动力人口的33%。主要农作物有稻谷、玉米、香蕉、椰子、甘蔗和木薯等。菲律宾是全世界进口大米最多的国家之一。2010年，菲律宾大米进口达到创纪录的245万吨。越南、泰国是菲律宾传统的大米供应国。

旅游业 旅游业是菲律宾重要的经济部门，是其外汇收入的重要来源之一。主要景点有百胜滩、蓝色港湾、碧瑶市、马荣火山、伊富高省原始梯田等。菲旅游业在东盟成员中排行第五，为菲提供了300多万个就业机会。

交通运输 交通运输以公路和海运为主，公路总长约20万公里。铁路不发达，总长1200公里，均集中在吕宋岛。水运方面，全国有大小港口数百个，商船千余艘。主要港口有马尼拉港、宿务港、怡朗、三宝颜等。菲第一大港马尼拉港年吞吐量1874万吨。空运方面，航空运输主要由国家航空公司经营。有机场163个。国内航线遍及40多个城市，菲与30多个国家签订了国际航运协定。主要机场有首都马尼拉的尼诺·阿基诺国际机场、宿务市的马克丹国际机场和达沃机场等。

同中国的关系 1975年6月9日中菲两国建交。

华人经济

在人口接近1亿的菲律宾约有2%的华侨华人，这200万华侨华人对菲律宾的经济贡献很大，有说法称华商控制的领域占菲律宾经济的七成。

现在很多华侨华人已真正融入菲律宾主流社会，从政界到商界甚至军警各行各业都有华侨华人。

华侨华人移居菲律宾的历史源远流长，据菲律宾史料记载，在1521年麦哲伦率西班牙远洋探航队到达菲律宾群岛前，就有中国商人到菲经商。在西班牙殖民统治菲律宾期间，曾发生过大规模屠杀华商的行动。但无论是在西班牙殖民统治，还是美国、日本占领菲律宾期间，华侨华人在菲的商业活动，始终没有停息过。据非正式估计，菲律宾华侨华人占菲总人口的2%，但掌握着大约60%至70%的菲律宾经济。

据了解，菲律宾华侨华人来自福建籍的约占85%，广东籍的占12%。其余包括中国台湾及大陆其他各省籍的约占3%。2010年台商在菲约3500人。近年，台商大多由制造业转向进口行业。

华侨华人在菲的分布，约80%集中在马尼拉，其余20%散居在马尼拉地区以外的山顶州府各地。

华商组织的“菲华商联合会”与“菲华工商总会”等相关华商团体在菲国具有显著的地位。

新加坡（Singapore）

国名　新加坡共和国（The Republic of Singapore）

面积　712.4平方公里（2010年）

人口　500多万，其中公民和永久居民377.1万。马来语是国语，英语、华语、马来语、泰米尔语为官方语言，英语为行政用语。佛教、道教、伊斯兰教、基督教和印度教为主要宗教。

首都　新加坡

国内生产总值（2010年）：2266.1亿美元

人均国内生产总值（2010年）：43867美元

货币名称：新加坡元

汇率（2010年平均）：1美元=1.36新加坡元

简　况

新加坡属城市国家。位于马来半岛南端、航运要道马六甲海峡的出入口，北隔柔佛海峡与马来西亚为邻，南隔新加坡海峡与印度尼西亚相望。由新加坡岛及附近的63个小岛组成，其中新加坡岛占全国面积的88.5%。地势低平，平均海拔15米，海岸线长193公里。属热带海洋性气候，常年高温潮湿多雨。年平均气温24～27℃，日平均气温26.8℃，年均降雨2345毫米。

新加坡古称淡马锡。经历几个王朝后，1824年沦为英国殖民地，一直是英国在远东的转口贸易商埠和在东南亚的主要军事基地。1942年被日本占领。1945年日本投降后英国又恢复了殖民统治，次年改为直辖殖民地。1959年实行内部自治，成为自治邦，英国保留国防、外交、修改宪法、颁布“紧急法令”等权力。1963年9月16日并入马来西亚。1965年8月9日脱离马来西亚，成立新加坡共和国，同年9月成为联合国成员国，10月加入英联邦。

经　济

新加坡经济属外贸驱动型经济，在东亚地区和世界均有较高知名度，是发展中国家经济发展的成功范例。新加坡经济是以发展电子、石油化工、金融、航运、服务业为主，高度依赖美、日、欧和周边市场。经济一度高速增长，成为亚洲经济“四小龙”之一。2010年对华投资总额为56.57亿美元，在华投资排名第三，仅次于中国香港和台湾。

资源　自然资源匮乏。

工业　工业主要是制造业和建筑业。制造业产品主要有电子产品、化学与化工产品、生物医药、精密机械、交通设备、石油产品、炼油等。新加坡是世界第三大炼油中心。新加坡的电子工业是以生产计算机的磁盘驱动器起家的，并长期在电子工业中占主导地位。2010年工业产值达809.2亿新元。

农业　新加坡是城市国家，农业生产用地占国土总面积的1%左右，农业产值占国民经济不到0.1%。主要有园艺种植、家禽饲养和水产业。粮食全部靠进口。蔬菜仅有5%自产。

服务业和旅游业 服务业是新加坡经济增长的龙头产业。包括零售与批发贸易、饭店旅游、交通与电信、金融服务、商业服务等。旅游业是新加坡外汇主要来源之一。圣淘沙岛、植物园、夜间动物园是新加坡的主要旅游景点。

交通运输 交通发达，设施便利。是世界重要转口港及联系亚、欧、非、大洋洲的航空中心。新加坡拥有覆盖全岛的便利公路和铁路网。铁路是以地铁为主，设有65个站，全长109.4公里（均为电气化铁路）。现已建成轻轨，与地铁连为一体。公路总长约3297公里，其中高速公路153公里。新加坡是世界最繁忙的港口和亚洲主要转口枢纽之一。是世界最大燃油供应港口。有200多条航线连接世界600多个港口。有在世界排行第七的商船队，截至2010年底共有商船3978艘，总吨位4878.3万吨。主要航空公司有新加坡航空公司及其子公司“胜安航空公司”。新加坡机场已开辟至60个国家188个城市的航线，世界81家航空公司平均每周提供超过4400班次的定期航运服务。新加坡樟宜机场连续多年被评为世界最佳机场。

同中国的关系 中新于1990年10月3日建交。

华人经济

根据资料统计，2009年新加坡华人共有276万人，大部分来自福建及广东两地区，祖籍台湾的约有3万人。由于其来源非常广泛，所以至少包括20种以上的方言语系，其中以福建语系为最多，约占41%；其次则为潮州语系与广东语系，各约占21%与15%。另外有8%为客家语系，7%的祖籍则来自海南岛地区。

由于新加坡华人是由移民组成，所以宗亲关系非常密切。根据调查结果，目前新加坡华人以陈（Chen）为最大姓氏，约占10%；其次为林（Lin），约占7%；李（Lee）则排名第三，约占5%。华人社会中仍有相当多的宗亲社团，平时亦时常举行聚会，联络彼此的感情。但为了加速国际化，新加坡积极推动西式教育，英语为官方语言之一，所以今日新加坡虽然仍保有传统的中华文化，但西化的程度亦颇深。

新加坡华人在经济上具有绝对优势，新加坡本地的主要大财团几乎清一色是华商家族开办的。华人家庭平均月收入也较高。

华商在新加坡从事的行业较广泛，包括电子及电器制品业、金融保险业、运输业、批发零售业、国际贸易业、纺织、橡胶制品业、房地产、餐饮服务业、成衣业、非金属及矿产制品等。由于新加坡国际化程度高，许多跨国企业均在新国设有据点，因此新国华商无论从事何种行业，均需面对强大的竞争压力，须具备全球竞争的条件，才能在新加坡生存。就连一般在服务业中属于国际化程度较低、技术水准需求较低的餐饮服务业而言，亦必须求新求变以符合市场潮流。

台商在新加坡从事的行业五成以上为服务业，包括金融保险业、运输业、批发零售业、一般服务业及国际贸易业等。其次是电子及电器制造业，其余皆为零星的小规模制造业。

近年来，新加坡“宗乡会馆”想方设法吸引年轻人加入，以便日后能有更富活力的接班人。重视乡情的新加坡“潮安会馆”也不例外，不断举办各种活动保持活力。目前会员的平均年龄是40多岁。

泰　国（Thailand）

国名　泰王国（The Kingdom of Thailand）

面积　513115 平方公里

人口　6470 万（2010 年）。泰语为国语；佛教为国教，94%的居民信奉佛教。

首都　曼谷

国内生产总值（2010 年）：45958 亿铢

人均国民生产总值（2009 年）：约 3973 美元

货币名称：铢

汇率（2010 年全年平均）：1 美元≈31.73 铢

简　况

位于中南半岛中南部，与柬埔寨、老挝、缅甸、马来西亚接壤，东南临泰国湾，西南濒安达曼海。海岸线长 2600 公里。属热带季风气候。全年分为热、雨、凉三季。年均气温 27℃。

早在公元 1238 年开始形成较为统一的国家。先后经历了素可泰王朝、大成王朝、吞武里王朝和曼谷王朝。原名称暹罗。16 世纪，葡萄牙、荷兰、英国、法国等殖民主义者先后入侵。1896 年英法签订条约，规定暹罗为英属缅甸和法属印度支那之间的缓冲国。暹罗成为东南亚唯一没有沦为殖民地的国家。1932 年 6 月人民党发动政变，改君主专制为君主立宪制。1938 年，銮披汶执政，次年 6 月更名泰国。

全国分中部、南部、东部、北部和东北部 5 个地区，共有 77 个府，府下设县、区、村。曼谷是唯一的府级直辖市。各府府尹为公务员，由内政部任命。

经　济

泰国属中等发展中国家，实行的是自由经济政策。属外向型经济，对美、日、欧等外部市场依赖较强。泰政府主张内外发展并重。对内实行扩张性财政政策，强化基础经济，增加公共投资和支出；对外大力推动多边和双边自由贸易，吸引外资，拓宽国际市场，扩大出口。

资源　矿产资源主要有钾盐、锡、褐煤、油页岩、天然气，还有锌、铅、钨、铁、锑、铬、重晶石、宝石和石油等。其中钾盐储量约 4367 万吨，居世界第一，锡储量约 120 万吨，占世界总储量的 12%。油页岩储量达 187 万吨，褐煤储量约 20 亿吨，天然气储量约 16.4 万亿立方英尺，石油储量 1500 万吨。森林覆盖率为 25%，总面积达 1440 万公顷。

工业　属出口导向型。主要工业部门有：采矿、纺织、电子、塑料、食品加工、玩具、汽车装配、建材、石油化工、软件、轮胎、家具等。工业在国内生产总值中的比重不断上升。随着国内外汽车需求市场的扩大，泰汽车制造业发展迅速，目前已成为泰国重要的支柱产业。纺织、服务业是目前泰国制造业中规模最大的部门，每年泰国成衣服装出口为本国创汇不少。

农业　是泰国传统经济产业。农产品是泰外汇收入的主要来源之一。全国耕地面积为 1.4 亿莱（1 莱=1600 平方米），占全国土地面积的41%。农业从业人口约为1530万人。主要农作物是稻谷、玉米、木薯、橡胶、甘蔗、绿豆、麻、烟草、咖啡豆、棉花、油棕、椰子等。泰国是世界上著名的大米生产国和出口国。泰国是亚洲仅次于日本、中国的第三大海产国，是世界第一产虾大国，每年出口冻虾20万吨，约占全球出口量的1/3。泰国橡胶产量居世界首位。

旅游业 近年来发展很快，已成为泰国外汇收入的主要来源之一。主要旅游景点除曼谷、普吉、清迈和帕塔亚外，清莱、华欣、苏梅岛等一批新的旅游点发展较快。泰国服务业比较发达，宾馆、饭店、餐饮、购物等配套设施齐全。著名的曼谷东方饭店以其优质服务而连续多年被评为世界著名旅游饭店之首。

交通运输 以公路运输和航空运输为主。铁路主要为窄轨，总长4451公里，全国47府通火车。公路总长16万公里，各府、县都有公路相连，四通八达。湄公河和湄南河为泰国两大内河水路运输干线；全国共有47个港口，国际港口21个，曼谷是最重要的港口，承担全国95%的出口量和几乎全部进口商品的吞吐。此外重要的港口还有廉差邦港、宋卡深水港和普吉深水港等。海运线可达中、日、美、欧和新加坡。空运方面，全国共有37个机场，其中有8个国际机场。曼谷廊曼国际机场曾是东南亚地区空中交通枢纽，现已被曼谷素万纳普国际机场取代。共有53个国家80家航空公司在泰设有固定航线，89条国际航线可达欧、美、亚及大洋洲40多个城市，国内航线可达全国21个大中城市。主要机场是素万纳普、廊曼、清迈、乌塔堡、合艾等。

同中国的关系 1975年7月1日中泰两国建交。

华人经济

根据有关资料统计，2008年泰国的华侨华人逾700万人，约占泰国总人口的11%。在全世界国家中，泰国是海外华侨人数仅次于印尼的国家。泰国华侨华人祖籍大部分为潮州人，其次则为具有客家血统的华人，另外泰国北部亦有为数不少来自云南地区的华人。祖籍台湾的约有14万人。

与东南亚华侨华人众多的国家相同，华人经济在整个社会经济发展中占有重要地位，而不同的是泰国华侨华人融入当地社会的程度最深，享有优越的社会地位，在泰国国会议员中有不少是华裔血统。

泰国华侨华人多从事米、糖、食品、纺织、零组件等内销行业。台商在泰国投资已逾40余年，20世纪80年代始大量在泰投资，目前台商厂家约有3000家，主要行业为电子及电机、金属、机械、纺织、化工及珠宝等。由于从事行业领域有所区隔，因此台商与其他华商并无竞争上的问题，有时反而在产业链上有所互补，相互支援。

在华人社团方面，由于泰国华侨华人人数众多，分布地区广泛，所以华人社团也相当多。目前共有侨团1300多个、宗亲会60多个。这些华人社团平日举办各项活动以联络感情。

曼谷的唐人街就像泰籍华人一样，完全融入了泰国首都曼谷这个熙熙攘攘的政治和商业中心。狭窄、拥挤的街巷两边排列着许多光彩夺目的金店，店面上装饰着闪闪发光的汉字。金店旁边还有一些中药店、香料店、拥挤不堪的餐馆及到处插满线香的中国寺庙。曼谷市的这一店铺云集的地区没有边界，与旧金山和纽约的唐人街不一样，这里没有任何的界限，完全融入了曼谷市。

越　南（Viet Nam）

国名　越南社会主义共和国（The Socialist Republic of Viet Nam）

面积　329556平方公里

人口　8693万（2010年）。通用越南语。主要宗教为佛教、天主教、和好教与高台教。

首都　河内

国内生产总值（2010年）：1016亿美元

人均国内生产总值（2010年）：1168美元

货币名称：越南盾

汇率（2010年12月）：1美元≈20900越南盾

简　况

位于中南半岛东部，北与中国接壤，西与老挝、柬埔寨交界，东部和南部邻南海。海岸线长3260多公里。属热带季风气候，高温多雨。年平均气温24℃左右。北方分春、夏、秋、冬四季，5～10月多台风。南方一年分雨旱两季，5～10月为雨季、11月～翌年4月为旱季。

公元10世纪开始建立封建国家。1884年沦为法国保护国。1945年9月2日宣布独立，成立越南民主共和国。同年9月法国重新入侵越南。1954年7月签订关于恢复印度支那和平的日内瓦协定，越南北方获得解放，南方仍由法国（后成立由美国扶植的南越政权）统治。1973年1月，越美在巴黎签订关于在越南结束战争、恢复和平的协定，美军从越南撤走。1975年5月南方全部解放。1976年4月选出统一的国会，7月宣布全国统一，定国名为越南社会主义共和国。

全国划分为58个省和5个直辖市。

经　济

越南是发展中国家，经济以农业为主。1986年开始推行改革开放。1996年越共“八大”提出加大力度推进国家工业化、现代化，经济以较快的速度增长，对外开放水平不断提高，基本形成了以国有经济为主导、各种经济成分共同发展的格局。经济增幅居东南亚各国之首。2010年越南经济克服世界金融危机不利影响，经济平稳增长，国内生产总值增长率达6.78％。

资源　矿产资源丰富，种类多。主要有煤、铁、锰、铬、铝、锡、磷等。其中煤、铁、铝储量较大。有6845种海洋生物，其中鱼类有2000多种，蟹有300种，贝类300种，虾类75种。森林面积约1000万公顷。

工业　工业部门主要由能源、冶金、建筑、电子、服装和日用品等部门组成。主要工业产品有煤炭、石油、天然气、液化气、水产品等。2010年，越南工业产值增长14％。

农业　越南是传统的农业国，农业人口约占总人口的75％。耕地及林地面积占国土面积的60％。粮食作物主要有稻谷、玉米、马铃薯、番薯等，其中大米出口仅次于泰国居世界第二。经济作物主要有咖啡、橡胶、胡椒、腰果、茶叶、花生、蚕丝等。2010 年越南农林渔业总产值 232.7 亿越南盾。

旅游业 越南真正经营旅游业是 20 世纪 90 年代初。主要旅游景点有河内市的还剑湖、胡志明陵墓、文庙、巴亭广场，位于胡志明市的统一宫、芽龙港口、莲潭公园、古芝地道和位于广宁省的下龙湾等。越南有 5 处风景名胜被联合国教科文组织列为世界文化和自然遗产。越南旅游业近年来发展迅速，经济效益显著。

交通运输 交通运输原为越南经济发展的薄弱环节。近年来，越政府对交通运输业进行了重新组合，通过对加大交通运输基础设施的改造，挖掘潜力，提高服务质量，取得较好的经济效益。目前，公路、铁路、航空、水运都有很大发展。公路总长 13 万多公里；铁路总长 3220 公里；水路总长 1.1 万公里。越南有大小机场 90 个。

同中国的关系 1950 年 1 月 18 日中越两国建交。

华人经济

华侨华人移居越南历史悠久，有文字记载的可追溯到秦代。越南华侨华人人口数目变化较大，据有关资料统计，在 1997 年以前，华侨华人人数将近 120 万人。1979 年越南政府进行第一次人口普查，越南华侨华人有 86.7 万人，占当时越南总人口的 1.75%；在 1989 年进行第二次人口普查，越南华侨华人人数为 96.17 万人，占越南当时总人口的 1.5%。据有关资料统计，2009 年越南华侨华人共有 114 万人，其中台商约 5 万人。

目前在越南的华侨华人主要集中在胡志明市堤岸的华人街（保守估计也有 50 多万人）及其周边地区，其他地区则分布较为零散。

越南华侨华人从事的经济活动，主要以中小企业和零售商为主。他们经过长期的艰苦奋斗已在越南经济发展中扮演着重要角色，尽管他们绝大多数都为中小企业，但并不富裕。

自 1980 年中期以后，越南政府为发展经济，实施开放政策，特别是 1986 年所公布的“改革计划”使华人开始积极参与工商活动。另外，在 1989 年通过的“私有企业法”及 1990 年通过的“公司法”，均有助于华人从事工商业的活动。在此种环境下，华人企业快速发展。目前，华人在越南经营之企业有塑胶厂、建设公司、农产品加工公司、速食面、碾米厂等。还有一些规模不小的华人与越南人合资的成衣厂。除了制造业外，华人还从事金融服务业，尤其越南自 1992 年允许设立私人银行后，有若干华人投资的银行成立。

台商在越南活动范围相当广泛，从北部到南部，甚至偏远的山区、海边均有台商分布。不过较多集中在南部胡志明市及其周围，北部则集中在首都河内至海防（Haiphong）一带，至于中部地区则较少。台商在越南投资产业相当广泛，且家数众多，遍及制造业、农业及服务业。工业以轻工业为主，其中纺织成衣、制鞋业、食品加工业较为重要。根据越南官方发布的统计资料，近年台商于越南投资无论件数及资金，皆占所有外资于越南投资之第 1 名。

越南华人无论是已经一家几代都生活在越南的“老”华侨，还是近些年来自中国大陆的新移民，一般都积极融入当地社会，在保持中华文化传统的同时，能顺应当地风俗习惯，与当地人通婚，熟练地使用越语，相对来讲与当地同化程度较深，在他们当中已不乏事业有成之士。

1986 年越共“六大”实施对私营企业

新政策以来，调动了华人各方面的极大潜力，“中国城”、“华人街”更加繁荣更加规范，如“五金街”、“布料街”、“服装街”、“首饰街”等，整条大街的所有店铺几乎都是“青一色”，商品种类特别丰富。

伴随经济的蓬勃发展，华人社团也得到发展。越南华侨华人多以宗亲会的方式成立许多商会，如“穗成（广肇）会馆”、“潮州（义安）会馆”、“福建（二府）会馆”、“崇正（客属）会馆”、“海南（琼府）会馆”等。

日　本（Japan）

国名　日本国（Japan）

面积　陆地面积377925平方公里

人口　1.28亿（2010年）。通用日语。神道教和佛教盛行。

首都　东京

国内生产总值（2010年）：5.46万亿美元

人均国内生产总值（2010年）：42628美元

货币名称：日元

汇率（2010年平均）：1美元＝87.78日元

简　况

日本是位于太平洋西侧的岛国。西隔东海、黄海、朝鲜海峡、日本海与中国、朝鲜、韩国、俄罗斯相望，由北海道、本州、四国、九州4个大岛和约3900多个小岛组成。海岸线长3万多公里，多海湾和良港。属温带海洋性季风气候。6月多梅雨，夏秋季多台风。1月平均气温北部－6℃，南部16℃；7月北部17℃，南部28℃。

公元4世纪中叶出现统一的国家——大和国。5世纪初，大和国势力扩及朝鲜半岛南部。公元645年通过大化革新，建立起以天皇为绝对君主的封建的中央集权国家体制。12世纪末进入“幕府”时期的封建社会。1868年实施“明治维新”，废除了封建割据的幕藩体制，建立了统一的中央集权国家，恢复天皇至高无上的统治，发展资本主义，并逐渐走上对外侵略扩张的道路。在第二次世界大战中日本战败，1945年8月15日宣布无条件投降。1947年5月实施新宪法，由绝对天皇制国家变为以天皇为国家象征的资本主义议会内阁制国家。

全国划分为1都（东京都）、1道（北海道）、2府（大阪府、京都府）、43个县（省），共47个省级行政单位。

经　济

日本经济在2007年受美国次贷危机引发的国际金融危机以及全球经济衰退的影响而遭受沉重打击，多项重要指标创战后最坏纪录。在扩大外需及实施极宽松货币政策和积极的财政政策等措施的共同作用下，日本经济于2009年第二季度开始缓慢复苏，进入2010年后，经济回升态势趋于稳定。

2010年日本的实际国内生产总值以4%的速率增长，工矿生产快速恢复，企业效益明显改善，消费市场需求扩大。2010年日本经济持续回升，主要是由于全球经济稳步回升，国际市场逐步活跃，从而促使了日本出口贸易快速增长，产生了强烈的外需拉动效果。日本国内因素主要是政府加大对国内公共事业的投资和国内银行实施极宽松货币政策，对日本经济形成强有力的支撑。2010年日本经济虽然出现回暖，但依然面临诸多难题，包括主权债务风险凸显、失业问题未见好转、日元升值冲击外贸、通货紧缩卷土重来。2011年日本大地震及其引发的复合型灾难的巨大冲击，致使日本经济的发展前景不容乐观。

资源 矿产资源贫乏，90%依赖进口。石油100%依靠进口。核能应用开发较早。日本是世界上森林覆盖率较高的国家之一，但也是世界上进口木材最多的国家。日本山多、河多，水力资源丰富，水力发电约占发电总量的35%。日本近海渔业资源丰富，但因过度捕捞等原因资源量逐年减少。

工业 日本是世界上最大的工业国家之一，工业高度发达，是国民经济的主要支柱。主要工业部门有钢铁业、机械制造业、建筑业和石油化学工业等。另外还有纺织工业、食品工业、制窑业、纸和纸浆及其他工业等轻工业。

农业 2010年日本耕地面积为459.3万公顷，约占国土面积的13%。2010年日本农业人口约260.6万人，平均年龄为65.8岁。可见，日本农业人口的老龄化异常严峻。日本农业的发展潜力不足。主要农作物有水稻、小麦、豆类、薯类等，经济作物主要有蔬菜、柑橘、花卉等。

旅游业 日本旅游业较发达，每年直接收入约20万亿日元，约占国内生产总值的5%左右。旅游业的发展同时也促进了与之相关联的交通运输和服务业等产业的发展，其间接收入约50万亿日元。主要旅游景点有富士山风景区、东京、迪士尼乐园、箱根、大阪、京都、奈良、冲绳、北海道等。

交通运输 客运以铁路和公路为主，货运以公路和海运为主。铁路总长27400公里。公路总长125.57万公里。空运方面，日本机场分为第一种空港、第二种空港、第三种空港和其他空港。其中第一种空港是指大型国际机场，共有4个，分别是成田、羽田、关西和中部国际机场；第二种空港共有26个，指大型国内机场，但大部分也有国际航线。航空公司主要有"日本航空公司（JAL）"、"全日本空输（ANA）"和"日本佳速（JAS）"。

同中国的关系 1972年9月29日中日两国实现邦交正常化，1973年1月互设大使馆。

华人经济

日本华侨华人的历史可以追溯至18世纪。据有关资料统计，1948年日本华侨华人约为42000人，至1969年增加到约51600人。据日本法务省统计，2007年年底居住在日本的外国居民人数达到了创纪录的215万，其中中国人首次超过了朝韩籍人（包括朝鲜人和韩国人）成为日本最大的外国人群体。目前，在日华侨华人不断增加，到2011年已达67万4871人。

日本华侨华人大部分来自中国大陆的广东、福建、上海及华东地区，大约占90%，其他来自台湾地区约6万人，占10%。

日本华侨华人分布的地区比较集中在东京地区。据统计，在东京地区的华侨华人约有20万人，占全日本华侨华人的比例超过1/3。华侨华人分布次多的地方为大阪，大约有3万人。其他则分布在日本各地区。特别是近年来由于新移民的增加，日本华侨华人分布地区也出现较为分散的状况。

日本的华侨华人经济实力平平，对当地经济的影响力远不如东南亚各国华侨华人经济。日本的华侨华人从事的行业主要为餐饮业及其他小规模的商业，也有从事进出口贸易业等。近年来，日本华侨华人在商业领域的发展空间不断扩大，经济实力亦有所增强。台商在日本的经营过去主要以国际贸易、批发零售与服务业为主，近年来随着台湾电脑产业快速发展，电子及电器产业已有增加的趋势。

在社团方面，日本的华侨华人成立各式的华人团体。目前华人团体共有 111 个，包括“华侨总会”、“宗亲会”、“商会”、“妇女会”等多种形式。台商社团则有“在日台湾工商会议所”、“关西台商协会”等。华侨华人社团大多集中在东京、横滨、大阪、福冈。这些社团组织时常举行交流联谊活动。

韩　国（R. O. Korea）

国名　大韩民国（Republic of Korea）

面积　10.02万平方公里

人口　约4977万（2010年）。韩国语为通用语，50%左右的居民信奉佛教、基督教等宗教。

首都　首尔

国内生产总值（2010年）：10143亿美元

人均国内生产总值（2010年）：20368美元

货币名称：韩元

汇率（2010年平均）：1美元＝1156.9韩元

简　况

位于亚洲大陆东北部，朝鲜半岛的南半部，东濒日本海，西面与中国山东省隔海相望。半岛海岸线全长约1.7万公里(包括岛屿海岸线)。地形多为丘陵和平原，地势比朝鲜半岛北半部低。属温带季风气候。年均气温13～14℃，年降水量1500毫米左右。

公元1世纪后期，朝鲜半岛一带形成高丽、百济、新罗3个古国。公元7世纪中叶，新罗在半岛占据统治地位。公元10世纪初，高丽取代新罗。14世纪末，李氏王朝取代高丽，定国号为朝鲜。1910年8月沦为日本殖民地。1945年8月15日获得解放。同时，苏、美两国军队以北纬38°线为界，分别进驻北半部和南半部。1948年8月15日大韩民国宣告成立。

全国划分为1个特别市（首尔特别市）、9个道、6个广域市。

经　济

韩国经济主要是以发展制造业和服务业等产业为主，造船、汽车、电子、钢铁、纺织产业发展很快，其产量均进入世界前10名行列。大产业集团在韩国经济中占有非常重要的地位，如三星、现代汽车、SK、LG和KT等。2010年韩国经济形势不错，增长率达6.2%，创下8年来最高纪录。就产业部门来看，农林渔业和建筑业出现负增长，制造业增长速率较快达14.8%。

资源　韩国矿产资源不丰富，已探明的矿藏有280余种，其中50多种有经济价值。具有开采价值的矿物有铁、铅、锌、钨、无烟煤等。由于自然资源匮乏，韩国的主要工业原料均依赖进口。

工业　2010年韩国工矿业同比增长14.6%，其产值占国内生产总值的30.8%。其中采矿业缩减7.8%，主要原因是由于煤炭和非金属矿产品的生产减少；制造业增长14.8%。就产业结构来看，2010年工矿业占国内生产总值的比重由上年的28.0%上升到30.8%。韩国的主要工业部门有：钢铁工业、汽车工业、造船工业、电子工业、化学工业和纺织工业等。

韩国钢铁工业，2010年粗钢产量为589.1万吨，同比增长21.3%。2010年钢铁出口248.8万吨，同比增长21.1%；进口250.9万吨，同比增长21.9%。

韩国汽车工业，2010年汽车产量为

427.2万辆，占全球总产量的5.5%，连续6年位居世界第5位。

韩国的造船工业是以建造巨型油轮、大型集装箱船和液化天然气运输船为主。2010年韩国造船业接获订单量、手持订单量和造船完工量都仅次于中国，而位居全球第2位。

韩国电子工业是该国国民经济的支柱产业，是以高新技术密集型产品为主，是世界十大电子工业国之一。近年，韩IT产业发展很快，其技术水平和产值均名列前茅。

农业 韩国耕地面积175.9万公顷，主要集中在西部和南部平原、丘陵地带。农业人口有31.2万，约占韩国总人口的6.8%。在亚洲，韩国是继日本之后率先实现了农业精细化种植和农业机械化的国家。2010年韩国农业产值（包括渔业和林业）为43.52万亿韩元。

旅游业 韩国风景秀丽、环境优美，有很多文化和历史遗产，旅游业较发达。全国共有40多家达到国际标准的饭店，其中一部分已加入国际饭店预订系列。首尔的“洲标饭店”、“乐天饭店”、“新罗饭店”、“凯悦饭店”、“朝鲜饭店”、“广场饭店”、“华克山庄饭店”等被列入超豪华类别。主要旅游景点有景福宫、德寿宫、昌庆宫、昌德宫、民俗博物馆、南山塔、江华岛、板门店、庆州、济州岛、雪岳山等。

交通运输 韩国陆、海、空交通运输都很发达。随着韩国经济的发展，交通运输发展迅速，韩境内已建成铁路网和高速公路网，交通很便利。铁路总长7889公里。公路总长10.5万公里。水运方面，主要是海上运输，用于对外贸易。有港口50多个，其中28个允许外籍船舶进出。主要港口有釜山、仁川、浦项、木浦、济州、丽水、群山等。空运方面，韩国与世界上81个国家签有航空协定，共开通了339条国际航线，可飞往30多个国家、90多个城市。现有国际机场8个，仁川、金浦、金海、济州、清州、光州、大邱和襄阳国际机场。国内航线机场有20个。

同中国的关系 中韩两国于1992年8月24日建交。

华人经济

据韩国法务部出入境暨外国人政策本部资料显示，居住在韩国的中国大陆人正在逐年增加。中韩建交之前，包括朝鲜族在内的大陆人士仅195人，建交至2002年的10年间增加到8.45万人。至2004年增加到20万人。2006年则超过30万人。2007年10月更是迫近40万，达39.48万人。而至2010年，在韩国的110多万外国人中，华侨华人最多，达63.65万人，其中汉族10.88万人，占整体的28%。与此相反，20世纪70年代一度达3万多人的台湾华侨持续减少，目前仅剩下2千5百人。即使不算大陆的朝鲜族，来自大陆的“新华侨”也达到“老华侨”的5倍。

在韩国的华侨华人中，大约90%以上来自中国大陆山东半岛，另外来自河北及东北各省的华侨华人约占7%，其他约3%则来自台湾、江浙、湖北、广东、河南与山西等地。

韩国的华侨华人经济实力并不突出，大部分从事餐饮服务业，也有从事杂货业及其他行业，规模均不算大。近年来韩国华侨华人开始从事旅游业，发展观光事业，已有不错成绩，目前亦有部分华侨华人考虑投入高科技或资讯行业。但比较起来，仍以“中华炸酱面”等价格便宜和大众化品种较多的中餐馆生意兴隆。

台商从事的行业有金融、电脑、通信及视听电子产品制造业、化学品制造业、电子零组件制造业及批发零售业等。

虽然朝鲜半岛与中国接壤，而且有绵延数千年的文化渊源，但不论朝鲜还是韩国境内都没有唐人街。不过现今一家韩国公司在首尔附近辟建韩国首条唐人街。这条名为“南韩中国城”的唐人街位于首尔西北方25公里外的高阳市一山区。“南韩中国城”占地7.6万平方米，入口是各国唐人街普遍采用的中国牌楼，城内有一座名为“三国之园”的公园，其建筑风格体现《三国演义》中的魏、蜀、吴的地方特色，园内有一座九层“报恩塔”，设有中国地方风味餐厅。“三国之园”周围是现代化的写字楼、酒店、豪华公寓、多层停车场及运动娱乐场所。

在社团方面，韩国目前有上百个各类的华侨组织，其中最重要的为分布于各地的52个华侨协会，目前以首尔、釜山、大邱与仁川等地的协会较具规模。这些协会的主要任务为办理华侨的各类证明文件及交流活动。除了华侨协会外，另外尚有按照行业组成的团体，其中以各地的餐馆业者的联合会较具规模。其他还有医师学会与教师联谊会等。另外各地也有青年会、妇女会、校友会以及同乡会等团体。台商组织有韩国地区台商联谊会。该会主要功能为交换韩国商情资讯，协助解决会员厂商的困难，并举办各种活动。

朝　鲜（D. P. R. Korea）

国名　朝鲜民主主义人民共和国（Democratic People's Republic of Korea）

面积　12.3万平方公里

人口　2405万（2008年）。通用朝鲜语。

首都　平壤

国内生产总值（2004年）：208亿美元

人均国内生产总值（2004年）：914美元

货币名称：朝鲜元

汇率（2010年）：1美元=100朝鲜元

简　况

位于亚洲大陆东部朝鲜半岛北半部。东北部与俄罗斯接壤，北部与中国为邻。平均海拔高度为440米，国土面积的80%为山地。属温带季风气候，平均气温8～12℃，年降水量1000～1200毫米。

"朝鲜"古为"箕氏侯国"，后建"高丽王朝"、"朝鲜王朝"。1910年被日本吞并，沦为殖民地。1945年8月，日本战败投降，根据盟国协议，以北纬38度线为界，由美苏分别占领南、北地区。1948年9月9日，北半部宣告成立"朝鲜民主主义人民共和国"。

全国划分为1个直辖市、2个特别市和9个道。

经　济

在经济结构中，农业、工业和服务业约各占三分之一。主要着力于推动重工业的发展。重工业特别是国防工业有一定水准。近年来经济继续保持增长态势。2010年国家财政预算收入完成计划的101.3%，支出完成99.9%。

资源　矿产资源储量占整个朝鲜半岛的80%～90%，具有经济开发价值的矿产蕴藏区占国土面积的80%。已探明矿产300多种，其中石墨、菱镁矿储量居世界前列，铁矿及铝、锌、铜、银等有色金属和煤炭、石灰石、云母、石棉等非金属矿物储量丰富。朝水力和森林资源也较丰富，水力发电能力在1000万瓦以上。境内有较多天然湖泊和人工湖，水产资源丰富。

工业　以采矿、冶金、机械、电力、纺织、化工等为主。

农业　以种植水稻和玉米为主。政府大力推广种植高产作物，努力保障农业设备物资供给，力保农业生产有一较大的发展。加强畜牧、渔业和蔬果生产，不断满足人民的需求。

交通运输　以铁路运输为主。铁路总长8800多公里，其中2000多公里是电气化铁路，干线铁路基本实现了电气化。公路总长77500多公里，已建成平壤——南浦、平壤——元山、平壤——开城高速公路和平壤——妙香山旅游公路。海运方面，主要港口有清津、南浦、元山、兴南、罗津等。并改扩建了金策港，使之成为东海岸又一个贸易港。空运方面，平壤顺川机场为国际机场。无定期国内航线。定期国际航线有平壤——北京、平壤——沈阳、平壤——曼谷等。

同中国的关系 1949年10月6日中朝两国建交。

华人经济

朝鲜华侨华人2009年约5400多人，绝大多数属于老侨，95%以上为中国山东籍。平壤和新义州各有2000人左右，还有一些散布于其他各处。朝鲜华侨华人的经济活动范围不大，目前主要从事餐饮、观光业与进出口贸易，且均属于中小企业规模。

早在20世纪80年代后期，在平壤昌光街已出现华侨经营的中国餐馆和饺子馆。在大同江畔玉柳桥美食街出现炸酱面等各种面条的中国餐馆，深受欢迎。特别是平壤文秀街里华侨比较集中，堪称“华侨街”。他们靠经营餐饮业和杂货业等维持生计和获取利润。“华侨不论到哪儿，都能发挥挣钱的才干”这句话在朝鲜也不例外。

朝鲜华侨的经济活动是20世纪从80年代初开始的，也就是中国实行改革开放之后。当时集居在朝鲜和中国边境地区的华侨乘改革开放东风，把中国制造的低价工业品、生活必需品、服装、粮食等购进朝鲜，同朝鲜产的水产品、木材、药材进行易货贸易。随着时间的推移和华侨启动积累的基金，中国制造的工业产品如冰箱、TV、电子表等源源不断进入朝鲜市场。近期由温州商人曾昌飚及300多温州同乡承包平壤最大的商场——平壤第一百货大楼，建成以经营温州小商品为主的最现代化的商场。

蒙　古（Mongolia）

国名　蒙古国（Mongolia）

面积　156.65万平方公里

人口　275.46万（2010年底）。主要语言是喀尔喀蒙古语。居民主要信奉喇嘛教。

首都　乌兰巴托

国内生产总值（2010年）：60亿美元

人均国内生产总值（2010年）：2200美元

货币名称：图格里克

汇率（2010年12月）：1美元＝1234图格里克

简　况

位于亚洲中部的内陆国家，东、南、西与中国接壤，北与俄罗斯相邻。属典型的大陆性气候，年均气温1.56℃。冬季最低气温可达－50℃，夏季戈壁地区最高气温达40℃以上。

全国划分为21个省和首都。

经　济

蒙古的经济是以畜牧业和采矿业为主体。近年来实行的是市场经济，私营经济在国民经济中占主导地位。目前，蒙古经济发展态势良好。

资源　矿业资源丰富。现已探明矿藏有铜、钼、金、银、铀、铅、锌、稀土、铁、萤石、磷、煤、石油等80多种矿产。

工业　以采矿业、燃料动力工业和加工业为主。2010年工业总产值为15.19亿美元。

农牧业　农业主要有谷物、蔬菜、马铃薯的种植。而畜牧业是蒙古传统的产业，是国民经济的基础。

旅游业　有约500家从事旅游服务的公司，有大小宾馆、饭店700多家，主要宾馆有乌兰巴托饭店、巴彦高勒饭店、成吉思汗饭店、香格里拉饭店等，主要旅游景点有哈尔和林古都、库苏古尔湖、特列尔吉旅游点、成吉思汗旅游点、南戈壁、东戈壁和阿尔泰狩猎区等。

交通运输　以铁路和公路为主。铁路总长1800多公里，担负全国货运量2/3。公路总长55942公里。空运方面，乌兰巴托“成吉思汗”机场是唯一的国际机场，与北京、天津、呼和浩特、海拉尔、莫斯科、伊尔库茨克、首尔、东京、大阪和法兰克福之间有定期航班。

同中国的关系　1949年10月16日中蒙两国建交。

华人经济

蒙古的华侨华人历史并不久，目前总人数约1万人。其中华侨约2300人，仅占蒙古总人口约1%，尚有一万余华人，大多数从事建筑业工作，也有部分在专业领域内服务。华侨华人中70%祖籍为河北省阳原、怀安、万全县和张家口市，其余来自山西、内蒙古和山东省。蒙古华侨约1500人居住在乌兰巴托的12分区，这一区被视为贫民区。乌兰巴托没有唐人街，只有一个华侨聚居地。第一代华侨已经老迈。第二代为了生计，也必须艰苦勤劳地经营着各种行业，有的也获得了成功。

蒙古华侨多数经商，收入也比一般蒙古人高。乌兰巴托陆陆续续有 100 多家中餐馆开张，多为华侨经营，生意非常火爆。来自内蒙古的移民陈阿力几年前就在蒙古国开了一家名为“友谊饭店”的中餐馆，几年前他来蒙古时乌兰巴托市内的中餐馆只有三家。蒙古人越来越能够接受中餐，到“友谊饭店”吃饭的有 2/3 是当地居民。

香港出生的张振云，曾从事蒙古文化研究工作。在蒙古生活 8 年后，决心在这个国家创一番事业——开设电脑公司和咖啡馆。

蒙古除了出产黄金外，还盛产一种当地人称作软黄金的羊肠，随父亲从中国大陆到蒙古的白双站，在蒙古找到软硬两个黄金宝藏，成为脚踏实地的企业家。他花了 7 万美元向蒙古政府买下 60 年的黄金开采权。在金矿里白双站和矿工们同吃同喝同居。同时，白双站还开设了肠衣厂。用蒙古的羊制作的羊茸、肠衣在国际市场上是软黄金，跟黄金一样值钱。肠衣的用途很大，一级品质的可以做医学用的手术线，二三级的可以做香肠。肠衣途经上海、天津出口，主要运到西班牙、德国和日本三个国家。

为谋生，原妙珍幼时随父母从中国山西来到蒙古首都乌兰巴托。在蒙古长大的原妙珍，初中毕业后做了编织工。蒙古国有大草原、牛羊，还有蕴藏于山脉之间的珍贵矿物，原妙珍凭着勤劳而又有生意经的头脑，不断地开创自己的一片天地。随着中蒙双边贸易的开展，她先与上海一家公司合资 280 万元开设砖厂，管理着 150 名来自上海、浙江、温州等地的技术员。继而又与天津的公司合资开设肠衣厂和婚纱摄影公司。

乌兰巴托的商场里也到处摆放着来自中国的产品，包括家电、服装、食品和日用品等。在乌兰巴托最大的市场里，蔬菜和水果也几乎全是中国产品。

在蒙古的华侨一般不入当地国籍，他们希望落叶归根，年老返回故乡。社团方面有“蒙古华侨协会”。

孟加拉国（Bangladesh）

国名　孟加拉人民共和国（The People's Republic of Bangladesh）

面积　147570 平方公里

人口　约 1.5 亿。国语是孟加拉语，官方语言是孟加拉语和英语。国教是伊斯兰教。孟加拉国有 88.3%的居民信奉伊斯兰教。

首都　达卡

国内生产总值（2009/2010 财年）： 993.6 亿美元

人均国内生产总值（2009/2010 财年）： 684 美元

货币名称： 塔卡

汇率（2010 年平均）： 1 美元=69 塔卡

简　况

位于南亚次大陆东北部的恒河和布拉马普特拉河冲积而成的三角洲上。东、西、北三面与印度毗邻，东南与缅甸接壤，南濒孟加拉湾。海岸线长 550 公里。全境 85%的土地为平原，东南部和东北部为丘陵地带。大部分地区属亚热带季风型气候、湿热多雨。全年分为冬季（11～翌年 2 月）、夏季（3～6 月）、雨季（7～10 月）。年均气温为 26.5℃。冬季是一年中最宜人的季节，最低气温为 4℃，夏季最高气温达 45℃，雨季平均气温 30℃。

孟加拉族是南亚次大陆古老民族之一。孟加拉地区曾数次建立过独立国家，版图一度包括现印度西孟加拉、比哈尔等邦。16 世纪，孟已发展成次大陆上人口最稠密、经济最发达和文化昌盛的地区。18 世纪中叶，成为英国对印度进行殖民统治的中心。19 世纪后半叶，成为英属印度的一个省。1947 年印巴分治，孟被分为东西两部分，西部归印度，东部归巴基斯坦。1971 年 3 月，东巴宣布独立，1972 年 1 月，正式成为孟加拉人民共和国。

全国划分为 7 个行政区，下设 64 个县 507 个警官区，4484 个乡，87319 个村。

经　济

孟加拉国是世界上最不发达的国家之一，经济落后，国民经济主要依靠农业。现政府主张实行市场经济，推行私有经济体制，并注重改善投资环境，努力吸引外资，积极创造出口加工区。几年来孟经济保持平稳增长。

资源　矿产资源有限。已公布的天然气储量为 3113.9 亿立方米，煤储量为 7.5 亿吨。森林面积约 200 万公顷，覆盖率约 13.4%。

工业　是以原材料工业为主，包括水泥、化肥、黄麻及其制品、棉纱、纸张、白糖、豆油等。重工业薄弱，制造业不发达。

农业　是农业国，约有 84.8%的人口生活在农村。以种植水稻为主，黄麻是主要经济作物，有约 2351.1 万英亩耕地，近年来孟未受大的自然灾害，粮食生产稳步增长。

交通运输　公路总长 21571 公里。孟客、货运输主要由公路运输承担。铁路总长 2835.04 公里。水运方面，孟加拉内河运输公司拥有船舶 195 艘，孟加拉运输公司拥有船舶 13 艘。主要港口是吉大港和蒙格拉港。空运方面，孟航有飞机 11 架，国内航线 3 条，国际航线 18 条。国际机场 3 个，国内机场 5 个。

同中国的关系　1975 年 10 月 4 日中孟两国建交。

华人经济

据资料统计，2000 年孟加拉华侨华人 480 人，祖籍主要是广东、湖南、福建和台湾，分布在达卡 300 人，吉大港 100 人。

孟加拉华侨华人经营的事业，多为印度、巴基斯坦及斯里兰卡华侨华人经营事业的延伸，约有 60 家，包括制鞋、中餐馆、牙医及手工艺品等。另外也有少数华侨华人从事农业、畜牧业等。

台湾厂商在孟加拉投资设厂近来也有逐渐增加的趋势，设厂者以纺织成衣、磁砖、自行车等传统产业为多数，且多以外销为主。台湾厂商规模以润兴规模最大，员工约有一万多人，正敏自行车专门销售英国市场。欧蒂玛及永裕国际制鞋则专门销往日本市场。

印　度（India）

国名　印度共和国（The Republic of India）

面积　298万平方公里

人口　12.1亿（2011年）。官方语言是英语和印地语。约80.5%的居民信奉印度教，其次信奉伊斯兰教、基督教、锡克教、佛教等。

首都　新德里

国内生产总值（2010年）：16530亿美元

人均国内生产总值（2010年）：1600美元

货币名称：印度卢比

汇率（2011年3月）：1美元＝45.73卢比

简　况

位于南亚次大陆。与巴基斯坦、中国、尼泊尔、不丹、缅甸和孟加拉国为邻，濒临孟加拉湾和阿拉伯海。海岸线长5560公里。属热带季风气候，气温因海拔高度不同而异，喜马拉雅山区年平均气温12～14℃，东部地区26～29℃。

印度是世界四大文明古国之一。公元前2000年前后创造了印度文明。公元前325年形成统一的奴隶制国家。1526年建立莫卧儿帝国，成为当时世界强国之一。1600年英国侵入建立东印度公司。1757年开始沦为英国殖民地，1849年全境被英国占领。1857年爆发反英大起义，次年英国政府直接统治印度。1947年6月英将印度分为印度和巴基斯坦两个自治领。同年8月15日，印巴分治，印度独立。1950年1月26日，印度共和国成立，为英联邦成员国。

经　济

印度经济在经历了全球金融危机的打击后，恢复得比较快。2010年，经济增速达到8.0%，到2011年，增速提升到8.6%。这主要是由于印度农业增速反弹、制造业增势不减。在这轮国际金融危机中，印度政府通过采取扩张性的货币和财政政策，充分调动国内需求，迅速实现了经济复苏。2010/2011年投资需求支撑了印度经济的增长。2010/2011年，在印度国内生产总值中，服务业产值所占比重高达56.8%，工业是29.0%，农业是14.2%。

资源　印度自然资源丰富，矿藏有100多种。其中云母产量居世界第一，煤和重晶石产量均居第3位，铝土储量占世界第5位。此外，还有铁、铬、锰、锌、铜、铅、黄金、钛、钍、铀、石灰石、石膏、磷酸盐、钻石、石油、天然气等。森林面积为67.8333万平方公里，覆盖率约为20.64%。

工业　主要工业部门有：纺织、食品、化工、制药、钢铁、采矿、水泥、石油和机械工业等。2010年，印度纺织品出口量有所增加，增长率为6.3%。纺织品和成衣出口量达112.7亿美元，较上年增长了11.47%。化学工业包含了石油化工、基础化工原料、化肥生产、药品制造等，在印度制造业中所占比重最大。印度是世界粗钢的第四大生产国，名列中国、日本和美国之后。近期，印度纺织、食品、精密仪器、汽车、软件制造、航空和空间技术等新兴工业发展迅速。

农业 印度是农业国，农村人口约占全国人口的70%，58%的劳动力以农业为生。可耕地面积约1.6亿公顷。是世界第一大产奶国，也是世界重要的产棉和产茶国。主要粮食作物是稻谷、小麦等，主要经济作物有油料、棉花、黄麻、甘蔗、咖啡、茶叶和橡胶等。印度的咖啡产量在世界排名第6位，居巴西、越南、哥伦比亚、印度尼西亚和埃塞俄比亚之后。咖啡种植面积约39.9万公顷，产量的70%左右用于出口。印度是世界上红茶的最大生产国和消费国。

服务业 印度交通通信业和建筑业发展很快。软件制造与服务业自20世纪90年代一直保持50%的增长率。

旅游业 旅游业是印度高创汇产业，且为国民提供了2000多万个就业岗位。主要旅游景点有：阿格拉、德里、斋浦尔、昌迪加尔、纳兰达、迈索尔、果阿、海德拉巴、特里凡特琅等。

交通运输 印度铁路里程总长63278公里，居世界第2位，是印度国内主要运输手段，是印度雇佣人数最多的国营部门，有将近155万员工。印度公路总长330万公里，承担国家85%的客运量和70%的货运量，是世界最大的公路网之一。水运方面，印度95%的贸易量、68%的贸易额是通过海运来实现。海运能力位居世界第18位。空运方面，印度共有14家航空公司从事定期航班运营，主要航空公司有印度航空公司和印度捷特航空公司，有飞机334架。从事非定期航班运营的航空公司有65家，有飞机201架。国际机场有5个，分别位于德里、孟买、加尔各答、钦奈和特里凡特琅。

同中国的关系 1950年4月1日中印两国建交。

华人经济

17世纪末，一位来自广东的天主教徒成为最早在印度定居的中国人。清朝中后期，一批以广东客家人为主的中国人漂洋过海，来到当年英国殖民时期的印度首都——加尔各答。他们在距离该城市65公里的钻石港落脚、生根、繁衍生息，使之成为印度第一个华人聚集地点。此后来印度的华侨华人人数曾达到5万人，仅加尔各答西北郊塔坝一地就有2万多人。按籍贯分主要是广东梅县和湖北的天门县人。

根据统计，2010年居住于印度的华侨华人约有143768人，多数居住于加尔各答、新德里、孟买、清奈等大城市，又以加尔各答人数最多。

印度华侨华人目前大都从事家具、皮革、餐饮等行业。在加尔各答，经过几代华人的艰苦努力，面积不到10多平方公里的塔坝地区早已成为印度最大的唐人街。当地华人拥有200多家皮革厂，每天处理的皮革数量占据全印度的1/5。塔坝的华侨华人约90%都是经营皮革生意，小部分经营其他生意。但塔坝目前仍以中华客家餐饮闻名加尔各答地区，当地中餐馆现有20多家，高中低档都有。在塔坝的华人社区随处可见红漆大门和高悬的大红灯笼，五花八门的中餐广告牌，如“广东酒家”、“金陵饭庄”、“北京饭店”等。每晚宾客川流不息、车水马龙，来就餐的不仅有塔坝和加尔各答名流，也有驻印的外国使节和外商。其他加尔各答的华侨华人经营的行业尚有鞋业、美容院、牙医、木厂、服装洗染店等。至于华侨华人鞋店在市区约有100家，几乎全属中小企业。

台商在印度人数不多，仅 405 人，且分布零散，但投资经营的行业众多，有空运、海运、金融、电子零组件、电气设备、电脑资讯、食品加工与饲料、化学、机械与通信、制鞋、农渔业等，大多数以中小企业为主。

印度的华侨华人绝大多数人的生活质量高于印度当地平均水平。在孟买的华人大都有房有车，雇着司机。在加尔各答亦如此。

社团组织方面，目前有“印度华侨协会”、“华人青年联合会”。

巴基斯坦（Pakistan）

国名　巴基斯坦伊斯兰共和国（The Islamic Republic of Pakistan）

面积　796095 平方公里（不包括巴控克什米尔地区）

人口　1.7 亿。是多民族国家，其中旁遮普族人数最多，占巴总人口的一半以上。官方语言是英语，国语是乌尔都语。95% 的居民信奉伊斯兰教（国教）。

首都　伊斯兰堡

国内生产总值（2010/2011 财年）：2117.6 亿美元

人均国内生产总值（2010/2011 财年）：1212.2 美元

货币名称：巴基斯坦卢比

汇率（2011 年 7 月）：1 美元≈87 卢比

简　况

位于南亚次大陆西北部。东接印度，东北与中国毗邻，西北部与阿富汗交界，西邻伊朗，南濒阿拉伯海。海岸线长 980 公里。巴南部属热带气候，其余地区属于亚热带气候。南部湿热，受季风影响，雨季较长；北部地区干燥寒冷，有些地方终年积雪。年平均气温为 27℃。

巴基斯坦原为英属印度的一部分。后随印度沦为英殖民地。1940 年全印度穆斯林联盟通过了建立巴基斯坦的决议。1947 年英公布“蒙巴顿方案”实行印巴分治。同年巴宣布独立，成为英联邦的一个自治领，包括巴基斯坦东、西两部分。1956 年 3 月 23 日巴基斯坦伊斯兰共和国宣告成立，但仍为英联邦成员国。1971 年 3 月东部宣布成立孟加拉人民共和国，同年 12 月孟正式独立。

全国共分 4 个省，7 个联邦直辖部落地区和联邦首都伊斯兰堡。各省下设专区、县、乡、村联会。

经　济

巴经济是以农业为主，农业产值占国内生产总值的 24%。2009/2010 财年国内生产总值达 1575 亿美元，2009/2010 财年国内生产总值增长约 4.1%。

资源　主要矿藏有天然气 4920 亿立方米、石油 1.84 亿桶、煤 1850 亿吨、铁 4.3 亿吨、铜 4.12 亿吨、铝土 7400 万吨，还有大量铬矿、大理石和宝石。森林覆盖率达 4.8%。

工业　棉纺织业是巴国最大的工业部门，另外还有毛纺织、制糖、造纸、烟草、制革、机器制造、化肥、水泥、电力、天然气、石油等工业。

农业　主要农作物有小麦、稻谷、棉花、甘蔗等。可耕地面积为 5768 万公顷，其中实际耕作面积为 2168 万公顷。农业人口约占全国人口的 66.5%。

交通运输　国内运输是以公路为主。近年来，公路和空运网的发展速度快于铁路。现公路总长 259758 公里。铁路总长 7791 公里。水运有卡拉奇和卡西姆两个国际港口。空运方面，巴基斯坦国际航空公司有民航飞机 44 架，飞往 38 个国际机场和 24 个国内机场。国内有 4 个国际机场，分别是在伊斯兰堡、卡拉奇、拉合尔和白沙瓦。

同中国的关系 1950年1月5日巴基斯坦正式承认中华人民共和国，1951年5月21日中巴两国正式建交。

华人经济

在巴基斯坦，常住的华侨华人据2009年有关资料统计不到4000人。祖籍主要是广东梅县、湖北天门和山东。分散居住在卡拉奇、拉合尔、伊斯兰堡、拉瓦尔品第等地。主要经营中餐馆、医院、美容院等。

斯里兰卡（Sri Lanka）

国名 斯里兰卡民主社会主义共和国（The Democratic Socialist Republic of Sri Lanka）

面积 65610平方公里

人口 2045万（2009年）。僧伽罗语、泰米尔语同为官方语言和全国语言，上层社会通用英语。76.7%的居民信奉佛教，7.8%的居民信奉印度教，6.1%的居民信奉天主教，8.5%的居民信奉伊斯兰教。

首都 科伦坡

国内生产总值（2010年）：495亿美元

人均国内生产总值（2010年）：2399美元

货币名称：卢比

汇率（2010年平均值）：1美元＝113.06卢比

简　况

位于南亚次大陆南端，是印度洋上的岛国。西北隔保克海峡与印度半岛相望。国土接近赤道，终年如夏，年平均气温达28℃。全国各地区平均降水量在1283～3321毫米不等。风景秀丽，素有“印度洋上的珍珠”之美名。

2000年前，来自北印度的雅利安人移民至锡兰岛建立了僧伽罗王朝。公元前2世纪前后，南印度的泰米尔人也开始迁徙并定居该岛。从此，僧伽罗王国和泰米尔王国之间征战不断。16世纪起先后被葡萄牙和荷兰人统治。到18世纪末沦为英国殖民地。1948年2月获得了独立，定国名锡兰。1972年5月22日改称“斯里兰卡共和国”。1978年8月16日又改国名为“斯里兰卡民主社会主义共和国”。

全国共划分为9个省，25个县。

经　济

斯里兰卡是以种植园经济为主的农业国。农业是该国的基础产业，茶叶、橡胶、椰子三大作物的出口是国家经济主要支柱。自1977年斯里兰卡经济开始走上改革开放之路，政府努力推行自由竞争和积极吸引外资搞活经济的政策。斯经济保持较快的速度增长。

资源 矿产资源主要有石墨、宝石、钛铁矿、锆石、云母等。斯渔业、林业和水力资源均较丰富。

工业 主要有纺织业、服装业、皮革加工业、食品和饮料业、烟草工业、造纸业、木材、化工业、石油加工、橡胶、塑料和金属加工业及机器装配等工业。工业分布大多集中在科伦坡地区。

农业 可耕地面积为400万公顷，已种植面积200万公顷。从业人数（包括林、牧、渔业）占全国总劳动力的32%。主要农作物有茶叶、橡胶、椰子和稻谷等。2010年农业产值占国内生产总值的11.9%。

旅游业 是斯国重要经济部门之一。游客主要来自欧洲、印度、东南亚等国家和地区。2010年旅游业收入650.18亿卢比。

交通运输 斯国交通便利。公路总长约11923公里，以科伦坡为中心辐射全国。铁路总长1640公里，共有8条干线以科伦坡为中心连接各大城市。水运主要是远洋运输，主要港口有科伦坡、高尔和亭可马里，其中科伦坡港是斯里兰卡最大、最重要的港口，也是世界最著名的大型人工港之一，承担着本国90%的外贸进出口货物的海运任务，与世界各主要港口有着频繁的业务往来。空运方面，科伦坡机场为国际机场，斯里兰卡航空公司经营国际航空业务。

同中国的关系 1957年2月7日中斯两国建交。

华人经济

2000年斯里兰卡有华侨华人600人，分为老华侨、华裔及新华侨华人。老侨一般是抗日战争前后来当地的，大部分已去世。华裔约有250人，是在当地出生，不懂中文，已基本当地化。新华侨华人有300人，主要是近10年从东北、山东等各地移入的。华侨华人分别居住在首都科伦坡及康提等几个大城市。新移民中以中国香港、新加坡及马来西亚华人较多。近年斯国欢迎外国人投资，放宽居留权取得的条件，因而东南亚各地区华人以及台湾厂商有不少前往该国设厂，取得居留权者日渐增多。

华侨华人主要经济事业为：

餐馆业 约有20余家，散布于首都科伦坡和康提两大城市，南部坎迪也有小型餐馆，其中较具规模且营业时间较长的，有北平饭庄、乐宫饭店、新新饭店、馥莲饭店及中华咖啡馆等。

制鞋业 为粤籍梅县华人的传统事业，技术多系由印度延传而来，多分设于首都科伦坡及康提两大城市，总共约10余家。

牙医业 牙医业现有4家，也是从印度延传而来，为湖北籍华人所经营，分设于科伦坡市，经营者均属学历较高、并取得执照者的华人。

贸易及杂货业 多为山东籍移民所经营，较具规模者有科伦坡市内的上海公司、新中华商店等。部分商品来自台湾，包括衬衫、雨衣、雨鞋、毛巾、肥皂粉、成衣、运动服、休闲服、女用化妆品以及塑胶制品、雨伞、电子零件、医护器材等。

绸布业 多为山东、江苏两省籍华人所经营，约有10余家，多开设于科伦坡市内。较具规模者有中国布庄、中华丝绸店、香港商店、南京商店等。营业范围为销售丝绸布匹，兼销日用品及手工艺品，系从中国国内进口，目前江浙丝产品及廉价手工艺品已逐渐进入斯国市场。

旅馆业 有2家，均在科伦坡市，一家系属馥莲饭店兼营的旅馆，另一家为国际观光旅馆。

红花油业 粤籍华人林百全创制出一种治疗风湿病的良药红花油，其原料为印度及缅甸特产肉桂油及西藏特产的红花，为当地华商事业一大特色。

其他 除了上述行业外，尚有部分华人担任导游，或做木工，或贩卖旅游纪念品、古董、玩具等。目前为了适应斯国引进外资政策，还有10家台商在该国投资建厂，从事螺丝、螺帽、手工具、成衣、毛衣针织、电话机及鱼网的生产。其中以同光企业的螺丝帽及手工具工厂为最具规模。

社团组织方面，“斯里兰卡青年华侨联谊会”是唯一的当地华侨华人组织。

以色列（Israel）

国名 以色列国（The State of Israel）

面积 根据1947年联合国关于巴勒斯坦分治决议的规定，以色列国的面积为1.52万平方公里。但由于在1948～1973年爆发了四次阿以战事，以色列占领了约旦河西岸、加沙地带、耶路撒冷和戈兰高地。1994年5月和1995年2月，以色列分别从加沙和所占约旦领土撤军。从1995年10月起至年底，以军先后撤出位于约旦河西岸的杰宁、图勒凯尔姆、纳布卢斯、凯勒基利亚、伯利恒、拉姆安拉6城市。1997年1月，以色列撤出希伯伦市的80%地区。1998年10月，以巴签署“怀伊协议”，规定以色列从约旦河西岸13.1%的地区撤军。1999年9月，以巴签署执行“怀伊协议”的沙姆沙伊赫备忘录，但该备忘录迄今未得到全面执行。2005年8月，以实施“脱离计划”，以单方面从加沙和西岸部分地区撤出犹太定居点和军队。现在以色列实际控制面积约为2.5万平方公里。

人口 747万（2011年5月，包括约旦河西岸、加沙地带和耶路撒冷犹太居民）。通用英语，希伯来语和阿拉伯语均为官方语言。居民中大部分信奉犹太教。

首都 建国时在特拉维夫，1950年迁往耶路撒冷。1980年7月30日，以色列议会通过法案，宣布耶路撒冷是以色列“永恒的与不可分割的首都”。对于耶路撒冷的地位和归属，阿拉伯国家同以色列一直有争议，阿拉伯国家要求以色列撤出1967年以来它所占领的全部阿拉伯领土，包括阿拉伯的耶路撒冷（指东耶路撒冷）。目前，绝大多数同以色列有外交关系的国家仍把使馆设在特拉维夫。

国内生产总值（2010年）：2155亿美元

人均国内生产总值（2010年）：28640美元

货币名称：新谢克尔

汇率（2010年5月）：1美元＝3.459新谢克尔

简　况

位于亚洲西部。东接约旦，东北部与叙利亚为邻，南连亚喀巴湾，西南部与埃及为邻，西濒地中海，北与黎巴嫩接壤，是亚、非、欧三大洲结合处，地理位置非常重要。海岸线长198公里。属地中海型气候，夏季炎热干燥，最高气温达39℃；冬季温暖湿润，最低气温4℃左右。

犹太人远祖是古代闪族的支脉希伯来人，起源于约4000年前的美索不达米亚平原，后因躲避自然灾害迁徙至埃及尼罗河三角洲东部。公元前13世纪末开始从埃及迁居巴勒斯坦地区。1917年英国占领巴勒斯坦，1922年7月24日国际联盟通过了英国对巴勒斯坦地区的“委任统治训令”，规定在巴建立“犹太民族之家”。1947年11月29日，联合国大会通过决议，决定在巴勒斯坦分别建立阿拉伯国和犹太国。1948年5月14日以色列国正式成立。

全国划分为6个区，30个分区，31个市，115个地方委员会，49个地区委员会。

经　济

经济发展迅速，实力较强。工业化程度高，主要是以发展高科技密集型产业为主。工业、农业、科技及军工等部门技术水平较高。私人企业所占比重大，但主要部门政府严格控制，许多大企业由工会监管。合作经济主要以农村中的基布兹（集体社）和莫沙夫（合作社）为主。

资源　矿产资源贫乏。主要有钾盐、石灰石、铜、铁、磷酸盐、镁、锰、硫黄等。森林覆盖占国土总面积的5.7%。

工业　工业较发达，劳动力成本高，主要发展低能耗、资金和技术密集型产业及宝石加工业，以色列在电子技术、计算机软件、医疗设备、生物技术、信息和通信技术、钻石加工等领域达到世界尖端水平。

农业　全国耕地面积是427.4万杜纳亩（1公顷约合10杜纳亩）。农业组织结构以莫沙夫（合作社）和基布兹（集体社）和个人农场为主，全国有合作社（莫沙夫）442个，人口23万；有集体社（基布兹）267个，人口约12.3万。主要农产品有小麦、棉花、蔬菜、水果等。

旅游业　旅游业在以色列经济中占重要地位，是该国外汇收入的主要来源之一。国土虽小，但旅游资源丰富，其独特的旅游胜地和众多的名胜古迹，吸引数以百万人观光游览。游客主要来自欧洲和美洲地区国家（占90%以上）。

交通运输　交通运输业很发达。国内运输货物的一半靠陆路运输来实现，水运和航空运输各占1/4。公共汽车和载重汽车是主要的运输工具。国际运输以海法港和本—古里安国际机场为主。

同中国的关系　1992年1月24日中以两国正式建交。

华人经济

2003年以色列华侨华人约有2～3万人，除少数来自台湾、香港及中国大陆的合法侨民和商人外，其余都是逾期居留和非法打工的中国大陆劳工。

以色列的华侨华人从事的行业主要为餐饮业、贸易业及旅游业。

约　旦（Jordan）

国名　约旦哈希姆王国（The Hashemite Kingdom of Jordan）

面积　8.9 万平方公里

人口　611.3 万（2010 年）。阿拉伯语为国语，通用英语。92%以上的居民信奉伊斯兰教，属逊尼派。

首都　安曼

国内生产总值（2010 年）：271.3 亿美元

人均国内生产总值（2010 年）：5300 美元

货币名称：约旦第纳尔

汇率（2010 年）：1 美元≈0.709 约旦第纳尔

简　况

位于亚洲西部，阿拉伯半岛的西北，东南和南部与沙特阿拉伯相连，周边与巴勒斯坦、以色列、叙利亚、伊拉克为邻。只有亚喀巴湾是该国唯一出海口，约旦基本上是内陆国家。首都安曼和西部山地属亚热带地中海型气候，气候温和。平均气温 1 月为 7～14℃，7 月为 26～33℃。

约旦原是巴勒斯坦的一部分，最初属阿拉伯帝国版图，后归属奥斯曼帝国。第一次世界大战后沦为英国委任统治地。1921 年英国以约旦河为界，把巴勒斯坦一分为二，西部仍称巴勒斯坦，东部建立外约旦酋长国。1946 年 3 月 22 日英承认外约旦独立，后改国名为外约旦哈希姆王国。1948 年第一次阿以战争中，约占领了约旦河西岸 4800 平方公里的土地。1950 年外约旦同西岸合并，改称约旦哈希姆王国。

全国共分 12 个省。

经　济

约旦是发展中国家，资源较贫乏，经济基础薄弱，物资主要依靠进口。国民经济的主要支柱是侨汇、外援和旅游业。自 2000 年约旦经济改革，经济状况有所好转。主要措施是加速私有化、贸易自由化和法制进程；大力改善投资环境，加速经济特区合格工业区（QIZ）的建设。2009 年，受国际金融危机的影响，经济有所下滑。

资源　矿藏主要有磷酸盐、钾盐、铜、锰和油页岩等。磷酸盐储量约 20 亿吨。死海海水可提炼钾盐，其储量达 40 亿吨。天然气储量约 2000 亿立方英尺。

工业　工业规模不大，多属轻工业和一些小型加工业，主要有采矿、炼油、食品加工、玻璃、纺织、塑料制品、卷烟、皮革、制鞋、造纸等。有 5 个较大规模的工业企业（磷酸盐、钾盐、炼油、水泥、化肥）。现有劳动力 109 余万人。外籍劳工有 20 多万人，从事工业、采矿业的人员约有 16.5 万人。

农业　农业落后，从业人口 11.04 万余人，约占劳动力的 12%。可耕地面积约 90 万公顷，已耕种面积仅为 50 万公顷，多集中在约旦河谷。可耕地中 7%为水浇地，全部由私人经营。约旦每年所需粮食的 3/4 依靠进口。主要农作物是小麦、玉米、大麦、蔬菜、水果、橄榄等。农产品不能满足国内需求，粮食和肉类主要依靠进口。

旅游业 旅游业是约旦三大经济支柱之一，是外汇的主要来源之一。现有酒店471家，从业人员近9000人。游客主要来自海湾国家、欧洲和美国等。主要景点有安曼、死海、杰拉什、佩特拉、杰隆古堡、亚喀巴等。2010年约旦旅游业收入34.2亿美元。

交通运输 以公路运输为主，公路建设发展迅速，公路长8000公里，基本实现连通全国城乡公路网。并建有国际公路网与伊拉克、叙利亚、沙特阿拉伯、以色列等国相通。铁路总长730公里。客运量达3.13万人次，货运量378.95万吨。海运方面，位于约旦南部、红海北部的亚喀巴港是约旦唯一的港口和进出口贸易集散中心，拥有集装箱码头和散装货码头，22个深水泊位，有29条固定航线，通往除西非海岸及南美西部海岸的200多个港口，货物年吞吐量可达2200万吨。空运方面，约旦皇家航空公司拥有各种飞机35架，有50条国际航线。主要机场有：安曼阿丽娅王后国际机场、安曼民用机场（马尔卡机场）、亚喀巴国际机场。2010年阿丽娅王后国际机场的客运量达540万人次。

同中国的关系 1977年4月7日中约两国建立外交关系。

华人经济

2000年底，约旦有华侨华人674人，主要居住在安曼（150人）、伊尔比德（508人）。华侨华人祖籍大多数为宁夏、新疆、天津及台湾。85%以上是20世纪80年代以后移民的。约旦华侨华人主要从事餐饮业。在约旦的华侨从事工商业的共11家，即餐馆业8家，贸易业1家，食品制造业1家，纺织业1家，其中以餐馆业经营状况较好。

餐馆业：餐馆业8家，资本额共90万美元，占当地该业的2%。其中“中华餐厅”、“台湾观光饭店”、“华园饭店”、“川园餐厅”、“金龙餐厅”、“明星餐厅”、“成吉思汗餐厅”等7家，均设在安曼，另一家中餐厅设在亚喀巴港。蒯松茂开设的“中华餐厅”资本额15万美元，约占当地1%，营业兴隆，是在安曼开设的第一家中国餐厅。

纺织业：纺织业1家，较具规模，资本额约1万台币。

其他：贸易业1家，资本额约50万美元，经营纺织品进口及转口业务；食品制造业1家，资本额约1万美元，系家庭营业，供应餐馆及当地超级市场。

“同胞联谊会”是当地唯一华侨华人社团组织。

黎巴嫩（Lebanon）

国名 黎巴嫩共和国（The Republic of Lebanon）

面积 10452平方公里

人口 412.4万（2010年）。绝大多数为阿拉伯人，阿拉伯语为官方语言，通用法语、英语。54%的居民信奉伊斯兰教，46%的居民信奉基督教。

首都 贝鲁特

国内生产总值（2010年）： 391.5亿美元

货币名称： 黎巴嫩镑

汇率（2010年）： 1美元=1507黎镑

简 况

位于亚洲西南部，地中海东岸，东部和北部与叙利亚为邻，南与巴勒斯坦和以色列交界，西濒地中海。海岸线长220公里。沿海地区夏季炎热潮湿，冬季温暖。

公元前2000年为腓尼基的一部分，以后相继受埃及、亚述、巴比伦、波斯和罗马统治。7～16世纪初并入阿拉伯帝国。1517年被奥斯曼帝国占领。第一次世界大战后沦为法国委任统治地。1943年11月22日黎巴嫩宣布独立，成立黎巴嫩共和国。1975年4月，黎基督教派与伊斯兰教派因国家权力分配产生的矛盾激化，爆发内战。1990年，黎内战结束。

全国共划分8个省，南部纳巴蒂亚市为省级行政区，省以下依次设县、乡。

经 济

黎实行的是自由贸易政策。商业和服务业产值占国内生产总值的70%以上。曾享有中近东贸易、金融、交通和旅游中心的盛名。黎多年内战加之以色列的入侵，经济一度下滑，至20世纪90年代后期，经济渐入困境，经济发展陷入停滞状态。2008年底国际金融危机爆发以来，黎平稳渡过危机，经济逆势增长，2009年首次实现120亿美元的财政盈余。

资源 矿产资源少，且开采不多。主要矿产有铁、铅、铜、褐煤和沥青等。

工业 主要以加工业为主，从业人口约有20万，占黎劳动力总人口的7%。工业产值约占国内生产总值的17%左右，是仅次于商业和非金融服务业的第三大产业。主要工业部门有非金属制造、金属制造、家具、服装、木材加工、纺织等。

农业 农业落后。全国有可耕地248000公顷，其中灌溉面积104009公顷。林地面积70万公顷，牧场36万公顷。农产品以水果和蔬菜为主，其中水果产值占农业产值的一半，果园面积约6万公顷，主要生产柑橘、苹果、葡萄和香蕉。年出口水果约26万吨。黎贝卡谷地为主要农业种植区，占全国种植面积的35%及谷物产量的30%。黎粮食主要靠进口。国内粮食耕种面积共8万公顷，其中大麦、小麦种植面积为2.5万公顷。其他农产品有玉米、马铃薯等。经济作物有烟草、甜草、橄榄等。近年来，葡萄种植业发展很快。

旅游业 黎巴嫩原为中东地区的旅游胜地。内战前，每年入境旅客达200万人次，游客主要来自海湾地区产油国和欧美国家。主要旅游点有腓尼基时代兴建的毕卜鲁斯城、古罗马时代兴建的巴尔贝克城和十字军东征时代兴建的赛达城堡。此外，北部的雪山有很多滑雪场，吸引了大量游客。

交通运输 以海、空运输为主，公路次之。公路贯穿全境，全长约7300公里。水运方面，主要有贝鲁特港、的黎波里（特里波利）港和赛达港。贝鲁特港为主要贸易港，现有集装箱及集散货码头14个。承担着黎70%的进出口货物运输量。空运方面，贝鲁特机场是著名航空港，目前有35家航空公司飞经该机场。

同中国的关系 1971年11月9日中黎两国建交。

华人经济

黎巴嫩华侨华人2002年不超过200人，一半以上的人从事餐饮业。据不完全统计，全黎巴嫩中餐厅为20多家（有的资料统计为40多家）。中餐厅的名称一般都具有浓郁的中国特色，如“中国花园”、“中国月亮”、“中国太阳”、“小中国”、“北京楼”、“筷子”等，但是能长期维持的中餐厅，有2/3是当地黎巴嫩人开的。华人自己当老板经营的饭店屈指可数，原因是华人一般会做菜却不懂管理，另外也因如果生意红火，就会被房东盯上，合同期一到就结束合作，由当地人来接管餐厅。

华侨华人中在餐厅任厨师的，有的生活也不错，如来自北京的于姓厨师，在一家高档的中餐厅任厨师长有七八年了，他妻子在餐厅做服务员，儿子在当地读初中。夫妇俩一个月工资有一千多美元，吃住基本上由黎巴嫩老板提供，每天工作时间为六七个小时，自己拥有一辆汽车供休假用，生活相当稳定踏实。但有些餐厅的厨师，每天要工作12小时以上，却食不果腹，生活非常艰辛。

沙特阿拉伯（Saudi Arabia）

国名 沙特阿拉伯王国（Kingdom of Saudi Arabia）

面积 225 万平方公里（沙特官方数据）

人口 2710 万（2010 年）。官方语言为阿拉伯语，通用英语。伊斯兰教为国教。

首都 利雅得

国内生产总值（2010 年）： 4312 亿美元

人均国内生产总值（2010 年）： 1.59 万美元

货币名称： 里亚尔

固定汇率： 1 美元＝3.75 里亚尔

简 况

位于阿拉伯半岛。东濒波斯湾，西临红海，同约旦、伊拉克、科威特、阿联酋、阿曼、也门等国接壤。海岸线长 2437 公里。地势西高东低，西部高原属地中海式气候，其他地区属于亚热带沙漠气候。夏季沿海地区气温达 38～39℃，内地气温有时高达 54℃；冬季气候温和。年平均降水量不超过 200 毫米。

公元 7 世纪，伊斯兰教的创始人穆罕默德的一些继承者建立阿拉伯帝国，8 世纪为鼎盛时期，版图横跨欧、亚、非三洲。11 世纪开始衰落，16 世纪为奥斯曼帝国所统治。19 世纪英国侵入，当时分汉志和内志两部分。1924 年内志酋长阿卜杜勒——阿齐兹·沙特兼并汉志，次年自称为国王。经过 30 年征战统一了阿拉伯半岛。于 1932 年 9 月 23 日宣告建立阿拉伯王国。

全国划分为 13 个地区，地区下设一级县和二级县，县下设一级乡和二级乡。

经 济

沙特实行的是自由经济政策。其主要资源是石油，其储量和产量均居世界第一。石油工业是沙特经济的主要支柱，在国民经济中起主导作用，石油收入占国家财政收入的 90%。近年来，沙特经济注意转型，改变以往单一依靠石油工业的现象，经济朝多样化方向发展，努力扩大非石油产业的生产，发展采矿和轻工业，同时重视农业的发展，粮食实现自给。

资源 沙特以“石油王国”而著称。2006 年，沙特石油剩余可采储量为 363 亿吨，占世界储量的 19.8%，居世界各国之首。天然气剩余可采储量为 7.1 万亿立方米，占世界储量的 4.1%，居世界第 4 位。此外，沙特还有金、铜、铁、锡、铝、锌、磷酸盐等矿藏。沙特水力资源是以地下水为主，总储量为 36 万亿立方米，按沙特目前用水量地表以下 20 米深的水源可使用 320 年左右。目前沙特共有 25 个海水淡化厂，日产 7 亿加仑淡水，淡化水占全国饮用水的 46%，沙特是世界上最大的淡化海水生产国，全国的海水淡化总量占世界海水淡化量的 21%左右。

工业 石油和石化工业是沙特的经济命脉。石油收入占国家财政收入的 86%以上，石油出口占出口总额的 90%以上。政府充分利用本国丰富的石油和天然气资源，大力引进国外的先进技术设备，建立先进的外向型企业，逐步改变依赖石油出口的单一的经济结构。现已建成以石油加工、石油化工、钢铁、炼铝、水泥、海水淡化和电力工业为主的十几个大型骨干企业。现沙特工业产品逾万种，其中石油产品外销70多个国家和地区。

农业 沙特有可耕地400万公顷，已耕地面积117万公顷。沙特政府非常重视农业，鼓励农民扩大种植面积，对农业产品给予优惠补贴。沙特农业人员约为39万，农业收入占国民生产总值的3.3%。农产品主要有小麦、椰枣、玉米、水稻、柑橘、葡萄、石榴等。粮食自给率为98%，小麦自给有余并出口。畜牧业主要有绵羊、山羊、骆驼。政府支持私人兴办肉鸡、蛋鸡场，并发展养鱼业。

旅游业 沙特居民外出旅游每年约350万人次，消费额约为250亿里亚尔。每年沙特接待外国游客约为300万人次，其中200多万人次与朝觐有关。

交通运输 交通方便，已建成陆、水、空立体交通网，公路交通是主要运输方式。公路总长19万公里，其中高速公路15.1万公里，国际公路网与约旦、也门、科威特、卡塔尔、阿联酋、巴林等国相通。沙特有8个大型港口，有183个泊位，年吞吐量达2.5亿吨。主要港口有吉达伊斯兰港、达曼港、朱拜勒港、延布港、吉赞港、杜巴港，其中吉达港的卸货率名列世界前茅。空运方面，沙特航空公司是中东地区最大的航空公司，在世界民航公司中排名第15位。拥有波音、空中客车等现代化飞机。全国共有27个机场，其中利雅得、吉达、麦加、达兰为国际机场，有40条国际航线延伸四大洲70多个国家；有24条国内航线，平均每天有260个航班。

同中国的关系 1990年7月21日中沙两国建交。

华人经济

由于中国与沙特在唐朝时就已经有贸易往来，所以华侨华人移居沙特的历史十分悠久。据统计目前在沙特有华侨华人20万人，维吾尔族占总数的85%以上，回族次之约2万人，尚有少数汉、哈萨克等族，台湾籍的有200人。在沙特的华侨华人主要分布在港口城市，如吉达、麦加、麦地那，其次在塔伊夫、达曼和首都利雅得。新疆维吾尔族侨民在沙特已有70～80年的历史，现已发展到第四代。早期新疆人在沙特从事农耕、建筑、餐饮、铁工、木工、制鞋、食品加工等行业，颇受沙特人欢迎。第一代新疆籍的华侨大部分已加入沙特国籍，他们大部分生活较富裕；第二、三、四代移民大都在沙特或欧美国家接受高等教育，生活水准较高，其中部分人继承父业做国际贸易以及从事房地产、餐饮业和旅游业。年轻一代的华侨有多人进入沙特政府体系、教育体系、金融银行业、房地产业、通信业、航空业等行业服务，已融入沙特主流社会，其中一些人甚至进入沙特伊斯兰会议组织、联合国等国际机构任高职。此外，也有华侨担任大学校长、报社杂志总编以及银行总经理等。

目前在沙特的华侨侨团较知名的有广交会与乌洽会等，但会员多半是新疆籍为主。

土耳其（Turkey）

国名 土耳其共和国（The Republic of Turkey）

面积 78.36万平方公里

人口 7256万（土耳其国家统计署2009年底数据）。土耳其语为国语。99%的居民信奉伊斯兰教。

首都 安卡拉

国内生产总值（2010年）：约7251亿美元

人均国内生产总值（2010年）：9893美元

货币名称：土耳其新里拉

汇率（2010年）：1美元≈1.54新里拉

简 况

地跨亚、欧两洲，与格鲁吉亚、亚美尼亚、阿塞拜疆、伊朗、伊拉克、叙利亚、希腊和保加利亚相邻，濒临地中海、爱琴海、马尔马拉海和黑海。海岸线长7200公里，陆地边境线长2648公里。南部沿海地区属亚热带地中海式气候，内陆为大陆型气候。夏季炎热干燥，冬季温暖潮湿。

土耳其人史称突厥，公元8世纪起由阿尔泰山一带迁入小亚细亚，13世纪末建立奥斯曼帝国，16世纪达鼎盛时期，20世纪初沦为英、法、德等国的半殖民地。1919年，凯末尔领导民族解放战争反抗侵略并取得胜利，1923年10月29日建立土耳其共和国，凯末尔当选首任总统。

全国共划分81个省，省下设县、乡、村。

经 济

农业较发达，粮、棉、蔬菜、水果、肉类等基本自给。工业有一定基础，轻纺、食品加工业较发达。20世纪80年代中期起，推行自由市场经济，大力发展私营经济，实行国营企业私有化，实现了由传统的中央计划经济向市场经济的转轨，私人资本不断扩大，金融实现完全自由化。土经济实现高速增长的同时，也出现了高通胀率。2009年底，土经济出现增涨势头，通胀率和失业率有所下降。2010年土经济发展平稳上升，国内生产总值增长率为8.1%。

资源 矿产资源较丰富，主要有大理石、天然石、硼矿、铬、钍和煤等。三氧化二硼储量7000万吨；钍储量占世界总储量的22%；铬储量1亿吨，居世界前列。此外，黄金、白银、煤储量分别为450吨、1100吨和85亿吨。大理石和天然石储量占世界的40%，品种数量均居世界第一。森林资源较丰富。石油、天然气及水资源短缺。

工业 土耳其工业基础好，主要工业部门有采矿、钢铁、汽车制造、石油、建筑、木材、造纸、纺织、食品加工等。

农业 土耳其农业基础好，60%的土地适于农耕，现有耕地2850万公顷。农产品主要有烟草、棉花、稻谷、橄榄、甜菜、柑橘、牲畜等。其中粮、棉、蔬菜、肉等主要农副产品基本实现自给自足。森林面积约2000万公顷，木材加工业发达，由于实施了新的林业技术，工业木材产量逐年提高。

旅游业 旅游业收入是土耳其外汇收入的重要来源之一。主要旅游景点有亚洛瓦温泉、特洛伊、埃菲斯等古城遗址和卡帕多西亚、库什湖等主要风景名胜地。

交通运输 以陆路为主，公路运输发达。国家级和省级公路 64033 公里，乡村级公路 28.8 万公里。铁路总长 10984 公里，其中电气化铁路 2305 公里。空运方面，现有 120 个普通机场，16 个直升机专用机场。机场主要设在伊斯坦布尔、安卡拉、伊斯密尔、阿达纳、安塔利亚等地。

同中国的关系 1971 年 8 月 4 日中土两国建交。

华人经济

华侨华人何时移居土耳其可追溯至 11 世纪初，但详细的年代则难考证。自 1923 年土耳其建国以来，华侨华人移居土耳其的人数逐渐有一些官方统计资料显示。2009 年居住在土耳其的华侨华人约有 4 万，大部分是来自新疆的维吾尔族和哈萨克族。维吾尔族主要居住在开塞利、伊斯坦布尔以及安卡拉，哈萨克族则聚居在伊斯坦布尔。

在土耳其建国后，维族华侨华人主要是在 20 世纪 30 年代开始去土耳其定居。目前维吾尔族华侨华人大多数从事亚洲与欧洲间丝路的贸易，主要做服装、丝绸、中药材、家具、办公设备、家电、电子产品的批发和零售业务，还有的经营房地产、中医诊所、旅行社、餐饮业等。也有不少人在跨国公司就职，收入可观。他们逐步开始融入主流社会，生活水平处于中偏下。自费留学的维吾尔族华侨华人中侨居土耳其成为比较认同的选择，他们学历高，思想开放，有知识，在土耳其很容易找到薪水不错的工作，又能轻松融入主流社会。

哈萨克族华侨华人主要是于 1949 年走出新疆，经西藏到印度后，于 20 世纪 50 年代到土耳其定居，并繁衍他们的后代。哈族华侨华人原先大多从事制革、皮衣加工和销售行业，收入非常可观，生活比较富有。但近年来受市场的冲击，皮革、皮衣销量下滑，经济实力不如以前，生活水平开始下降。

台湾籍的华侨华人人数有限。大部分从事国际贸易，引进台湾或中国大陆产品在此销售。少数经营餐厅。

阿拉伯联合酋长国
（The United Arab Emirates）

国名　阿拉伯联合酋长国（The United Arab Emirates）

面积　83600 平方公里

人口　826 万（2010 年），本国居民为阿拉伯人，外籍人占 83%。阿拉伯语为官方语言，英语为通用语言。大多数居民信奉伊斯兰教。

首都　阿布扎比

国内生产总值（2010 年）：2947 亿美元

人均国内生产总值（2010 年）：3.5 万美元

货币名称：迪拉姆

汇率（2010 年）：1 美元＝3.67 迪拉姆

简　况

位于阿拉伯半岛东部，北濒波斯湾，海岸线长 734 公里。西北与卡塔尔为邻，西和南与沙特阿拉伯交界、东和东北与阿曼毗邻。属热带沙漠气候，夏季炎热潮湿（5～10 月），气温在 40～50℃，冬季（11 月～翌年 4 月），气温在 7～20℃，偶有沙暴。平均降水量约 100 毫米，多集中在 1～2 月间。

公元 7 世纪隶属阿拉伯帝国。自 16 世纪起，葡萄牙、荷兰、法国等殖民主义者相继侵入。1820 年英国入侵波斯湾地区后，强迫当地 7 个酋长国与其签订“永久休战条约”，此后各酋长国逐步沦为英国的保护国。1971 年 3 月 1 日，英国宣布同波斯湾各酋长国签订的条约于年底终止。同年 12 月 2 日阿拉伯联合酋长国宣布成立。由阿布扎比、迪拜、沙迦、哈伊马角、富查伊拉、乌姆盖万和阿治曼 7 个酋长国组成联邦国家。其行政区划分也分成上述 7 个地区。7 个酋长国间经济发展不平衡，其中阿布扎比酋长国面积最大，人口最多，油气储量丰富，财力也最雄厚。联邦预算的主要财政也来自于石油。

经　济

以石油生产和石油化工工业为主，同时注重发展多样化经济。努力扩大贸易，增加非石油产业收入在国内生产总值中的比例。近年阿国大力发展以信息技术为核心的“新经济”和“知识经济”，取得一定成果。

资源　石油和天然气非常丰富。已探明的石油储量为 133 亿吨，居世界第 6 位。天然气储量为 6.43 亿立方米，居世界第 7 位。阿布扎比有阿联酋 90%以上的石油和 85%的天然气储量。

工业　以石油化工为主。阿联酋出口原油的 62%及几乎所有的天然气都出口到日本。阿除石油工业外还有天然气液化、炼铝、塑料制品、建筑材料、服装和食品加工等工业。在工业部门从业人员中，阿联酋人仅占 1%。因此，阿政府着手实施“就业本国化”计划，提高本国人就业比例。

农牧渔业　阿农业不发达。大部分国土是沙漠和盐碱地，可耕地面积只有4%。农牧林业的产值很低。仅占国内生产总值的2.4%。近几年，政府采取鼓励务农的政策，国家向农民免费提供种子与化肥等优惠服务和无息贷款，并对农产品全部实行包购包销，以确保农民的收入，使阿联酋农业迅速得到发展。现全国可耕地面积为32万公顷，已耕地面积27万公顷。粮食目前仍依靠进口。近年，农业发展较快，蔬菜可满足市场需求的大部分，肉、蛋、奶产量逐年增加。阿联酋的主要农产品有椰枣、玉米、蔬菜、柠檬等。目前阿联酋约有5191艘捕鱼船、渔民17264人，渔业产品和椰枣可以满足国内需求。阿畜牧业规模小，主要肉类产品依赖进口。

旅游业　是阿联酋发展最快的行业。目前有25家五星级宾馆，还有其他二星级宾馆。位于波斯湾沿岸的迪拜是阿联酋的贸易和旅游中心，每年吸引着约700万游客。

交通运输　阿境内无铁路，各酋长国之间由现代化高速公路相连，公路总长约4080公里。水运方面，有15个港口，308个码头（总长45公里），年货物吞吐量超过7亿吨。迪拜拉希德港是中东第二大深水港。空运方面，有阿布扎比、迪拜等6个国际机场，5个直升机机场。阿联酋已同包括中国在内的82个国家签订了双边航空约定，世界各国的109个航空公司有定期航班飞往阿联酋的各个机场。在全球航空公司排序中阿联酋航空公司居阿拉伯世界首位。

同中国的关系　1984年11月1日中阿两国建交。

华人经济

据统计2011年阿拉伯联合酋长国约有华侨华人20万人，其中台湾籍240人，以迪拜为其主要居住地。华侨华人几乎全是20世纪80年代以后移民的，来自中国大陆者逾80%，其余为台湾籍和当地出生的。华侨华人主要从事商业、餐饮业及服务业。阿国华商经营贸易业11家，营业规模不大，进出口杂货、文具、珠宝、工艺品、食品、汽车零件、成衣、废铁、海产品和手表等，其中中国大陆移民经营的贸易业规模较大。其次为餐馆业4家，有在阿布扎比的陶德本经营的“柔柔餐厅”，既具历史又具规模，将中餐速食化，颇受当地居民喜爱。另拥有两家餐厅，一家兼营西点面包，资本额约40万美元。由于中式餐厅数目不断增加，竞争日趋剧烈。第三为运输代理业3家，他们是“中华航空公司”、“长荣航空公司”及“立荣海运公司”代理商。第四为制造业，有“宏基电脑公司”在迪拜设立的装配厂及发货中心。此外，华商郭文焜及黄茂森合资在加巴阿里自由区设置的小型彩色笔制造厂，雇用员工五六十人。

现全国有侨团4个。

哈萨克斯坦（Kazakhstan）

国名 哈萨克斯坦共和国（The Republic of Kazakhstan）

面积 272.49万平方公里

人口 1643.2万（2010年）。哈萨克语是国语，国家机关和地方自治机关使用的官方语言是俄语。大多数居民信奉伊斯兰教。

首都 阿斯塔纳

国内生产总值（2010年）： 1460亿美元

人均国内生产总值（2010年）： 9000美元

货币名称： 坚戈

汇率（2010年平均）： 1美元＝147.94坚戈

简　况

位于亚洲中部，北邻俄罗斯，东接中国新疆，南与乌兹别克斯坦、土库曼斯坦、吉尔吉斯斯坦接壤，西濒里海。属典型大陆性气候，1月份平均气温是－19～－4℃，7月份平均气温19～26℃。

大部分地区原属哈萨克汗国，19世纪上半叶逐步并入帝俄；东部巴尔喀什湖以南、以东和斋桑泊一带原为中国领土，19世纪下半叶被帝俄强行割占。十月革命后，1920年成为自治共和国属俄罗斯联邦。1936年改称哈萨克苏维埃社会主义共和国，1991年12月10日改名为哈斯克斯坦共和国，同年12月16日正式宣布独立，21日加入独联体。

全国设14个州和2个直辖市。

经　济

哈经济是以石油、天然气、采矿（稀有金属、有色金属和黑色金属）、煤炭和农牧业为主，而加工业、机器制造业和轻工业相对较落后，大部分日常消费品依靠进口。哈独立后便着手进行经济改革，有计划地推行市场经济和私有化的进程。哈政府采取一系列措施，调整产业结构，努力提高加工业和高科技产业在国民经济中所占的比重和高附加值产品的出口比重，以提高国家的整体竞争力。

资源 矿产资源丰富。目前探明铁矿储量91亿吨、铁锰伴生矿5亿吨、锰矿6亿吨、铬矿4亿吨、铜矿总储量为3450万吨、铅矿储量为1170万吨、锌矿储量2570万吨、黄金储量为1900吨、钨矿储量为200万吨、铀矿储量为150万吨，以及石油和天然气储量：陆上石油探明储量为48～59亿吨，天然气3.5万亿立方米；哈属里海地区石油探明储量80亿吨，其中卡沙甘油田石油可采储量达10亿吨，天然气可采储量超1万亿立方米。

工业 2010年哈工业总产值达117568亿坚戈（约合795亿美元）。石油和凝析油产量为7952万吨，天然气产量为1371亿立方米。

农业 哈是农业大国，在苏联时期曾有“粮仓”之美称。主要农作物有小麦、棉花、甜菜、葵花籽、烟草等。2010年，哈共出口粮食810万吨，其中新粮360

万吨。

旅游业 有近400多个旅游公司，主要旅游景点有阿拉木图市的高山滑雪场、巴尔喀什湖、突厥斯坦古城等。

交通运输 以公路、铁路、船舶运输为主。铁路总长14300公里。公路总长88388公里。水运方面，内河航线总长4032公里。空运方面，有国际航线72条，总长45000公里。阿斯塔纳、阿拉木图、阿克套、阿克托别、卡拉干达、科斯塔奈等13个城市的机场可起降国际航班。

同中国的关系 1991年12月27日，中国承认哈萨克斯坦独立。1992年1月3日，中哈两国正式建交。

华人经济

在哈萨克斯坦真正拥有哈萨克斯坦国籍的华人的经济实力不强，但在哈从事经济活动的华侨却不少。近年来虽然人数有所减少，但据2004年资料统计，在阿拉木图市的华人也在1万～3万人之间。哈华人多数是在苏联解体后进入该国的，居住年限超过10年的不多。另外，流动性大，故哈方难以做出准确的人数统计。华人多数以经商为主，规模一般不大，也有少数人从事餐饮业、加工业。阿拉木图郊区的“巴拉霍卡大市场”系哈甚至中亚国家日用品主要集散地，在此经营者多数为华人。这里经营的商品以中低档为主，可满足哈中低收入阶层的需要，颇受欢迎。近年，华人经济开始向大型化和正规化方向发展。来自新疆维吾尔自治区的一位企业家在阿拉木图独资修建了“亚联”商贸城，投资额达200万美元以上。台湾“顶新集团”也在该国从事方便面业务，其营业额也相当可观。不过，总的来说，哈萨克斯坦的华人经济远不能与东南亚国家相比，目前正在困难的条件下寻求发展。

吉尔吉斯斯坦（Kyrgyzstan）

国名　吉尔吉斯共和国（Kyrgyz Republic）

面积　19.99万平方公里

人口　547.4万（截至2010年12月1日）。吉尔吉斯语为国语，官方语言是俄语。70%的居民信奉伊斯兰教，其次为东正教和天主教。

首都　比什凯克；奥什（南部首都）

国内生产总值（2010年）：2121.774亿索姆（约合45亿美元）

人均国内生产总值（2010年）：4.09万索姆（约合870美元）

货币名称：索姆

汇率（2010年全年平均）：1美元＝47.0992索姆

简　况

位于中亚东北部，国界线长约4170公里，北和东北与哈萨克斯坦接壤，南接塔吉克斯坦，西南毗连乌兹别克斯坦，东南和东面与中国接壤（共同边界线近1100公里）。是多山的内陆国，属大陆性气候，1月份平均气温－6℃，7月份平均气温为27℃。

6～13世纪建立吉尔吉斯汗国。1876年被沙俄吞并。1917年11月至1918年6月建立苏维埃政权。1924年10月14日成立“卡拉吉尔吉斯自治州”，属俄罗斯联邦。1936年12月5日成立“吉尔吉斯苏维埃社会主义共和国”，同时加入苏联。1991年8月31日正式宣布独立，改国名为“吉尔吉斯共和国”，同年12月21日加入独联体。

全国划分为7个州2个市。

经　济

吉是以农牧业为主，工农业并重的国家。工业基础薄弱，主要生产原材料，进口依赖严重。独立初期经济出现滑坡。吉政府通过调整经济改革方针，稳步实施向市场经济迈进，推行以私有化和非国有化改造为中心的经济体制改革，经济保持了稳步的低态增势。在发展经济的同时，政府注意对教育的投入，人力资源较丰富。2009年，受国际金融危机影响，吉经济增速减缓。

资源　吉矿产资源相当丰富。已探明的矿藏、矿点有2000多处，主要矿产是有色金属和稀有金属，如黄金、锑、钨、锡、汞等。其中锑的产量占世界第3位、独联体第1位，锡产量和汞产量居独联体第2位。此外还有煤炭、石油和天然气等。吉水力资源丰富，除供灌溉外，河上还修筑了多座大型水电站。吉境内有大小湖泊1923个，水面总面积6836平方公里，占吉国土面积的3.4%。吉境内还修筑了一些大型水库，其中托克括吉尔水库面积达284平方公里，库容量达200亿立方米。吉动物、植物资源也很丰富，境内有500多种脊椎动物，其中有鱼类49种，鸟类335种。有高等植物4000余种，云杉、柏、槭、白杨、柳、白桦等树木比较常见；吉还富有各种饲用植物、药用植物、挥发油料植物，以及含杀虫毒质、含橡胶和含生物碱植物。

工业 主要有采矿、电力、燃料、化工、有色金属冶炼、机器制造、木材加工、建材、轻工、食品加工业等。

农业 吉农业分种植业和畜牧业两部分。种植业包括粮食作物、经济作物、饲料作物以及马铃薯和瓜菜作物的种植。粮食作物主要以小麦、黑麦、稻谷、大麦、燕麦和玉米为主。经济作物主要是棉花和甜菜。棉花产地主要集中在奥什州和贾拉勒阿巴德州，甜菜产地主要集中在楚河谷地。吉畜牧业有养牛、养羊、养马、养猪、养禽及养蜂业等。吉养羊业产值占畜牧业产值一半以上。

旅游业 吉国名胜古迹、疗养胜地和自然保护区很多。最主要的名胜古迹有：克拉斯诺列钦地区的古代城堡遗址；乌兹根市的教堂；在托克马克市附近有中世纪布拉纳古城遗址和清真寺高塔；在塔拉斯河上游有吉尔吉斯古代民族英雄玛纳斯纪念陵墓等。吉尔吉斯的旅游和疗养胜地是伊塞克湖，中国史书称图斯池、热海或清池。沿湖地带大部分是美丽的沙滩浴场。还有设备齐全、舒适的现代化的旅游宾馆。吉国是十分理想的游览和疗养胜地。每年境内外游客络绎不绝，给吉旅游业带来不小的收益。

交通运输 以公路运输为主。公路总长3.4万公里。铁路总长431公里。水运方面，吉唯一能通航的航道只有伊塞克湖。该湖全年均可通航，航线长576公里，共有6个码头和一些停靠站。空运对吉国与其他国家的联系和国内各地之间的联系方面起着重要作用。位于首都比什凯克的“玛纳斯”国际机场与莫斯科、新西伯利亚、塔什干、杜尚别等城市有定期航班；与独联体以外的城市，如乌鲁木齐、伊斯坦布尔、法兰克福、新德里、卡拉奇等有定期或不定期的航班。

同中国的关系 1992年1月5日中吉两国建交。

华人经济

吉尔吉斯斯坦的华侨华人2004年时约有1万人，主要集聚在首都比什凯克，其中大部分是在1991年之后来到当地的，多数来自中国大陆。如今，第一批来该国淘金的华商很多已相当成功，生意越做越大，而中吉之间商贸合作亦更加紧密。在这里，精明的华商们不仅看到了吉尔吉斯斯坦的商机，更看到了坐拥吉国辐射其他中亚国家的灿烂商业前景。

从比什凯克市中心的胜利广场向北，步行几分钟便可看到一栋四层小楼“中国国英商品城”便坐落于此。这座具有相当规模的商城始建于20世纪末。在“国英”经营的摊主大多是来自中国大陆的华商，出售的商品主要是电器、服装鞋帽、五金百货、食品及厨房用品。现今，随着当地经济大环境的好转和当地市民收入水平的提高，“国英商品城”的客流量每天都保持在千人以上，利润亦较刚开业时有所上升。

除了“国英商品城”之外，比什凯克目前最大的商贸中心——多利多义市场还有为数不少的华商摊主。

因轻工业基础薄弱，中亚五国八成以上的生活日用品和耐用消费品均来自中国。由于乌兹别克斯坦、塔吉克斯坦、土库曼斯坦与中国无直接通商口岸，货物要通过地处中亚中部的吉尔吉斯斯坦中转至周边国家，因此，吉尔吉斯斯坦更加成为华商的重视之地。

美　洲

加拿大（Canada）

国名 加拿大（Canada）

面积 998万平方公里

人口 3410.9万（2010年）。官方语言是英语和法语。居民中45%信奉天主教，36%信奉基督教新教。

首都 渥太华

国内生产总值（2010年）：15745.05亿美元

人均国内生产总值（2010年）：46161.34美元

货币名称：加拿大元

汇率（2010年平均）：1美元＝1.03加元

简　况

位于北美洲北部。东临大西洋，西濒太平洋，西北部邻美国的阿拉斯加州，南与美国本土接壤，北靠北冰洋达北极圈。大陆海岸线长24万多公里。东部气温稍低，南部气候适中，西部气候温和湿润，北部为寒带苔原气候。中西部最高气温达40℃以上，北部最低气温达－60℃。

加拿大原为印第安人与因纽特人居住地。17世纪沦为法、英殖民地，后又被法割让给英国。1867年，英将加拿大省、新不伦瑞克省和诺瓦斯科舍省合并为一个联邦，成为英国最早的自治领。1926年，英国承认加拿大的“平等地位”，加拿大开始获得外交独立权。1931年，成为英联邦成员，其议会也获得了同英议会平等的立法权，但仍无修宪权。1982年，英国女王签署《加拿大宪法法案》，加议会获得立宪、修宪的全部权力。

全国共划分为10个省3个地区。各省设省督、省议长、省长和省内阁。地区也设立相应职位和机构。

经　济

加拿大是发达的资本主义国家，是西方七大工业国之一。金融保险业、房地产业、批发零售业、制造业都很发达，是加拿大经济的主要支柱，近年来高科技产业发展很快，在国民经济中的重要性不断上升。2010年，加拿大经济逐渐走出金融危机的影响，开始出现复苏。2010年，加拿大国内生产总值平均增长3.1%，经济增长主要动力来自于国内需求。但由于金融危机的影响远未云消雾散，加拿大的农林渔矿等传统优势出口产业需求不旺，贸易逆差进一步扩大。

资源 加拿大国土辽阔，森林、矿藏等资源丰富。已探明矿产有60多种。其中，镍、锌、铂、石棉、铀、金、镉、铋、石膏等产量居世界前列。加拿大全国森林覆盖面积达347.7万平方公里（2010年数据），占陆地面积的35%，森林面积居世界第3位，在世界上仅次于俄罗斯和巴西。加拿大国土面积中有约89万平方公里被淡水覆盖，淡水资源占世界的9%。

工业 加拿大工业发达，工业产值及从业人数均在国民经济中占有较大比重。加拿大矿产资源丰富，采矿业发达，2010年采矿业产值540.95亿加元，比上年增长

5.1%。其中，石油和天然气产值为401.13亿加元；煤炭产值9.21亿加元；金属矿采选业为33.72亿加元；非金属矿采选业为40.82亿加元。2010年加拿大原油产量1.58亿立方米；天然气总产量1895.89亿立方米；煤炭产量6789.6万吨；铜产量50.8万吨；镍产量15.3万吨；铅产量6万吨；锌产量60.6万吨；铁矿石产量3605.8万吨；金产量91024公斤；银产量55.96吨；铀产量9927公斤；石膏产量278.8万吨；水泥产量1243.1万吨。加拿大工业中最大经济部门是制造业，主要有机械、汽车、化工、电子电器、航空航天、纺织和服装等行业。2010年加拿大制造业产值1596.32亿加元，占国内生产总值的12.9%；从业人员174.4万人，占全国总就业人口的10.2%。

农业 加拿大农业发达，是世界主要农产品生产国和出口国之一。主要农产品有小麦、玉米、油菜籽、蔬菜、花卉、牛肉、禽类、乳制品等。2010年加拿大农业部门（含林业、渔业和畜牧业）的产值266.42亿加元，占当年国内生产总值的2.2%。农业人口（不包括林业和渔业）30万人，占全国就业人口的1.8%。加拿大可耕地面积约占国土面积的16%，已耕地面积6758.67万公顷，占国土面积的8%。2010年，加拿大种植业收入218.71亿加元。加拿大永久性牧场用地约1539万公顷。畜产品在国际市场上有很强的竞争力，2010年加拿大畜牧业收入187.95亿加元。加拿大外接北冰洋、大西洋和太平洋，国土内有五大湖，是世界上最主要的渔业国之一，捕捞业和养殖业都很发达。55%的水产品供出口，是世界最大的渔业产品出口国。销往美国的占97.9%，其次是销往日本和欧洲。加拿大林业资源丰富，是世界主要的木材、纸浆和新闻纸出口国，木材总蓄积量为172.3亿立方米，纸浆产量仅次于美国居世界第2位，新闻纸产量占世界的40%左右。2010年加拿大林业总产值47.37亿加元。

服务业 是加拿大经济中的首要部门。2010年产值为8899.54亿加元，约占国内生产总值的72.1%。从业人员达1330.1万人，占全国总就业人口的78.1%。

旅游业 加拿大国土辽阔，风景优美，旅游资源十分丰富。旅游业发达，在世界旅游组织中居收入最高国家中排名的第9位。主要旅游城市有温哥华、渥太华、多伦多、蒙特利尔、魁北克市等。2010年外国游客达2466.9万人次。游客主要来自：美国、英国、法国、德国、日本、墨西哥、澳大利亚、韩国、中国大陆、印度、中国香港、荷兰、意大利、瑞士和约旦。

交通运输 加拿大交通运输发达，公路、铁路、航空、水运设施先进，运输手段完备。铁路总长72245公里。公路总长140.89万公里。水运方面，圣劳伦斯运河是世界最长的运河，其深水航道全长3769公里，船舶通航可从大西洋抵达五大湖水系。全加拿大有25个大的深水港和650个小的港口，年吞吐量4.7亿吨。温哥华港是加拿大最大的港口，年吞吐量7630万吨。空运方面，有商业飞机约4500架，机场1111个，其中主要机场有68个，包括多伦多、温哥华、卡尔加里和蒙特利尔等国际机场。

同中国的关系 1970年10月13日中加两国建交。

华人经济

华人最早在1788年来到加拿大，当时约有50名中国工匠来到温哥华，后来就留在那里，并且同当地居民通婚，成家生子。1858年由于加拿大西部卑诗省发现金矿，广东省珠江三角洲一带的农民、工匠和小贩蜂拥而至，到 19 世纪 60 年代初已达七千人左右。

1970 年后，加拿大的华人人口迅速增长，如 1971 年达 11.8 万人，占全加拿大人口的 0.55%；1981 年为 28.9 万人，占 1.2%；1996 年为 73 万人，占 2.6%。华人目前已居加拿大十大少数民族族群的第 1 位。

据有关资料统计，2010 年加拿大的华侨华人约 130 万人，占全国总人口的 4.3%。其中来自香港的居多数，约有 50 万人。目前加拿大的华侨华人以经商投资为主。特别是 20 世纪 80 年代以来，以香港移民为主导的财团，将大量资金投入加国，为加拿大的经济注入了强心剂。据加拿大帝国商业银行估计，仅 20 世纪 80 年代中期至 20 世纪 90 年代初期，每年约有 20 亿美元至 40 亿美元的香港资金流入，促进加币升值，使加国得以减轻经济衰退的冲击。

就目前加国华侨华人的经济状况来看，来自香港的资金和人才始终是加国华人经济发展的一股主导力量，香港移民乃为当地华人工商界的主角。华人经营从事行业多元化，目前加拿大华人经营的行业主要有七大类别：饮食业、贸易与杂货业、房地产业、石油化工业、食品加工业、文化传媒业以及其他服务业。

加拿大华人投资的企业，大致可分成四种，一是主要在服务业，如食品和零售，由家族经营和个人所有的传统型华人企业；二是近数十年，华人专业人士在医药、法律、会计等领域拥有和经营的专业公司；三是通过总部设在亚洲以及在加拿大设立分支机构的集团公司的外国投资拥有或控制的加拿大公司；四是最近由加拿大商业移民计划导致的商业移民的资本密集型投资。十几年来由于加拿大华侨华人新移民的剧增及当地出生的华人新生代的成长，使华人职业开始变得多样化和专业化。早年移入加拿大的华侨华人多为劳工或劳工亲属，创业之初大多从事餐饮、杂货食品店、洗衣缝衣厂等，而新移民和当地出生的华裔从事的行业范围较广，已扩及房地产投资、保险业、电脑等相关高科技产业、生化制药等。

加拿大华侨华人社团组织甚多，仅多伦多地区就有 112 个，以中国大陆移民为主体的民间社团机构。台商主要集中在多伦多、蒙特利尔及温哥华三处，均设有台商会和台湾商会组织。

墨西哥（Mexico）

国名 墨西哥合众国（The United States of Mexico）

面积 196.4万平方公里

人口 1.12亿（2010年）。西班牙语为官方语言。83.9%的居民信奉天主教，7.6%的居民信奉基督教新教。

首都 墨西哥城

国内生产总值（2010年）：10397亿美元

人均国内生产总值（2010年）：9244美元

货币名称：比索

汇率（2010年平均）：1美元=12.64比索

简　况

位于北美洲南部。北邻美国，南接危地马拉和伯利兹，东临墨西哥湾和加勒比海，西南濒临太平洋。海岸线长11500公里。有300万平方公里经济专属区和35.8万平方公里大陆架。著名的特万特佩克地峡将北美洲和中美洲连成一片。全国5/6为高原及山地，大部分地区分旱、雨两季，最旱月份为2月份，降水量仅5毫米，降水量最多月份为7月份，降水量约170毫米。墨西哥高原终年气候温和，年均气温在24℃左右。

墨西哥是印第安人古文化中心之一。闻名世界的玛雅文化、奥尔梅克文化、托尔特克文化和阿兹特克文化均为墨西哥印第安人创造。1519年西班牙殖民者入侵墨西哥。1810年9月16日伊达尔戈神父发动起义，开始了独立战争。1821年墨西哥宣告独立。1824年10月正式成立联邦共和国。1910年爆发资产阶级民主革命，1917年颁布资产阶级民主宪法，宣布国名为“墨西哥合众国”。“革命制度党”从1929年起连续执政71年。2000年7月“国家行动党”赢得大选，同年12月上台执政。

全国划分为31个州和1个联邦区（墨西哥城），州下设市（镇）和村。

经　济

墨西哥是世界最开放的经济体之一。2010年墨经济从低迷中走出来，其国民经济增长率为5.5%。工业领域增长6.1%，其中制造业增长9.9%，矿业和水电天然气分别增长2.4%。服务业中，商业增长13.3%，交通与通信增长6.4%，酒店增长3.8%，教育增长3%，金融服务增长2.8%。2010年，墨财政总收入为2.96万亿比索，财政支出3.33万亿比索。

资源 墨西哥能源和矿产资源丰富，是目前世界上非欧佩克成员的三大石油出口国之一。截至2010年底，已探明原油储量124.2亿桶，天然气储量3597亿立方米。

墨西哥矿产也较丰富。主要矿产有银、铋、锌、铅、钼、天青石、萤石、砷矿、硅灰石、石墨和重晶石等。森林面积约4870万公顷。渔业资源丰富，主要海产品有沙丁鱼、对虾、金枪鱼、鲍鱼等，其中对虾和鲍鱼是传统出口产品。

工业 墨西哥是拉丁美洲国家中工业比较发达的国家，2010年工业产值占国内生产总值的32.57%。工业门类较齐全，其中能源、石化、矿业、冶金及制造业比较发达，特别是制造业在工业生产中占有重要地位。在制造业增长的带动下，2010年墨工业增长6.1%。墨矿业2010年产值达120亿美元。墨能源来源，主要是石油和天然气，其中石油占69.7%，天然气占19.2%，石油出口在其对外贸易中占有重要地位。2010年墨原油出口359.2亿美元。墨制造业规模庞大、体系完整，主要部门有钢铁、化工、电子、金属加工、机械制造、食品、纺织、服装、造纸等。墨钢铁工业是比较发达的，是拉美地区仅次于巴西的第二大钢铁生产国，也是世界20个钢铁大国之一。2010年墨钢铁产量为1670万吨，为全球第十三大钢铁生产国。

农业 是拉丁美洲农业大国之一，2010年农业产值在国内生产总值中占4.05%。全国有可耕地3560万公顷，其中已耕地2140万公顷。主要农作物有玉米、小麦、菜豆、水稻、大豆、高粱、棉花、咖啡、烟草、甘蔗、剑麻。其中剑麻产量居世界前列。墨畜牧业发达，在出口创汇中占有重要位置。全国牧场占地面积7900万公顷，另有季节性牧场1300万公顷，畜牧业的发展潜力很大。主要畜产品为牛肉、猪肉、羊肉、禽肉、牛奶、鸡蛋和蜂蜜。墨是世界主要蜂蜜生产国，2010年产量达5200万吨，居世界第6位。墨林业和渔业在国民经济中比重较小。

旅游业 墨西哥旅游业比较发达，是拉美地区第一世界第九大旅游国，目前是在美国、加拿大之后美洲的第三个重要旅游目的地。著名旅游胜地有墨西哥城、阿卡普尔科、蒂华纳、坎昆等。旅游业是墨西哥第三大支柱产业，仅次于客户加工业和石油工业，占国内生产总值的9.5%，为170多万人提供了就业机会。2010年旅游业收入118.72亿美元。

交通运输 公路总长36.6万公里，其中包括国家级干线公路和州级公路。铁路总长17516公里。墨西哥城地铁总长200公里，有11条线路，年客运量14.34亿人次。水运方面，全国共有大小港口198个，主要港口有阿尔塔米拉，夸察夸尔科斯，拉扎罗—卡德纳斯，曼萨尼约，萨利纳—克鲁斯，韦拉克鲁斯。空运方面，全国共有机场1819个，其中国际机场有58个。

同中国的关系 1972年2月14日中墨两国建交。

华人经济

早在17世纪（1600年）就有华族移民4000多人到墨西哥经商。根据2002年有关资料统计，墨西哥华侨华人有6万人，台湾籍约2.5万人。华侨华人中有80%居住在与美国接壤的蒂华纳市、墨西卡利市。其余居住在墨西哥城等城市。

华侨华人在墨西哥经营的行业以商业居多数，且多属小规模的商店。较早期的华侨华人主要经营杂货零售、进口批发等传统商业。新移民则多从事贸易业、观光旅游业及餐饮业等，其服务对象基本上以华人为主。另外，华侨华人经营的还有畜牧场、咖啡园、棉花园和茶园等。近年来，华侨华人在制衣、制鞋和玩具等行业有了很大发展，产品销往美国。

社团方面，有华侨团体会及一些地缘性、血缘性、业缘性的社团组织。

美 国（United States）

国名　美利坚合众国（The United States of America）

面积　916.20万平方公里

人口　3.13亿（2011年）。通用英语。56%的居民信奉基督教新教，28%的居民信奉天主教，2%的居民信奉犹太教，4%的居民信奉其他宗教，不属于任何教派的占10%。

首都　华盛顿

国内生产总值（2010年）：14.53万亿美元

人均国内生产总值（2010年）：47000美元

货币名称：美元

汇率（2010年）：1特别提款权＝1.526美元

简　况

位于北美洲中部，领土还包括北美洲西北部的阿拉斯加和太平洋中部的夏威夷群岛。北与加拿大接壤，南靠墨西哥湾，西临太平洋，东濒大西洋，海岸线长22680公里。大部分地区属大陆性气候，南部属亚热带气候。中北部平原温差很大，芝加哥1月份平均气温－3℃，7月份平均气温24℃；墨西哥湾沿岸1月份平均气温11℃，7月份平均气温28℃。

原为印第安人聚居地。15世纪末西班牙、荷兰、法、英等国开始向北美移民。到1773年，英已建立13个殖民地。1775年爆发独立战争。1776年7月4日通过《独立宣言》，正式宣布建立美利坚合众国。1787年制定联邦宪法。1788年华盛顿当选为美国第一任总统。在1776年后的100年内，美国领土几乎扩张了10倍。2009年1月奥巴马宣誓就任美国第44任第56届总统。

全国共划分为50个州和1个特区（哥伦比亚特区），有3042个县。联邦领地包括波多黎各和北马里亚纳；海外领地包括关岛、美属萨摩亚、美属维尔京群岛等。

经　济

美国是当今世界最大、最发达的经济体，其劳动生产率、国内生产总值和对外贸易额均居世界首位。有较完善的宏观经济调控体制。2010年国内生产总值达14.53万亿美元。美国地大物博，除石油外，大多数原材料都能够自给自足。工业、农业、制造业均很发达。主要工业部门有汽车、航空、航天、电信、化工、电子和信息技术等。服务业很发达，在美国经济中占有主导地位，在美国国内生产总值中所占比重达70%左右。美国农业在国内生产总值中虽占比重较小，但效率很高。美国经济经历了2009年的严重衰退后，2010年开始有所好转，但复苏态势无力。

资源　美国地大物博，自然资源丰富。石油、天然气、煤、铁矿石、钾盐、磷酸盐、硫黄等矿物储量均居世界前列。此外还有铜、钼、铀、金、银、镍、钨、铅、铋、汞、锌、铝矾土、碳酸钾等。森林面积约44亿亩，覆盖率达33%。截至2010

年底，石油探明储量为 206.8 亿桶，列世界第 13 位；天然气探明储量为 6.928 万亿立方米，列世界第 6 位；煤探明储量为 2373 亿吨，列世界第 1 位。

工业 美国工业高度发达，生产规模、出口能力、科技水平及产品质量均居世界领先地位。2010 年，美国工业生产增长 5.3%。美国矿业资源，煤、盐、硫黄、铜、铝、金等矿产产量均居世界前列。对美国经济起重要作用的矿产资源有铁矿石、铜、金、银、锌和铅。美国是世界最大的能源生产国、消费国和净进口国。2010 年，美国石油产量 968.8 万桶/日；天然气产量为 6110 亿立方米。主要工业产品有汽车、航空设备、计算机、电子和通信设备、钢铁、石油产品、化肥、水泥、塑料及新闻纸、机械等。汽车和建筑业在产业中占有重要地位，是美国经济的两大支柱。

农业 美国农业高度发达，农业生产水平及出口能力在世界农产品市场上长期居于主导地位。主要农作物有玉米、大豆、小麦、高粱、棉花等。美国是世界最大的食品出口国。2010 年，美国玉米产量 41352 万吨，大豆产量 9061 万吨，高粱产量 1188 万吨，棉花产量 394 万吨。2010 年，美国农场总收入 3663 亿美元。美国农产品主要出口加拿大、墨西哥、日本、欧盟、中国（含澳门）、韩国和中国台湾。2010 年美农业产值约占国内生产总值的 1.2%。

服务业 2010 年，服务业的产值占国内生产总值的 76.7%左右。服务业总就业人数约有 1.2 亿。美国有 4 家最大的零售商：沃尔玛、西尔斯·雷巴克、塔尔盖特、联邦百货。有 3 家最大的保险公司：大都会人寿保险、宝德信金融集团、纽约人寿保险。

旅游业 旅游业为美国带来巨额收入，也带动了美国相关产业的发展。游客主要来自加拿大、欧洲、墨西哥等地。旅游城市主要有：纽约、洛杉矶、奥兰多、迈阿密、旧金山等。此外，加利福尼亚州、佛罗里达州、纽约州、夏威夷州和内华达州等也是外国游客通常光顾的地方。

交通运输 拥有完整而便捷的交通运输网络，运输工具和手段多种多样。公路总长 650.62 万公里，世界排名第一，其中柏油路 437.48 万公里，土路 213.14 万公里，高速公路 7.52 万公里。铁路总长 22.48 万公里。水运方面，有商船 418 艘；外国在美国注册的商船有 86 艘；美国在其他国家注册的商船有 734 艘。美国内河航道长 41009 公里。空运方面，2010 年，美国共有机场 15079 个，主要航空公司有美国航空、联合航空、德尔塔、西北、大陆航空等，主要航空业制造公司为波音—麦道公司、洛克希德—马丁公司和联合技术公司，主要机场有芝加哥、亚特兰大、达拉斯、洛杉矶、旧金山、丹佛、底特律等。

同中国的关系 1979 年 1 月 1 日中美两国建立大使级外交关系。

华人经济

美国华侨华人的历史已超过 160 年，是到美国最久和人口数量最多的亚裔族群，也是亚裔人口增长最快的一个族群。根据美国移民委员会的正式记录，1820 年开始有华人移民至美国，1847 年中国大陆第一批留学生到美国留学。1848 年加利福尼亚州发现金矿，淘金热潮开始了华侨移民至美国的高潮。1849 年远赴美国西岸的华侨人数为 325 人。1850 年为 450 人。到了 1851 年，华侨人数则增加至 2716 人，其中大部分移民至美国的华侨为广东珠江三角洲的劳动人民。之后，因为美国政府实施比较开放的外国移民政策，美国成为全球华侨移民人数最多的国家之一。据有关资料统计，2012 年美国华侨华人已达 430 万，其中七成华人已经成为美国公民，目前近六成的华侨华人来自中国大陆，来自中国台湾的占 15.8%，还有 15.2%的移民来自东南亚国家，来自中国香港的占 9.4%。

美国的华侨华人多居住在美国东西两岸与美国中部的工业大城市。其中一些大城市的中国城（唐人街）起源都很早，如美国东岸的纽约与美国中部的芝加哥，多半是老侨所居住，其中华人以密集在加州与纽约地区人数为最多，居全美华侨人数的一半。

早期华侨华人在当地大多数以三把刀（菜刀、剪刀、剃刀）谋生，现今华侨华人在美国所从事的行业主要为地产业、银行业、餐饮业（餐饮业在美已有 100 多年历史，目前美国全国有中餐馆 4.5 万多家，超过麦当劳连锁店）、旅馆业、零售业及科技业这六大类，包括最近兴起的一些新兴城市，如硅谷为科技重镇。

来自台湾的移民，目前约为 91.8 万人，主要集中在加州、得州、佛罗里达州、纽约州、伊利诺伊州等。

就美国华人经济的发展而言，可以概括为从唐人街到硅谷。唐人街曾是华人经济的摇篮。餐饮业、洗衣业一度是华人经济的两大支柱。后来随着美国修改移民法，投资移民和技术移民大批涌入，加速了华人经济在新行业的发展。其中最为突出的是知识和资金密集型行业，如金融、房地产、教育、法律、医疗卫生等。

在美国高科技产业发展中，华裔高科技产业占有一定比重。以硅谷为例，华人移民对硅谷的经济贡献功不可没。20 世纪 80 年代开始，在此创业的华人移民与日俱增。有资料显示，在硅谷，华人移民创业比重在 80 年代为 9%，90 年代后期增至 20%。到了 20 世纪 90 年代，来自中国大陆的知识新移民大量进入就业市场，并迅速成为硅谷华人的主体。有调查显示，硅谷创造的财富中，40%有华人的参与。每年涌现的 5000 家初创企业，约有 1/4 由华人创办。

可以说美国信息产业的发展与华人新移民的贡献息息相关，离不开华人的聪明才智和勤奋努力。

社团组织，目前全美华侨华人社团总数已达 3000 个。一般可以分为传统型和新型两大类。早期的传统社团是以老移民为主。在地缘、血缘、业缘、宗教信仰等关系的基础上建立起来的。新型社团主要是当地出生的华裔及新华侨华人的联合组织按社会阶层、职业类别等建立起来的。

伯利兹（Belize）

国名 伯利兹（Belize）

面积 22966平方公里

人口 33.6万（2010年）。英语是官方语言，近一半居民通用西班牙语或克里奥尔语。62%的居民信奉天主教，28%的居民信奉基督教新教，另有少数居民信奉伊斯兰教。

首都 贝尔莫潘

国内生产总值（2010年）：14.31亿美元

人均国内生产总值（2010年）：4262美元

货币名称：伯利兹元

固定汇率（2010年）：1美元＝2伯利兹元

简　况

位于中美洲东北部。北和西北与墨西哥接壤，西和南与危地马拉毗邻，东濒加勒比海。海岸线长322公里。属亚热带雨林气候。年均气温25～27℃，南部雨量多达4550毫米。

原为玛雅人居住地。16世纪初沦为西班牙殖民地。1638年英国殖民者入侵，1862年英国正式宣布其为英国殖民地，改名英属洪都拉斯。1973年6月改名为伯利兹。1981年9月21日独立，为英联邦成员国。

全国划分为6个区。

经　济

以农业为主，工业不发达。其农业产值约占国内生产总值的22%。人民生活用品绝大部分依靠进口。伯政府积极扶持私有企业的发展，并大力引进外资，经济保持了较快的增长。

近年来，旅游业的发展已超过了农业，成为伯利兹国民经济的支柱产业，同时伯利兹离岸金融业、渔业和轻工业都有较快发展。

资源 伯国的西北地区有石油、重晶石、锡石、黄金等矿，但未发现有可供商业性开采的储量。森林面积1.6万平方公里，覆盖率在70%左右，产红木、苏木和染料木等贵重木材，红木为该国国木。沿海渔业资源丰富，盛产龙虾、旗鱼、海牛及珊瑚等。

工业 工业生产主要是为满足国内消费，主要生产进口替代产品和出口农产品的加工。主要工业部门有制衣、制糖、柑橘加工、啤酒及饮料等。近年来，服装业发展较快，成为仅次于制糖的第二大创收行业和提高就业机会的主要部门。

农渔林业 农业是该国经济支柱，国土面积的1/3以上适合农耕，现仅开发26.5万英亩左右。农业从业人数约占总劳动力的30.5%。主要农作物有甘蔗、柑橘、香蕉、水稻、玉米、可可等。农产品出口约占外汇总收入的71%。渔业是伯第三大创汇部门。木材储量丰富，林业有一定发展。

旅游业 伯利兹旅游业虽然起步晚，但发展潜力大。伯有世界第二大、北半球第一大堤礁以及古老的玛雅遗迹吸引越来越多的游客。伯还有八大野生动物保护区，其中有世界仅存的美洲虎和红足鲣鸟保护区。近年来伯政府加大对旅游业的投资，游客人数大增，年旅游收入超过1亿美元。伯旅游业从业人员已占伯总劳动人口的25%。

交通运输 公路总长3007公里。主要城镇间均有公路相通，全国有4条主干线，其中有两条与邻国墨西哥和危地马拉相通。水运方面，伯利兹城是伯主要港口，可停靠集装箱轮船。有9条进出航运线。伯与牙买加有定期班轮。此外，伯与美国、英国和欧洲大陆等地都有良好的海上运输线。空运方面，“菲利普·戈德森国际机场”有通往美国、中美洲邻国的航线。国内有玛雅、热带和岛际等航班。另有11个简易机场。

华人经济

伯利兹的华侨华人原以老侨为主，人数约1000～2000人，20世纪80年代末期，中国大陆和台湾新侨开始移居伯国。据资料统计，2009年华侨华人约6500人，其中中国大陆移民约5000人，台湾移民约1500人。

华侨华人在伯利兹多以经营小杂货铺谋生，并以移居美或加拿大为最终目的。华侨华人在伯利兹经营的事业，除了少数规模较大者外，多属小规模形态，资本额较为薄弱。台商主要从事的行业包括旅馆业、餐饮业、房地产、进出口、杂货零售、水电修理、木工、汽车修理、蔬果种植等，一般规模不大。

华侨华人的社团组织，属中国大陆的2个，属于台湾的5个。

哥斯达黎加（Costa Rica）

国名 哥斯达黎加共和国（The Republic of Costa Rica）

面积 5.1万平方公里

人口 456.2万（2010年）。西班牙语为官方语言。95%的居民信奉天主教。

首都 圣何塞

国内生产总值（2010年）：402.9亿美元

人均国内生产总值（2010年）：8711美元

货币名称：科朗

汇率（2010年11月）：1美元＝513科朗

简　况

位于中美洲南部。东临加勒比海，西濒太平洋，北接尼加拉瓜，东南与巴拿马毗邻。海岸线长1200公里。高原地区气温为23～26℃，沿海地区气温为29～36℃。

原为印第安人居住地。1564年沦为西班牙殖民地。1821年9月15日宣布独立。1823年加入中美洲联邦。1838年退出该联邦。1848年8月30日成立共和国。

全国共分7个省，下设81个县市，421个区。

经　济

哥经济发展水平在中美洲名列前茅。其传统经济支柱是香蕉、咖啡等农产品的生产和出口。经历全球金融危机的影响后，2010年，哥斯达黎加经济出现强劲复苏，国内生产总值增长率达到4%。经济复苏主要是由于商品出口、消费和投资的增长。

资源 哥斯达黎加自然资源丰富。铝矾土储量约1.5亿吨，铁矿储量约4亿吨，煤储量约5000万吨。森林资源丰富，覆盖面积达60万公顷。

工业 哥斯达黎加的工业，主要是一些轻工业。主要有食品加工、纺织、木制品生产、纸制品、化工产品、冶金产品、微电子产品等。2010年，哥斯达黎加制造业产值占国内生产总值的21.2%。自从英特尔公司在哥斯达黎加建立第一家企业后，微处理器的生产成为制造业最重要的组成部分。英特尔公司的投资，带动了其他高科技公司，如美国的两大生产医疗设备的公司，来哥斯达黎加建生产基地。高技术企业的引入和发展促进了哥斯达黎加经济迅速增长。2010年，哥斯达黎加拥有高新技术公司60余家。其产品出口比重约占哥斯达黎加出口额的30%，主要包括电子元件和电器组件。目前，哥斯达黎加是全球第四大、拉美第一大高新技术出口国。

农业 哥斯达黎加的农业是以生产咖啡、香蕉、甘蔗等经济作物为主。非传统农业产品如鱼类和贝类、热带水果、切花、观赏植物的出口发展较快。主要粮食作物不能完全自给，每年需进口一定数量的大米、玉米和大豆。2010年，香蕉产量为180.3万吨，是仅次于厄瓜多尔的世界第二大香蕉生产和出口国。凤梨出口量超过咖啡，成为该国第二大出口农产品。哥斯达黎加有辽阔的海域，盛产金枪鱼、沙丁鱼、鲨鱼和小虾。养殖的罗非鱼90%的产量出口美国。哥斯达黎加的森林资源丰富，覆盖率占国土面积的46.8%。

旅游业 旅游业是哥斯达黎加外汇收入的主要来源之一。美丽的自然景观，吸引大量游客观光游览，旅游收入成为该国重要的经济支柱。主要旅游胜地有伊拉苏、波阿斯火山和西班牙殖民文化遗址等。

交通运输 公路四通八达，总长35332公里。泛美高速公路从南到北纵贯全境。铁路总长278公里，主要用于货运和旅游。空运方面，全国有两个国际机场，年吞吐量为300多万人。水运方面，拥有4个主要港口，加勒比海岸的利蒙港、太平洋岸的莫因港、彭塔雷纳斯港和科尔德拉港。其中利蒙港和莫因港承担了全国海运量的80%。

同中国的关系 2007年6月1日中国和哥斯达黎加建立大使级外交关系。

华人经济

早期中国人移居哥斯达黎加可追溯到1855年，当时人数为80人。1873年哥国为兴建大西洋铁路，曾大量招收中国劳工。其后华侨人数不断增加，他们主要来自中国广东。2009年哥国华侨华人人数约42546人，占哥国人口的1%（其中来自台湾地区的约有13747余人），主要分布在首都圣何塞市、东岸之柠檬港及西岸之泮大连港等主要城镇。

哥国华侨华人以商业、服务业经营为主，约有400多家，工业约有60余家，农林渔牧业50多家，另外有矿产开采者1家。一般而言，经营状况尚属稳定。华人从事的行业以餐饮、杂货、贸易、旅游及娱乐业居多。在哥国各大小城镇均可见到中餐馆，规模属中小型，但颇受当地人欢迎。首都圣何塞面积不大，却有数百家中餐馆、广式早茶、川式火锅，在这里都能品尝到。零售杂货业多属家庭式经营，亦有部分从事杂货及食品的批发业务并自行进口的企业日益增多。贸易业多从事礼品、杂货、家具和小型家电的进口，商品主要来源于台湾、香港、中国大陆及美国等地，数家侨商自日本进口汽车引擎及零配件。由于计算机科技日益发展，若干侨商亦开始从事计算机设备及周边零件等进口贸易。金融保险业也有部分华人经营，首家华人开设的国泰银行已于1998年开业。其余如医药、运输、娱乐、化工、食品制造与渔业虽为数不多，但仍陆续增加。

目前台商在哥国投资家数约20余家，大部分属中小型企业。

在哥斯达黎加，华侨华人社团大致分为“中华总会”（设4个分会泮大连、柠檬、尼哥耶、圣十字中华会馆）及“中华妇女会”、“中哥文化中心”、“华裔专业协会”等，其中以“中华总会”为首，兴盛期会员人数曾达2000余人，近年来因其他社团纷纷成立，目前会员人数维持在200人左右。

古　巴（Cuba）

国名　古巴共和国（The Republic of Cuba）

面积　11.3万平方公里

人口　1124.2万（2010年）。西班牙语为官方语言。居民主要信奉天主教、非洲教、基督教新教、古巴教、犹太教等。

首都　哈瓦那

国内生产总值（2011年）：473.09亿比索（折合547.1亿美元）

人均国内生产总值（2011年）：4208比索

货币名称：古巴比索

汇率（2011年平均）：1美元＝24比索；1美元＝1可兑换比索

简　况

位于加勒比海西北部墨西哥湾入口。东与海地和多米尼加隔海相望，南距牙买加140公里，北离美国佛罗里达半岛南端217公里，西离墨西哥尤卡坦半岛210公里。由古巴岛、青年岛等1600多个岛屿组成，是西印度群岛中最大的岛国。海岸线长5746公里。全境大部分地区属热带雨林气候，仅西南部沿岸背风坡为热带草原气候，年平均气温为25℃。1月为最冷月，平均气温21℃。5～10月为雨季，11～翌年4月为旱季。6～11月多发飓风。除少数地区外，年降水量在1000毫米以上。

1492年哥伦布航海抵达古巴。1510年沦为西班牙殖民地。1868年和1895年先后爆发两次独立战争。1898年美国和西班牙战争后美国占领古巴。1902年5月20日美扶持古巴成立“古巴共和国”。1903年美国强租古巴海军基地两处，其中关塔那摩海军基地迄今仍被美占领。1933年军人巴蒂斯塔在美国支持下发动政变上台。1959年1月1日菲德尔·卡斯特罗率领起义军推翻巴蒂斯塔独裁统治，建立革命政府。1993年起政府开始进行改革，出台了一系列改革措施。

全国划分为15个省（包括省级市哈瓦那市），1个特区（青年岛特区），省下设168个市。

经　济

古巴经济长期以来维持以蔗糖生产为主的单一经济发展模式。苏联和东欧剧变后古巴经济受到严重冲击。古巴政府适时地调整了经济发展路线与策略取得了显著的成效。近年古巴经济受国际金融危机的影响，发展严重受阻。

资源　矿藏资源有铁、镍（储量居世界第3位）、铬、钴、锰、铜等。2008年，古巴在墨西哥湾靠近古巴区域发现一处储量200亿桶的特大深海油田。古巴森林覆盖率为23.6%，植物种类有8000多种，一半以上为古巴特有物种。盛产名贵硬木。

工业　古巴工业是以前苏联的机械设备和技术为基础建立起来的。经过几年不断地改革调整，工业生产有所恢复和发展。采矿、发电、炼油、炼钢、食品加工、机械、轻纺、电子、水泥等行业发展较快，制糖业在国民经济中的主导地位有所下降。

政府加大生物技术和制药工业的投资力度。多数生产部门保持稳步增长，糖、石油和天然气产量有所下降。

农业 古巴耕地面积约451万公顷，农村人口占全国人口的27%左右。有一半耕地用于种植甘蔗，其余耕地用于种植水稻、烟草、柑橘等。粮食种植较少，主要依靠进口。蔗糖、烟草、水果和鱼类是重要的农业出口产品。现古巴已失去世界第一大糖出口国的地位，排名居于巴西、澳大利亚等国之后。

服务业 古巴从事服务业的人员素质高、经验丰富，可在医疗、教育、信息、电信、航空、海上运输、船舶修理等领域提供服务。

旅游业 旅游资源丰富。近年来，旅游业成为国家重点发展项目和第一大创汇产业。2010年全国有旅馆565家，客房6.5万余间。全国有海滩289个，其中巴拉德罗海滩是世界著名的旅游胜地。外国游客主要来自加拿大和欧洲等地。

交通运输 以公路为主。公路总长4.9万余公里（其中硬化公路10990公里，高速公路682公里），中央公路横贯古巴岛。铁路总长14838公里，其中一半以上为甘蔗运输专线。另有147公里电气化铁路。海运方面，古巴海岸线较长，有良好的海运条件，是加勒比地区最大的海运国家。有16个商业港口和23个辅助港口，其中有7个港口较大。主要港口有哈瓦那港和圣地亚哥港。空运方面，共有20个机场，其中11个为国际机场，年接待总能力为800万旅客。共有客机48架，运输机2架，国际航线23条，与41个国家通航。

同中国的关系 1960年9月28日中古两国建交。

华人经济

早在1847年6月就有500多名契约华工从厦门登船先后在古巴上岸。据有关资料统计，2009年古巴的华侨华人5900人，包括华裔在内，祖籍大部分是广东和福建。有的老华侨已延续至四五代人。首都哈瓦那的华侨华人及华裔约占全国华侨华裔的50%以上，其中华侨约有200人。

哈瓦那分旧城与新城。在哈瓦那旧城中的“唐人街”是一条比较繁华的街道，高大的“华人街”牌楼耸立在这条街的路口，醒目耀眼。据说这个牌楼是天津市人民政府赠送的。这条街上住着很多华侨和华裔，大部分的华侨社团也都在这条街上。不宽的街道布满了大大小小的中国餐馆和销售中草药的中药店及杂货店等。古巴人喜欢中国餐饮和中草药，特别是对中国的清凉油、风油精一类的东西把它当作可以治百病的神药。

现在的古巴华侨虽然不像老华侨那样卖苦力挣钱养家，但由于受国家经济体制的制约，他们只能靠微薄的收入维持生活，家庭并不富裕。

古巴的华侨社团在哈瓦那有13个，其他城市有7个，主要有“古巴华区促进会”、“古巴华区社会主义同盟”、“古巴中华总会馆”、“中国洪门总会驻古巴致公总堂”、“古巴—中国友好协会”等。古巴中华总会馆内还有一个关帝庙，这是海外侨胞祈求幸福、平安的场所。

多米尼加（Dominican）

国名 多米尼加共和国（The Dominican Republic）

面积 48734平方公里

人口 990万（2010年）。西班牙语为官方语言。90%以上居民信奉天主教，少数居民信奉基督教新教和犹太教。

首都 圣多明各

国内生产总值（2010年）： 516.57亿美元

人均国内生产总值（2010年）： 5231.6美元

货币名称： 比索

汇率（2010年）： 1美元=37.6比索

简 况

位于加勒比海大安的列斯群岛中的伊斯帕尼奥拉岛东部。东隔莫纳海峡与波多黎各相望，西接海地，南临加勒比海，北濒大西洋。北部、东部属热带雨林气候，西南部属热带草原气候。全年温差不大，平均气温25℃。

原为美洲印第安人居住地。1496年西班牙人在岛上建立圣多明各城，成为欧洲殖民者在美洲的第一个永久性居民点。1795年归属法国。1809年复归西班牙。1844年2月27日东部人民宣告独立，成立多米尼加共和国。

全国共划分为31个省和1个国家区（首都），省下设市和乡。

经 济

多米尼加是农业国。旅游业、出口加工业和侨汇是该国经济的三大支柱。近年来，政府重视稳定汇率，大量吸引外资，在农业、交通、电力和卫生等方面加大投资，使国民经济连续多年保持快速发展。在消费需求增加和旅游业发展较快等因素带动下，多米尼加经济增速有所加快。近年，受国际金融危机影响，多经济增速放缓。

资源 矿产资源较丰富，主要有金、银、铁、镍和铝矾土等。煤、石油及水力资源缺乏，能源主要依靠进口。

工业 主要有制糖、化肥和水泥生产及烟草加工，其次为纺织和食品加工业等。

农业 是该国国民经济的重要部门。可耕土地占国土面积的26.7%，已耕种土地占9%。主要农作物有甘蔗、烟草、咖啡、可可，另外还有水稻、香蕉、水果等。

服务业 从业人数为120多万人，占总劳动力的63%，产值约占国内生产总值的53%。

旅游业 政府重视发展旅游业，现有旅游客房7万间。游客主要来自美国、加拿大及西欧国家。主要景点有圣多明各、加勒比湾、拉罗马纳、卡纳港、普拉塔港和金色海滩等。

交通运输 以公路为主，总长19705公里，其中一半为沥青路。铁路总长1784公里，其中80%用于运输甘蔗。空运方面全国有圣多明各、拉罗马纳、普拉塔港、蓬塔卡纳、巴拉奥纳萨马南和圣地亚哥西瓦奥 6 个国际机场。多米尼加航空公司（CDA）经营 16 条国际航线。水运方面，圣多明各港、海纳港、博卡奇卡港和圣彼德罗德马科利斯港是多米尼加主要海港。

华人经济

华侨移民多米尼加已有 100 多年历史，第二次世界大战前该国约有华侨 2000 人。早期多米尼加华人多来自广东台山、恩平等县，其中吴姓人氏最多。近年来有些中国香港、中国台湾和中国大陆移民至该国。根据有关资料统计，2009 年多米尼加华侨华人约为 17948 人，其中台侨约为 840 人。约可分为早期移民和晚期投资移民两类。近期移至多国的侨民大多来自台湾，其投资项目广泛，主要分布于多国圣多明各市，另外有数百人分布于圣地亚哥市。

多米尼加的华侨华人主要经营商业和服务业，其次为工农业。近 10 多年来，来自香港与台湾的新华侨华人带来资金、技术和新观念，给当地华营商业注入了活力。杂货店是该国早期华侨华人的传统行业，目前仍有 70 家杂货店。现在较杂货店更有竞争力的华营超级市场至少有 5 家。多米尼加华营企业以旅店数目最多，利润也大，在首都圣多明各有 90 家，圣地亚哥 8 家，其他城市 3 家。华营钟表业在多米尼加同行业中占 95%，约近 80 家。许多华侨华人修理并经销钟表，修表技术深得当地人好评。多米尼加中餐馆也不少，有的从港台地区高薪聘请厨师，招揽顾客，仅首都就有华营餐馆 85 家左右。

华营商业还有进出口贸易行 17 家，照相馆 7 家。华营工业工厂如电器厂 3 家、家具厂 2 家、化工厂 3 家，资本额为 20 万至 100 万美元。华营农业包括小型养鸡场 3 家、果园 2 家，还有 4 家农场种植水稻、蔬菜、杂粮等。有数家大型种植场专门从事雪豆、芥兰的生产空运美国。

此外，目前台商在多国投资约 79 家，投资总额约 1 亿美元，直接创造 2500 个就业机会，大多从事贸易及服务业，如汽机车零配件、电脑及周边设备、摄影及相片冲洗等。制造业方面，加工区计有压克力板、纺织等 3 家，区外则有塑胶品业、卫生纸及建材等。

多国的华侨华人社团组织历史悠久，目前的侨团组织有华侨总会、台湾商会、华侨青年会、全侨民主和平联盟多国支盟、多米尼加洪门致公总堂、慈济基金会多米尼加联络处等。

萨尔瓦多（EL Salvador）

国名 萨尔瓦多共和国（The Republic of EL Salvador）

面积 20720 平方公里

人口 620 万（2010 年）。西班牙语为官方语言，75%的居民信奉天主教。

首都 圣萨尔瓦多市

国内生产总值（2010 年）： 214.8 亿美元

人均国内生产总值（2010 年）： 3470 美元

货币名称： 科朗

固定汇率（2010 年）： 1 美元＝8.75 科朗

简　况

位于中美洲北部。东北部和西北部分别与洪都拉斯和危地马拉接壤，南濒太平洋。海岸线长 256 公里。除南部沿海狭长平原外，其余为山地高原，境内多火山，被称为“火山之国”，属热带气候，年均气温 28℃。沿海和低地气候湿热，山地气候凉爽。11 月～翌年 4 月为旱季，5～10 月为雨季。

原为印第安人居住地。1524 年沦为西班牙殖民地。1841 年 2 月 18 日宣布成立共和国。

全国划分为 14 个省，省下设 262 个市镇。

经　济

以农业为主，工业基础较薄弱。自 1992 年起萨政府推行经济自由化改革，经济得到较快发展。萨政府实行经济美元化政策，允许美元合法流通，固定汇率，宏观经济得以稳定。政府坚持继续发展自由经济，扶植出口加工业发展，努力吸引外资，萨经济稳步发展。近年受国际金融危机的影响，萨经济增长放缓。

资源 矿产主要有金、银、铜、铁、石油、煤、锌、铅、汞、硫黄等。此外还有较丰富的地热和水力资源。森林覆盖面积约占全国面积的 13.4%，萨是世界主要橡胶生产国之一。

工业 主要有食品加工、纺织、服装、制糖、卷烟、水泥、炼油、医药、汽车装配等部门。从业人口占总劳动力的 19.3%。2010 年工业产值占国内生产总值的 22.8%。

农业 农业是萨国民经济的支柱。全国 43.2%的人口从事农业生产。可耕地面积 210.4 万公顷。主要农作物有玉米、菜豆、水稻、高粱。萨 80%的农产品供出口，主要是咖啡、棉花、蔗糖、虾类等。

旅游业 萨自然风光秀丽，火山、高原湖泊及太平洋沿岸的海滨浴场景色宜人，吸引着外国游客观光、游览。萨是古代玛雅文化发祥地之一。现有旅店 188 家，客房 4426 间，床位 7133 个。旅游业年创汇约 8 亿美元。

交通运输 以公路运输为主。公路总长 12164 公里，其中泛美公路和滨海公路是两条主要公路。铁路总长 283 公里。水运方面，阿卡胡特拉港、自由港、库图科港和凯旋港是主要港口，其中阿卡胡特拉港是中美洲重要港口之一，年吞吐量达 250 万吨。空运方面，萨尔瓦多国际机场是中美洲最现代化的国际机场，此外还有略潘戈国际机场。萨尔瓦多航空公司有通往中美洲各国、墨西哥城、迈阿密和洛杉矶的国际航线。

华人经济

华侨华人移居萨尔瓦多已有百年以上的历史，早在 19 世纪 90 年代，即有华侨自美国、墨西哥等国移入萨尔瓦多创业，但华侨人数不多。在 19 世纪末和 20 世纪初，萨尔瓦多的华侨约有 300 人。截至 2009 年萨尔瓦多华侨华人约有 2050 人，台侨约有 450 余人。当地华侨华人主要居住于萨国首都圣萨尔瓦多市，以经营商业为主。早期移民（来自广东）之后已融入当地社会，多从事餐饮、百货五金业、会计师及营造等行业。

目前台商在萨国投资为 28 家，投资总额约计 8336 万美元，创造就业机会 4500 人，投资产业为成衣厂 4 家、缝线厂 1 家、塑胶厂 7 家、渔产养殖 1 家、自行车及机车组装 2 家、餐饮业 8 家、工业区厂房 1 家以及银行 1 家等。

萨尔瓦多华侨华人社团有：萨尔瓦多华侨总会、萨尔瓦多中华文化协会、萨尔瓦多中华总商会、萨尔瓦多台湾商会以及全侨民主和平联盟萨尔瓦多支盟等。

危地马拉（Guatemala）

国名 危地马拉共和国（The Republic of Guatemala）

面积 10.89万平方公里

人口 1436万（2010年）。西班牙语为官方语言。绝大多数居民信奉天主教。

首都 危地马拉城

国内生产总值（2010年）：407.7亿美元

人均国内生产总值（2010年）：5200美元

货币名称：格查尔

汇率（2010年）：1美元=8.01格查尔

简　况

位于中美洲西北部。西部和北部与墨西哥、东北部与伯利兹、东南部与洪都拉斯和萨尔瓦多接壤，东临加勒比海的洪都拉斯湾，南濒太平洋。海岸线长约500公里。境内多山地和火山，沿海平原土壤肥沃。以亚热带气候为主，年均气温16～20℃。5～10月为雨季，11月～翌年4月为旱季。

危地马拉是古代印第安人玛雅文化中心之一。1524年沦为西班牙殖民地。1821年9月15日宣布独立。1823年加入中美洲联邦。1839年成立共和国。

全国划分为22个省，省下设331个市镇。

经　济

危地马拉工业基础薄弱，经济是以农业为主。2010年，经历国际金融危机后经济开始有所回升。近年危政府执行货币紧缩和金融监管政策，经济缓慢增长。

资源 危地马拉矿产资源有铅、锌、铬、锑、金、银、水银、镍等。石油储量约14.3亿吨。森林覆盖率达34.5%。

工业 危地马拉工业基础较薄弱，但在中美洲各国中较为发达。传统工业有采矿业、制造业、纺织、食品加工、烟草、制药和造纸等。绝大部分工厂企业集中在首都危地马拉城及其周边地区。采矿业主要是以开采镍矿和石油为主。危地马拉是中美洲地区最大的经济体，国内生产总值占该地区GDP的39%。危地马拉主要的贸易伙伴是中美洲、美国、加勒比地区国家、南美洲和欧盟，主要出口商品有软件、塑料、化工产品、橡胶制品、钢铁、冰箱、冷藏箱等。危地马拉的电子行业、汽车零配件、医疗用品的装配制造业是引资的重点。

农业 危地马拉全国一半的劳动力从事农业生产，农业在国民经济中占有重要地位，农产品出口占全国出口总额的一半以上。主要农产品有咖啡、蔗糖、小豆蔻和香蕉。由于农业多元化经营获得发展，鲜花、水果等非传统产品出口有所增长。

旅游业 旅游业是危地马拉的第二大外汇收入来源。美丽多彩的生态环境，丰富的考古和人文资源，吸引大批游客观光游览。主要景点有“危地马拉老城区”、“蒂卡尔”、“奇奇卡斯特南戈”、“亚柯哈”和“纳库穆”等玛雅文化遗址和阿蒂特兰湖及一些火山风光。游客主要来自北美、欧洲和中美洲其他国家。

交通运输 有高速公路6418.11公里，土路5126公里，农村小路3642.69公里。主要干线有泛美公路，太平洋公路和大西洋公路。有总长885公里的铁路，连接首都和太平洋及大西洋沿岸主要海港，在一些省份也有支线，可通往墨西哥和萨尔瓦多。水运方面，全国的港口系统由3个多用途的商港组成。危地马拉的港口基础设施先进。全球23家著名的船运公司在危国港口提供海运服务。空运方面，危地马拉有两个国际机场，危地马拉城的拉奥罗拉国际机场和蒂卡尔市的圣埃莱娜国际机场。其中拉奥罗拉国际机场，年客运接待能力为400万人，与美国、墨西哥、中美洲、秘鲁和西班牙等都设有直航航线。

华人经济

华侨华人在危地马拉的历史，可以追溯到19世纪50年代中期，在1890年有一批人数较多的华人从美国、墨西哥、尼加拉瓜等国移入危地马拉。1895年移入危国的华侨渐增，根据危国的记录，约有579人。1897年后达1000多人。20世纪初当地华侨华人约有2000人。20世纪50年代，增至3500人。至70年代末，有7000多人，80%以上已入籍危国。80年代后从台湾、香港、澳门等地又有一些人陆续迁入。90年代初有华侨华人约1.4万人。1999年危地马拉华侨华人约1.5万人。他们多聚居于首都危地马拉城及一些海港城市，其中广东籍人士最多，占该国华侨华人总数的90%，福建籍人士只占1%。根据2009年的调查资料，危国的华侨华人约有25396人，台商有550人。

危国老一辈华侨华人祖籍以广东中山、南海、顺德等地居多；90%的华侨华人从事商业，华人经营的商店约450家，其中超级市场、杂货店约250家；经营布匹的商店也不少；中餐馆有近200家；有些华侨华人从事进口业及运输业；另外，华侨也经营化工厂、制冰厂、咖啡厂等。华侨华人经营的农场有12家。

华侨的第二代后裔有部分人继承祖业从事工商业，绝大部分受过高等教育或专业训练，享有公民权，许多人担任公职、民意代表或从事各种自由职业。

台商移民到危地马拉大概是在1988～1990年间较多，目前在危国的台商大约有150户，大都从事基本的谋生行业，包括：生产豆腐、豆芽、贩卖炒饭、鸡蛋糕等小吃业或是水电修理等。

危国华侨华人社团组织有：危地马拉台湾商会、中美洲危地马拉中华商会等。

洪都拉斯（Honduras）

国名　洪都拉斯共和国（The Republic of Honduras）

面积　112492 平方公里

人口　8045990（2010 年）。西班牙语为官方语言。95.8%的居民信奉天主教。

首都　特古西加尔巴。宪法规定首都由特古西加尔巴城和科马亚圭拉城共同组成。

国内生产总值（2010 年）：2909.91 亿伦皮拉

人均国内生产总值（2010 年）：1914 美元

货币名称：伦皮拉

汇率（2010 年）：1 美元＝18.90 伦皮拉

简　况

位于中美洲北部。北临加勒比海，南濒太平洋的丰塞卡湾，东、南同尼加拉瓜和萨尔瓦多交界，西与危地马拉接壤。海岸线长 1033 公里。沿海属热带雨林气候，年均气温 31℃；中部山区凉爽干燥，年均气温 23℃。全年分两季，6～10 月为雨季，其余为旱季。

原为土著印第安人居住地，16 世纪沦为西班牙殖民地。1821 年 9 月 15 日宣布独立。1823 年加入中美洲联邦。1838 年联邦解体后成立共和国。

全国划分为 18 个省。

经　济

洪都拉斯是拉丁美洲最贫穷国家之一。工业不发达，经济严重依赖香蕉和咖啡的出口。近年，洪政府鼓励出口产品多样化，发展非传统产品出口和旅游业。侨汇收入是国家经济收入的主要来源之一。客户加工业成为洪经济增长新的拉动点。

资源　主要矿藏有金、银、铜、铁、铅、锌、锑、煤等。森林资源丰富，占全国面积的 70%，盛产松木、杉木及红木等优质木材。

工业　以传统的木材加工、建筑业和矿业为主，另外还有化工、水泥、纺织业等。

农业　是洪国民经济的主导产业。全国可耕地面积为 139 万公顷，占国土面积的 34%。盛产香蕉，其他农产品有咖啡、甘蔗、玉米和棉花等。粮食不能自给。

旅游业　近几年，旅游业收入逐年增加，古老的玛雅文化遗产、风景秀丽的海滩和珊瑚礁，吸引着大批游客。

交通运输　铁路总长 109 公里，铁路运输主要集中在北部沿海地区，其中一部分为香蕉和甘蔗的运输专用线。洪有公路 14084 公里。主要有泛美公路和两洋间公路。海运方面，主要港口有科尔特斯、特拉、塞巴和特鲁希略港。空运方面，洪有 4 个国际机场，两家航空公司，有航线通往美国、墨西哥和中美洲一些国家。

华人经济

据有关资料统计，洪都拉斯华侨华人2009年为4500人，以广东及港、澳人数最多，约为3500人，占洪国华侨总人数的78%，台湾地区人数约为45人，占总华侨人数的1%。其余华侨或来自中国大陆或旅居其他国家移居洪国的侨民。

洪都拉斯华侨华人以广东籍最多，约有4000人，在当地经营以中小企业为主，主要行业有：小型进出口商、餐厅、杂货店、超市、咖啡厅等。台商45人左右，主要的投资区域集中在洪国首都特古西加尔巴市，总投资金额约为1.4亿美元，主要投资行业为纺织成衣业、旅馆业、建材业、农渔牧加工出口业等，投资行业逐步多元化。

目前洪都拉斯华侨华人社团有：台湾商会、洪国华侨总会与华裔总会等。

尼加拉瓜（Nicaragua）

国名 尼加拉瓜共和国（The Republic of Nicaragua）

面积 13.04 万平方公里

人口 581.55 万（2010 年）。西班牙语为官方语言。多数居民信奉天主教。

首都 马那瓜

国内生产总值（2010 年）：65.51 亿美元

人均国内生产总值（2010 年）：1126.5 美元

货币名称：科多巴

汇率（2010 年）：1 美元＝21.4 科多巴

简　况

位于中美洲地区中部。北接洪都拉斯，南连哥斯达黎加，东临加勒比海，西濒太平洋。海岸线长约 820 公里。属热带气候。1～5 月为旱季，6～12 月为雨季。年均气温 25.5℃。

早期居住着土著民族印第安人。1502 年哥伦布航行抵此，1524 年沦为西班牙殖民地。1821 年 9 月 15 日宣布独立。1823 年加入中美洲联邦。1839 年建立共和国。在美国的支持下，索摩查家族自 1936 年起进行长达 40 余年的独裁统治。1979 年 7 月 19 日，桑地诺民族解放阵线推翻索摩查政权。

全国划分为 16 个省和 2 个自治区，下设 153 个市镇。

经　济

尼加拉瓜是农牧业国家，主要生产棉花、咖啡、甘蔗、香蕉、肉类等。经济严重依赖外援。前几年，建筑业蓬勃发展和农业生产的复苏，特别是出口商品的增加使尼经济保持了高增长势头。近年，由于受到国际金融危机的影响，尼经济下滑严重。

资源 尼是拉丁美洲主要产金国之一，共探明有 106 条金脉床，年产量居世界第 13 位。另外还有银、锑、锌、铜、铅、石油等矿藏。尼地热资源丰富。森林面积占国土面积的 43%，主要林木有红木、雪松、黄檀和橡木等。尼渔业资源丰富，盛产龙虾、海虾和金枪鱼。

工业 尼工业基础薄弱，主要以制造业为主。主要有食品加工、饮料、烟草、纺织、木材、化工、石油产品、金属和非金属产品等。近年出口加工业得到迅速发展。

农牧业 是该国主要出口创汇部门。主要农作物有棉花、咖啡、甘蔗、大豆、香蕉、玉米、水稻、高粱等。可耕地和牧场面积约 625.5 万公顷，其中 20%未开发。农牧业劳动人口占全国总人口的 42.6%。近年，渔业有所发展。

旅游业 旅游资源丰富。旅游业发展较快，游客逐年增多，收入可观，已和咖啡、糖一起成为尼经济的三大支柱。著名旅游景点有尼加拉瓜湖和圣地亚哥火山等。

交通运输 主要靠公路和水路运输。

公路总长 24748 公里，一条长 368.5 公里的泛美高速公路通往邻国洪都拉斯和哥斯达黎加。位于太平洋岸的科林托港和位于大西洋岸的布卢菲尔兹港是重要的国际商港。尼国内有 5 条河流可部分通航。尼有客运飞机 12 架，大小机场 20 个，有通往迈阿密、墨西哥城、哈瓦那和中美洲各国首都的国际航线。

华人经济

尼加拉瓜华侨华人早在 1890 年间由美国、墨西哥等国移入，大多数以经商为主。

华侨华人主要聚居在东岸和首都马那瓜城，2009 年人数约为 2000 人，目前多服务于建筑业、公共工程和医疗等行业，其中老一辈华侨多经营餐馆和杂货业，广东籍为主。近年来从香港、台湾、大陆等地移民尼加拉瓜的华侨华人以台商居多，人数约为 250 人。

目前华侨华人经营企业多以中小型为主，计有各种商业店铺 20 余家，工业约 9 家。

华侨华人社团有中华会馆、旅尼中华总会、台湾商会等。

巴拿马（Panama）

国名 巴拿马共和国（The Republic of Panama）

面积 75517平方公里

人口 332.3万（2010年）。官方语言是西班牙语。85%的居民信奉天主教。

首都 巴拿马城

国内生产总值（2010年）： 267.77亿美元

人均国内生产总值（2010年）： 5753美元

货币名称： 巴波亚（仅为辅币，流通美元）

简　况

位于中美洲地峡。东连哥伦比亚，南濒太平洋，西接哥斯达黎加，北临加勒比海。连接中美洲和南美洲，巴拿马运河自南至北沟通太平洋和大西洋。海岸线长2988公里。地近赤道，属热带海洋性气候，白天湿热、夜间凉爽，年均气温23～27℃。全年分旱、雨两季，年降水量1500～2500毫米。

1501年沦为西班牙殖民地。1821年成为大哥伦比亚共和国的一部分。1903年11月3日在美支持下，脱离哥伦比亚独立。同年美巴签订了由美修建和管理运河的条约，美取得修建和经营运河的永久垄断权和运河区的永久使用、占领和控制权。1904年起开始开凿运河，于1914年完工。1977年9月巴美签署《新运河条约》（又称“托里霍斯—卡特条约”）。1979年10月1日新条约生效，有效期到1999年12月31日。新条约规定，巴拿马运河由两国官员组成运河管理委员会管理，运河区的司法和移民机构、海关、邮局等逐步交由巴拿马管辖和经营，新条约期满后，由巴拿马承担运河的管理和防务。1999年底巴拿马从美国手中收回对运河的主权。

全国共分9个省和5个原著居民区，省以下划分县（市），县（市）下辖区。

经　济

巴拿马是拉丁美洲地区经济发展较快而且又较现代化的国家之一。国民经济的发展与巴拿马运河紧密联系。在运河业务的带动下，巴拿马的国内外贸易和服务业为巴拿马形成了一种比较发达同时又比较开放的服务型经济。与运河相关的商务和劳务收入在巴国民经济中占有重要地位。巴拿马运河航运、地区金融中心、科隆自由贸易区和旅游业是巴经济的四大支柱。服务业收入在国民经济中占重要位置。近几年，巴经济逐步恢复，政府实行的私有化、扩大开放和减少保护等经济举措初见成效。四大产业发展良好，巴经济在数年内保持了较高的增长率。近年，受国际金融危机的影响，出口、制造业和服务业均出现萎缩态势。但巴国经济支柱产业仍保持了稳定增长，巴经济形势保持稳定发展。

资源 全国大部分土地被热带森林所覆盖，林业资源丰富，主要树种有红木、雪松、棕榈树、橡胶树等。矿产主要有金、银、铜、铁、钼、铝矾土、盐、汞、硫黄和煤等。

工业 基础较薄弱，工业结构多样化，发展缓慢，没有重工业。全国有14.1%的劳动力从事工业生产，主要以食品加工业和轻工业为主。

农牧渔业 农业是巴国民经济的重要部门，政府注重农作物和市场的多样化发展。但随着国内生产部门结构的变化，从事农业的人口逐年减少。巴耕地面积占全国土地面积的22.6%。全国有20%的劳动人口从事农牧渔业生产。农作物主要是水稻、玉米、豆类。主要经济作物有香蕉、糖、甘蔗、菠萝和咖啡等。

服务业 巴服务业为全国69%的劳动人口提供了就业机会，其产值占巴国内生产总值的80%。

旅游业 是巴拿马第三大收入来源，占巴国内生产总值的10%左右。全国有6处景点被联合国教科文组织列为“人类自然遗产”。著名旅游区有巴拿马运河的阶梯式大闸门、孔塔多拉旅游胜地、桑普拉斯群岛、牛口群岛和雷岛等。

交通运输 交通运输业比较发达。国内交通以公路为主。公路总长14391公里，其中793公里为高速公路。主要公路是泛美公路和连接巴拿马城和科隆市与运河平行的地峡公路。铁路总长580公里。巴是海运大国，海运业占巴国内生产总值的12%，巴拿马运河连接大西洋和太平洋，全世界约5%的贸易货运经由巴拿马运河。全世界有8899艘船舶在巴拿马注册，总载重量2.07亿吨，均居世界首位。巴是拉丁美洲空运中心之一，全国有近250个大小机场和停机坪。托库门机场是巴最大的国际机场。

华人经济

巴拿马的华侨移民史从清朝末年开始迄今已超过150年。中国首批两万移民是于1847年抵达古巴，随后被转往秘鲁开采鸟粪、到巴拿马建铁路。在当时的热带疾病和瘴气恶劣环境下，华工死亡人数比率甚高，约6000以上。留居巴拿马的华工则经营起小买卖。

中国移民巴拿马150多年，中国人的稻米、浓汤饮食习惯影响了巴拿马人生活。巴拿马国服瓜雅贝拉衬衫，也是从中国传入古巴，再传入巴拿马，至于女性的首饰佩戴也都有中国色彩。

据有关资料统计，2008年在巴拿马的华侨华人包括早期移居侨胞及第二代华裔在内超过30万人，其中99%均属广东籍；另外由台湾地区移居巴拿马的人数约300余人。目前华侨大部分聚居于巴国首都巴拿马城及个郎两地。巴国华商在当地从事行业极为广泛，经营项目以粮食批发、百货店、餐饮店、洗衣店、农场、成衣厂为最多。

在巴国台商约45家，多从事进出口贸易业，约占57%，主要集中在个郎自由贸易区内，其进出口货物以成衣、鞋类、钟表、汽车零件、自行车、小五金、礼品、杂货等为主，资本额不大，每户多在20万美元上下，主要行销哥伦比亚、厄瓜多尔、委内瑞拉、中美洲及加勒比海地区。另外有5家制造业集中于大卫堡加工出口区，生产塑胶编织袋、塑胶制品、机车翻新等。

华侨华人的社团组织 据不完全统计，目前，巴拿马的华侨华人社团组织有50多个。其中比较重要的有：“人和会馆”、“巴拿马城洪门民治党”、“花县同乡会”、“中华总会”、“巴拿马华侨华人中国和平统一促进会”、“巴拿马华人工商总会”、“旅巴四邑华侨联谊会”等。

圣文森特和格林纳丁斯
(St. Vincent and the Grenadines)

国名 圣文森特和格林纳丁斯(St. Vincent and the Grenadines)

面积 389平方公里

人口 10.4万(2010年)。英语为通用语。多数居民信奉基督教和天主教。

首都 金斯敦

国内生产总值(2010年):5.83亿美元

人均国内生产总值(2010年):10600美元

货币名称:东加勒比元

固定汇率(2010年):1美元=2.7东加勒比元

简　况

位于小安的列斯群岛南部。属热带气候,年均气温26℃。

原为印第安加勒比部落居住地。1489年哥伦布到达圣文森特岛。1627年英国占领该岛。后法国声称对此岛拥有主权,两国争夺该岛进行过多次战争。1783年《凡尔赛条约》确认英国对该岛的统治权。1979年10月27日,圣文森特和格林纳丁斯宣布独立,现仍是英联邦成员国。

经　济

农业是该国的主要支柱。有少量的农产品加工及小型制造业。离岸金融业和旅游业占有重要地位。

工业 有少量农产品加工及服装、皮革、榨油和肥皂等小型工业。小型制造业发展较缓慢,主要产品有面粉、水泥及家具等。

农业 农业是该国的经济基础,其产值占国内生产总产值的10%左右。可耕地占国土总面积的1/3以上,主要农作物是香蕉、葛根、甘薯、甘蔗、椰子等。圣是世界最大的葛粉生产国。经济作物主要是香蕉。

旅游业 旅游业主要集中在格林纳丁斯群岛,旅游业是圣最大的经济支柱产业。

交通运输 公路总长829公里。在金斯敦有一深水港,年货物吞吐量达2万多吨。航运方面,有6个机场,其中1个为国际机场。

华人经济

据2009年资料统计,圣文森特华侨华人约有24人。除来自台湾4人外,全部来自中国大陆。华侨在该国经营的行业主要为餐饮业,有7家中式餐厅。

阿根廷（Argentina）

国名 阿根廷共和国（The Republic of Argentina）

面积 278万平方公里

人口 4009万（2010年）。西班牙语为官方语言。87%的居民信奉天主教。

首都 布宜诺斯艾利斯

国内生产总值（2010年）： 3571亿美元

人均国内生产总值（2010年）： 9092美元

货币名称： 阿根廷比索

汇率（2011年8月）： 1美元＝4.18比索

简　况

位于南美洲东南部，东濒大西洋，南与南极洲隔海相望，西邻智利，北与玻利维亚、巴拉圭交界，东北与乌拉圭、巴西接壤。海岸线长4725公里。北部属热带气候，中部属亚热带气候，南部为温带气候。年均气温北部为24℃，南部为5.5℃。

16世纪前居住着土著印第安人。1535年开始沦为西班牙殖民地。1810年5月25日爆发反抗西班牙殖民统治的“五月革命”。1816年7月9日宣布独立。1853年制定宪法，建立联邦共和国。自20世纪30年代起，出现军人与文人交替执政的局面。

全国划分为24个行政单位，由23个省和联邦首都（布宜诺斯艾利斯市）组成。

经　济

阿根廷是拉丁美洲综合国力较强的国家，农牧业发达，是世界主要的农牧产品生产国和出口国之一，素有“粮仓肉库”之称。是世界葡萄酒主要生产国之一。工业门类较齐全，主要工业部门有钢铁、电力、汽车、石油、化工、纺织、机械、食品等。近年，钢铁、汽车、化工、石油开采和提炼、电子、电力等部门发展迅速。2010年，阿根廷经济经历了上一年的低迷后，实现了强劲复苏，已恢复到金融危机前的高增长水平。2010年阿根廷国内生产总值增长率达到8.4%，国内生产总值达到3571亿美元。从经济部门看，2010年粮食总产量达9600万吨。2010年工业产值同比上升9.7%。

资源 阿根廷蕴藏着丰富的石油、天然气、煤炭等能源和金、铜、铀、铅、锌、硼酸盐、黏土等矿产资源。有丰富的水力资源。森林面积占国土总面积的1/3左右。沿海渔业资源丰富。

工业 阿根廷工业较发达，门类较齐全，是拉丁美洲工业技术水平较高的国家之一。工业产值占国内生产总值的1/3。主要有炼油业、汽车制造、食品加工业等。食品加工业较先进，主要有肉类加工、乳制品、粮食加工和酿酒等行业。2010年阿根廷工业指数同比增长9.7%。阿根廷自然资源丰富，矿产种类繁多，其中有开采价值的达80余种。主要有铝、铀、铁、银、铜、锡、石膏、硫黄以及石油、天然气、煤等。阿根廷是拉美地区主要石油出口国之一，还是世界重要的生物柴油生产国和出口国之一。汽车业是阿根廷经济的支柱产业，2010 年阿根廷汽车产量达 72.4 万辆。食品工业是阿根廷发展最发达的行业之一，2010 年阿根廷国内农业食品加工业产值约达 1350 亿美元，约占世界食品消费市场 10%以上。

农牧渔业 阿根廷农牧渔业发达。农产品及其加工产品占阿根廷出口总值的 40%～50%。是世界主要谷物生产国和出口国之一。全国约有耕地 3000 公顷，主要农作物有小麦、玉米、大豆、向日葵、亚麻等。阿根廷畜牧业比较发达，牧场面积约占全国总面积的 55%。畜牧业产值占农业总产值的 40%。主要以养牛业为主，出口的肉类中 85%是牛肉，牛肉出口是阿根廷外汇的主要来源。阿根廷拥有 4000 公里长的海岸线，捕鱼区地理条件得天独厚，捕鱼作业面积达 100 万平方公里，大部分海洋鱼类资源在此区域比较集中。2010 年，阿根廷出口鱼类产品约 31 万吨，价值 6.4 亿美元，贝类产品 12 万吨，价值 5.7 亿美元。主要鱼产品有鳕鱼、鱿鱼、对虾等。

旅游业 旅游业是阿根廷的支柱产业之一，也是其第三大外汇收入来源。是南美最大的旅游国家。有世界自然和文化遗产 8 处。主要旅游景点有巴里洛切风景区、伊瓜苏大瀑布、莫雷诺冰川等。

交通运输 陆、海、空及国内交通运输较发达，国内交通运输以陆路运输为主。公路总长 50 多万公里。铁路总长 3.8 万多公里，居拉美之首。水运方面，沿海有港口 38 个，布宜诺斯艾利斯港是南美地区运输成本最低的港口，另外较重要的港口还有布兰卡港和罗萨里奥港等。巴拉圭——巴拉那河道是阿根廷主要内河航线，全长 3302 公里。空运方面，全国共有机场 58 个，其中 23 个为国际机场。

同中国的关系 1972 年 2 月 19 日中阿两国建交。

华人经济

有资料显示，华人最早移居阿根廷是在 19 世纪末。当时移居阿根廷的华侨大都由秘鲁、巴西、智利等国的华侨转居至此。其祖籍多为广州。至 20 世纪 20 年代旅居阿根廷的华侨约为 40 人，其中来自浙江青田的人士，20 世纪 30 年代增加至 100 多人。1949 年前后从中国大陆、香港等地又有一批华人到阿根廷，他们携有较多资财，原籍多为浙江、湖南与湖北。到 20 世纪 50 年代人数增至 300 多人，1972 年中阿建交时，阿根廷华侨华人近 700 人。

20 世纪 70 年代台商开始向阿根廷移民，1980 年阿根廷华侨华人增至 1200 人。截至 2011 年阿根廷的华侨华人约有 12 万人，其中 2 万人是来自台湾。

阿根廷老华侨以广东、浙江青田和山东人为多，他们属于华侨的第二代或第三代，不少已与当地人通婚。20 世纪 70 年代移居阿根廷的华侨华人以台湾籍居多。其余还有来自上海、山东、广东和香港。他们 95%以上居住在首都及其近郊。

华侨华人在阿根廷多数是以开设餐馆及经营小型超市的零售贩卖业为主，也有的从事进口批发、照相器材或食品加工厂等行业。由于大多数华侨华人分散居住，分散经营，尚没有形成唐人街的规模。但也出现了一些华人企业较集中的街区，其中较著名的一条街就是“阿维里尼奥斯街”，当地人称为“中国街”。来自中国大陆的华商开设的超市有 500 多家，台商经营的超市为 200 家左右。另据布宜诺斯艾利斯市市政当局和阿根廷批发商协会统计，在联邦首都及其周围地区即所谓大布宜诺斯艾利斯，共有自选市场式的小超市 4200

家，其中1200家是华人开的，其日平均营业额均在3000比索以上。布市著名的昂塞区是商店最密集的地方，也是纺织轻工百货等小商品批发的集散地。华侨华人办的进出口公司也大多集中在这里，因而也是阿根廷进口中国商品的主要集散地之一。

华人经营的小超市大多数都很成功。有些移民来阿仅十几年就从无到有，现在已开了好几家小超市。餐饮和超市是商业服务业中最辛苦的行业。因此，在阿国经营这两个行业的华人，除台湾籍外，多数来自浙江、福建和江苏等省，而且以农民或文化程度较低者居多。而来自京沪两地从事这两个行业者则较少，具有大学文凭者更少。

除了小超市外，华人还开了无数个小商店，专门经营来自中国大陆的商品，如玩具、箱包、家用电器、电脑、照相器材、扩印照片，等等。还有一些专门为他们服务的批发和生产企业。有的专营加工批发从豆腐、水饺到蔬菜等各种食品，有的则从事进出口贸易和大宗批发业务。而陶瓷是阿根廷市场上最大宗的中国商品之一。来自北京的华侨罗超西经营的“东方国际贸易公司”，就坐落在昂塞区最繁华地段帕斯特乌街的220号，他以进口中国陶瓷为主，每年最多要进口几十个箱柜，价值数百万美元，被称为阿根廷的中国陶瓷大王。由于华人肯吃苦，所以布市及其周围地区华人开的小超市、餐馆、商店不断涌现，几乎每天都有一家华人经营的超市或餐馆开业。就连阿根廷最南部，也是世界最南端唯一有人居住的小岛——火地岛，这个阿根廷人口只有5万的偏僻地方，也有来自香港和台湾的移民，他们辛辛苦苦地经营着超市及农牧场等达几十年之久。

华侨华人社团组织 据有关资料统计，阿根廷共有华侨华人社团组织50多个。其中较重要的有：“阿根廷福建同乡会”、“阿根廷广东同乡会”、“阿根廷福州同乡会”、“阿根廷福建福清同乡会”、“阿根廷华侨华人联合会”、“台湾同乡会”、“华侨协会”等。

巴　西（Brazil）

国名　巴西联邦共和国（The Federative Republic of Brazil）

面积　854.74万平方公里

人口　1.93亿（2010年）。葡萄牙语为官方语言。73.8%的居民信奉天主教。

首都　巴西利亚

国内生产总值（2010年）：20879亿美元

人均国内生产总值（2010年）：10800美元

货币名称：雷亚尔

汇率（2010年平均）：1美元=1.76雷亚尔

简　况

位于南美洲东南部。北邻法属圭亚那、苏里南、圭亚那、委内瑞拉和哥伦比亚，西界秘鲁、玻利维亚，南接巴拉圭、阿根廷和乌拉圭，东濒大西洋。海岸线长约7400公里。领海宽度为12海里，领海外专属经济区188海里。国土的80%位于热带地区，最南端属于亚热带气候。北部亚马孙平原属赤道热带雨林气候，平均气温27～29℃。中部高原属热带草原气候，分旱、雨两季，年均气温18～28℃。南部地区年均气温16～19℃。

1500年4月22日，葡萄牙航海家佩德罗·卡布拉尔到达巴西。16世纪30年代葡派远征军在巴建立殖民地。1549年任命总督。1808年拿破仑入侵葡萄牙，葡王室迁往巴西。1821年葡王室迁回里斯本，王子佩德罗留巴任摄政王。1822年9月7日，佩德罗王子宣布独立，建立巴西帝国。1889年11月15日，丰塞卡将军发动政变，推翻帝制，成立巴西合众国。1964年3月31日，军人政变上台，实行独裁统治。1967改国名为巴西联邦共和国。1985年1月军人还政于民。此后，巴政权5次平稳更迭。2003年1月左翼政党联盟候选人卢拉胜选就职，成为巴西第40任总统。2006年10月卢拉再次获得连任。

全国共设26个州和1个联邦区（巴西利亚联邦区）。州下设市，全国共有5564个市。

经　济

巴西经济实力居拉丁美洲国家之首，经济结构形式已接近世界发达国家水准。巴西有丰富的自然资源，有占世界可耕地面积5.2%的耕地，有丰富的水力资源，矿产资源极为丰富，几乎拥有现代工业发展所需的全部主要矿产资源。这些宝贵资源对巴西经济的发展起到了极其重要的作用。2010年巴西经济实现了7.5%的增长，国内生产总值达2.0879万亿美元，为世界第七大经济体。服务业、工业、农牧业是该国国民经济的支柱产业。巴西服务业产值占国内生产总值的一半以上。巴西工业基础雄厚，门类齐全，石化、矿业、钢铁、汽车工业等较发达，民用支线飞机制造业和生物燃料产业居世界先进水平。巴西农牧业较发达，是世界上蔗糖、咖啡、柑橘、玉米、鸡肉、牛肉、烟草、大豆等农牧产品主要生产国和出口国。

资源 巴西是世界上资源较丰富的国家之一。矿产资源稀有金属铌、钽、铍均居世界首位；铁矿石储量333亿吨，约占全球总储量的18%，居世界第5位。锰的储量居世界第6位；铝矾土储量占世界总储量的10%，居世界第5位；锡储量占全球总储量的11%，居世界第5位；铌储量455.9万吨。此外，铬、黄金和石棉储量也较丰富。石油储量随着在沿海地区连续特大油气田的发现，巴西石油储量有望升至世界前五位。在可替代能源领域，巴也位居世界前列，其生物柴油——甘蔗酒精的开发利用，在世界上处于领先地位。森林覆盖率达57%。巴水力资源较丰富，拥有世界淡水总量的13.8%，人均年均淡水供应量为世界人均淡水平均供应量的5倍。巴西是全球主要的水力发电国家。

工业 巴西的工业部门比较齐全，主要工业部门包括冶金、钢铁、机械设备、汽车、飞机制造、化工等，以上部门在世界上都占有非常重要的地位。巴西是世界第9大钢铁生产大国、第15大钢铁出口国和第5大钢铁净出口国家。汽车工业已发展成巴西工业的重要产业，2010年汽车产量363.8万辆，巴西已成为世界第4大汽车生产国；另外，巴西的电子、通信工业发展迅速，90%的通信技术实现了现代化，其卫星通信、数字化网络、移动通信技术已接近世界发达国家的水平。2010年，巴西工业产值占国内生产总值的比重约为26.8%，工业产值同比增长10.1%。工业出口额为1085.5亿美元，工业进口额为1428.4亿美元。

农牧业 巴西农业比较发达，在世界上占有重要位置，是世界上适于农、林、牧、渔业全面发展的少数国家之一。被誉为世界“21世纪的世界粮仓”。2010年，巴西粮食总产量达1.43亿吨。全国可耕地总面积约3.548亿公顷，约占巴西国土面积的41.7%，占世界可耕地面积的5.2%。农作物主要有大豆、玉米、小麦、大麦、稻谷、马铃薯、高粱、花生、甘蔗、咖啡、棉花、水果等。大豆和玉米是巴西最主要的粮食作物，大豆种植面积占巴西农作物耕种面积的50.1%，产量约占农作物总产量的46.1%；玉米种植面积占巴西农作物耕种面积的27.6%，产量约占农作物总产量的37.4%。在世界主要的出口农产品中，巴西大豆占世界总出口量的27%，烟草占14%，蔗糖占50%，鸡肉占39%，牛肉占19%。

旅游业 巴西旅游业较发达，是世界十大旅游创汇国之一。主要旅游景点有里约热内卢、圣保罗、萨尔瓦多的教堂和古老建筑、巴西利亚城、伊瓜苏大瀑布、玛瑙斯自由港、黑金城、巴拉那石林和大沼泽等。游客主要来自拉美、欧洲、美国等。

交通运输 公路总长175.18万公里，其中联邦级公路7.5万公里，铺好路面的公路仅为16.5万公里。铁路总长3万公里。水运方面，巴西水运能力很强。全国共有港口82个，远洋货船126艘。主要港口有桑托斯、维多利亚、里约热内卢、帕拉那瓜和圣·路易斯等。内河航线总长9403公里。空运方面，全国有36家航空公司，其中塔姆（TAM）、戈尔（GOL）和瓦里格（VARIG）三家主要公司经营国际和绝大部分国内航线。全国共有机场2498个，其中私人机场1759个。圣保罗、里约热内卢是巴西主要国际机场。

同中国的关系 1974年8月15日中巴两国建交。

华人经济

据2012年有关资料统计，巴西的华侨华人总计已超过30万人，其中来自台湾的9万人，主要集中在圣保罗和里约热内卢。早在1810年，已有第一批大约200名来自澳门的广东人受雇葡萄牙政府，来到里约热内卢从事大规模种茶工作。其后，由中国大陆移居巴国者多为上海籍，以经营制造业为主；后由广东、香港移居来巴国者多经营餐饮业；近年由台湾地区移民来此者，大多经营百货、进出口批发业。

已入巴西籍的华商在巴投资估计已达10亿美元，约在3650家以上，投资行业包括：资讯、塑胶、石化、制鞋、味精、钟表、化妆品、证券、文具用品、礼品、养鸡、农产品加工及餐饮业等。

在巴西华侨华人中，来自上海、广东及香港者为较早期的移民，他们于20年前在巴西经济的各领域中作出重要贡献。当时知名的企业有林训明的OLVEBRAS集团、魏书麒的BRASWAY集团、薛祖恒的CELBRAS集团、沈鹏冲和沈鹏云兄弟之AVIPAL集团，是华人在巴西经营事业的黄金时代。尤其林训明的黄豆事业更跃居全国出口金额最大的企业，在巴西财经界是明星级的人物。随着市场情况的变化，近几年有一部分公司已经成功地转型到其他行业，譬如OLVEBRAS集团进入石化业及包装业、BRASWAY集团则保持其灵活的商业弹性继续在食油业发展并拓展到饮料及咖啡业，而AVIPAL集团以其雄厚的资金拓展到乳制品行业，成为现今华侨华人最大的企业集团。

较后期才移民到巴西的台湾新侨民在近20年内渐崭露头角，由于人数众多，故在各种行业皆有经营，主要包括有塑胶业、味精业、制鞋业、旅馆业、化妆品业、饮食业、钟表业、化工业等。这些台商大都是中小企业，适应力较强。

目前巴西市场上80%～90%的小商品是中国制造的，例如节能灯、雨伞和塑料花等产品几乎全都来自中国。港口城市累西腓是巴西东北部工商重镇，可以直接从中国进口商品。该市已经成为中国商品在巴西东北部最主要的集散地。当地的华侨华人绝大部分都经营中国商品的进出口和批发零售业务，生意兴隆。

在店铺密集的累西腓市中心商业区，很多商店卖的都是中国货。货架上摆放着各式各样的日用百货。由台湾籍潘姓华商开的百货商场分为十几个店铺，都出租给华侨经营，每个店都经营上千种商品，全部来自中国大陆，物美价廉很受巴西人欢迎。巴西节日多，爱聚会，过节日和过生日都讲究送礼，因此巴西市场对各种礼品和可以当礼品的日用品需求量非常大。在累西腓市最大的购物中心，当地侨领刘麒祥开的“上海”礼品店就是该中心唯一华人经营的商品档次高、价格也高的礼品店。

近几年，一些华侨华人进口批发商已经开始在巴西注册商标，打自己的牌子，这样有利于建立公司和产品的信誉，便于开拓新市场，并且还受当地法律保护。专门进行批发节能灯和其他灯具的巴西利亚侨商王景阳在中国大陆定点生产，在巴西打自己的品牌，由于价格低、质量好，现在他的“太阳能”节能灯在巴西利亚和周边地区的灯具商店里已经小有名气。

巴西华侨华人第二代一般都接受过良好教育，多半都从事专业性的工作，且已渐渐融入主流社会。

在巴西有一座全南美唯一的观音庙，是一群华人用7年时间兴建的。

华侨华人的社团组织有100多个。这些社团有全国性的、也有地方性的、有同乡宗亲会等传统型的、也有同业互助会等新型的。主要有“中华会馆”、“巴西华人协会”、“巴西台湾同乡会”、“里约热内卢华人联谊会”、“华人选民联谊总会”、“巴西华侨华人中国和平统一促进会”等。

智　利（Chile）

国名　智利共和国（The Republic of Chile）

面积　75.6946万平方公里

人口　1709.43万（2010年6月）。官方语言是西班牙语。70%的居民信奉天主教，15%的居民信奉福音教。

首都　圣地亚哥

国内生产总值（2010年）：2579亿美元

人均国内生产总值（2010年）：15400美元

货币名称：智利比索

汇率（2010年）：1美元=525.34比索

简　况

位于南美洲西南部，安第斯山脉西麓。东邻阿根廷，北界秘鲁、玻利维亚，西濒太平洋，南与南极洲隔海相望。海岸线总长约1万公里。是世界上形状最狭长的国家，南北长4352公里，东西宽96.8～362.3公里。境内多火山，地震频繁。气候可分为北、中、南三个明显不同部分：北部是干燥的沙漠气候；中部是冬季多雨、夏季干燥的亚热带地中海式气候；南部为多雨的温带阔叶林和寒带草原气候。年均最低和最高气温分别为8.6℃和21.8℃。

早期境内居住着阿劳干人、马普切人、火地人等印第安民族，16世纪初以前属于印加帝国。1535年，西班牙殖民者从秘鲁侵入智利北部。1541年建立圣地亚哥城，智利沦为西班牙殖民地。1810年9月18日成立执政委员会，实行自治。此后在民族英雄贝尔纳多·奥希金斯领导下进行武装斗争。1817年2月与阿根廷联军击败西班牙殖民军。1818年宣告独立。1973年军政府上台执政。1990年3月11日艾尔文任总统结束了军人统治。1994年3月基民党人弗雷继任。1998年皮诺切特交出军权，作为终身参议员进入国会，智利“民主过渡”进程基本完成。

全国划分为15个大区，下设51个省，省下设346个市。

经　济

智利是中等发达国家。2010年智利基本走出全球金融危机的阴影。但受国内大地震以及欧美国家主权债务危机引发的一系列经济不稳定因素的影响，经济经历了考验。2010年国内生产总值达2579亿美元，增长5.3%左右。增长最快的部门是商业、运输、通信以及其他服务行业。智利的矿业、林业、渔业及农业是国民经济的四大支柱产业。

资源　智利矿产、森林和渔业资源丰富，以盛产铜而闻名于世，素有“铜之王国”之美称。已探明铜储量2亿吨以上，约占世界储量的1/3，居世界第1位。铁矿石储量约12亿吨，煤储量约50亿吨。此外，智利木材、硝酸盐、贵重金属、钼等资源也很丰富。智利森林覆盖率达20.8%，盛产温带林木，木质优良，是拉美第一大林产品出口国。渔业资源丰富，是世界第五渔业生产大国。

工矿业 工矿业是智利国民经济的命脉，矿业从业人口为87.1万人。智利富产铜，是世界上最大的铜出口国。智利工业中的支柱产业是铜的开采及出口。2010年，智利铜产量达541.8万吨，铁矿砂产量824.2万吨，钼产量3.48万吨，银产量1301吨，金产量40.8吨。智利制造业是在国内生产总值中第二大重要的部门，其产值占国内生产总值的15%。制造业大部分集中在首都圣地亚哥、瓦尔帕莱索、康塞普翁等大城市及其邻近城市。

农林牧渔业 2010年，智利全国耕种面积为67409公顷，比上年有所减少。最主要的农作物是小麦，其次是玉米。此外还有大麦、燕麦、水稻、马铃薯、甜菜、菜豆和油菜籽等。水果种植面积约30.88万公顷，产量达400多万吨。智利森林覆盖面积约为8.42万平方公里，主要有辐射松和桉树。主要林产品是木材、纸浆、纸张等。智利拥有丰富的牧草资源，牧场面积12.93万平方公里，畜牧业主要以养牛业为主。智利渔业资源丰富，是世界第五渔业大国。年捕捞量达493万吨左右。

旅游业 智利旅游区除原有的海滨和南部风景区外，近期投资开发了一些新的旅游景点并完善了旅游设施。游客主要来自巴西、阿根廷等周边国家以及北美和欧洲。

交通运输 公路运输较发达，总长10万公里，其中包括3600公里泛美公路。铁路总长8613公里，其中电气化铁路1654公里。水运方面，全国有70多个沿海港口，主要港口有瓦尔帕莱索港、塔尔卡瓦诺港、安托法加斯塔港、圣安东尼奥港和彭塔阿雷纳斯港等。空运方面，智利的航空业服务总体质量较高。现拥有5家航空公司，6个国际机场。主要国际机场有首都的阿图罗·梅里诺·贝尼特斯机场和北部阿里卡市的查卡柳塔机场。智利全国共有大小机场325个。

同中国的关系 1970年12月15日中智两国建交。

华人经济

据有关资料统计，2009年智利华侨华人约9000人，其中从台湾移居者约1300人。华侨华人多分布于首都圣地亚哥、北部伊基克及阿里卡市。大多数是早年从广东鹤山移居至此。光是祖籍鹤山的华侨华人就有2100人。从中国大陆近年移居智利的人不少，多数经营餐饮业及小型进出口或零售业。台商多为1980年后才陆续移居智利，大多数定居于首都圣地亚哥市。台商主要从事礼品百货进口批发零售业、进出口业、成衣进口批发零售、织袜厂、塑胶包装材料厂、木材厂、房地产业、旅游业、钟表批发等行业。其中进出口业有40家，百货业有150家，小型工厂约20家，多数经营状况甚佳。台商在智利的总投资家数约160家，总投资金额约4.5亿美元。

智利华侨华人主要社团有“智利华侨联谊总会”、“智利台湾商会”、“伊基克台湾会馆管理委员会”等。

哥伦比亚（Colombia）

国名 哥伦比亚共和国（The Republic of Colombia）

面积 1141748平方公里

人口 4600万（2010年）。西班牙语是官方语言。多数居民信奉天主教。

首都 波哥大

国内生产总值（2010年）：2880亿美元

人均国内生产总值（2010年）：6940美元

货币名称：比索

汇率（2010年12月）：1美元＝1914比索

简　况

位于南美洲西北部，东邻委内瑞拉、巴西，南接厄瓜多尔、秘鲁，西北与巴拿马相连，北临加勒比海，西濒太平洋。海岸线长2900公里。地处热带，东部平原南部和太平洋沿岸为热带雨林气候，向北逐渐为热带草原和干燥草原气候。

古代为奇布查族等印第安人的居住地。1536年沦为西班牙殖民地。1810年7月20日宣布脱离西班牙独立，后遭镇压。1819年，南美解放者西蒙·玻利瓦尔领导的起义军大败西班牙殖民军后，哥重获解放。1821年与现厄瓜多尔、委内瑞拉、巴拿马组成大哥伦比亚共和国。1829～1830年委、厄先后退出，大哥伦比亚共和国解体。1831年改名为新格拉纳达共和国，1861年称哥伦比亚合众国，1886年改称现名（1903年巴拿马独立）。独立后，自由党和保守党轮流执政。2002年5月，乌里韦当选总统。2006年5月，乌里韦成功连任总统。

全国分32个省（包括波哥大首都区）。

经　济

哥伦比亚是以生产咖啡为主的农业国。国内生产总值一直保持在3%～6%的增长速度。近年，为应对国际金融危机对本国经济的冲击，哥政府加大宏观调控，采取一系列有效的改革措施，加大对基础设施建设的投资力度，拉动内需，强化就业，促进哥国经济稳步发展。

资源 自然资源丰富，矿藏主要有煤、石油和绿宝石。现探明煤储量约为240亿吨，居拉美首位。石油储量约为18亿桶，天然气储量为187亿立方米，绿宝石储量居世界第1位，铝矾土储量为1亿吨，铀储量4万吨。此外还有金、银、铂、镍、铁等矿物。森林面积约4923万公顷。

工矿业 以制造业为主。采矿业有石油、煤炭、黄金、铀、绿宝石、镍、铝矾土、铁和铂等。哥石油业发展迅速，已成为哥支柱产业之一。

农业 耕地面积467万公顷，是哥国土面积的4.1%。哥是世界第二大鲜花出口国，香蕉和咖啡出口居世界第三。主要农作物有水稻、玉米、小麦、高粱、大豆、马铃薯、甘蔗、可可和咖啡等。

旅游业 哥是拉美地区重要的旅游中心之一，主要旅游景点有卡塔赫纳、圣玛尔塔、波哥大、圣安德列斯和普罗维登西亚群岛等。

交通运输 以公路为主，公路总长16.4万公里。铁路总长约3368公里。水运方面，有内河船只2003艘，可通航里程为18225公里。有海船23艘，总吨位17.7万吨。主要海港是布埃纳文图拉、圣玛尔塔、卡塔赫纳和巴兰基亚。哥共有74个机场，其中11个是国际机场，共有飞机1696架。

同中国的关系 1980年2月7日中哥两国建交。

华人经济

有关华侨华人移居哥伦比亚可最早追溯到19世纪40年代（1840年），当时有一批广东人抵达圣安德烈斯岛，再转进哥伦比亚。据有关资料统计，2002年哥伦比亚的华侨华人约660人，其中来自台湾地区的约170人。

哥伦比亚华侨华人从事的经济活动主要包括餐馆、贸易、养鸡、杂货店等行业。

台商在哥伦比亚约有40户，以经营传统行业居多，主要包括：照片冲洗业、餐饮业、贸易服务业（如经销电脑及周边设备、电工器材、电子器材、汽车零配件及零组件、塑胶机器、食品及礼品等）、制造业（仅5家，产品有酱油、运动鞋、运动裤、皮制品、藤制家具及塑胶袋等），总计全体台商在哥国的投资总额约1920万美元。

厄瓜多尔（Ecuador）

国名 厄瓜多尔共和国（The Republic of Ecuador）

面积 256370 平方公里

人口 1430.7 万（2011 年）。西班牙语为官方语言，印第安人通用克丘亚语。94%的居民信奉天主教。

首都 基多

国内生产总值（2010 年）：569.98 亿美元

人均国内生产总值（2010 年）：3985 美元

货币名称：美元

简 况

位于南美洲西北部。东北与哥伦比亚毗连，东南与秘鲁接壤，西临太平洋。海岸线长 930 公里。赤道横穿国境北部（国名即西班牙语“赤道”之意）。东西部属热带雨林气候。山区盆地为热带草原气候，山区属亚热带森林气候。平均气温沿海为 23～25℃，东部地区 23～27℃。年均降水量为 2000～3000 毫米，山区 1000 毫米。

古代该地区居住着印第安部落。15 世纪属于印加帝国。1532 年沦为西班牙殖民地。1809 年 8 月 10 日宣布独立，但仍被西班牙殖民军占领。1822 年结束西班牙的殖民统治并加入由哥伦比亚、委内瑞拉和巴拿马组成的大哥伦比亚共和国。1830 年该共和国解体后宣布成立厄瓜多尔共和国。第二次世界大战后，厄政局长期动乱，政权更迭频繁，军人多次执政。1979 年军政府还政于民，政局趋于稳定。

全国划分为 22 个省，省下设 215 个市、1081 个区。

经 济

相对而言，厄瓜多尔是南美地区经济比较落后的国家，工业基础比较薄弱，农业发展缓慢。经济发展分为“可可”、“香蕉”和“石油”三个时期。厄以“香蕉之国”闻名于世，多年来厄香蕉产量及出口量均居世界第 1 位。

近年来，为了促进经济发展，厄政府进一步加强对国家经济，特别是国有资源的控制，加大对金融部门的干预；并加大社会性投资以扶持中、小民营企业，鼓励私人投资与扩大贸易。厄经济得以稳步发展。2008 年下半年以来，国际金融危机对厄经济的影响，致使厄石油出口等下降，厄政府果断采取措施，加大基础设施的建设，积极拉动内需和促进就业刺激经济增长。

资源 厄有丰富的自然资源，现探明石油储量为 81.6 亿桶。天然气储量为 2250 亿立方米。其他矿藏还有金、银、铜、铁、锰、煤、硫黄等。森林覆盖率达 42.5%。厄水力和渔业资源也相当丰富。

工业 主要有为厄经济重要支柱的石油工业和采矿业、制造业、建筑业和电力工业。

农牧渔业 全国可耕地面积 931 万公顷，种植面积为 590 万公顷，农牧渔业产值约占国内生产总值的 5.3%左右。厄有

124.4万人从事农牧渔业生产。粮食不能自给。厄香蕉、可可、咖啡为传统出口农产品。近年来，池虾养殖和出口量在厄国民经济中占据重要位置。主要农作物是稻谷、香蕉、可可、咖啡、大麦、甘蔗、玉米等。

旅游业 是厄第四大创汇行业，约50万人从事旅游或与其相关的职业。全国有2610家旅游饭店。主要旅游景点有基多、瓜亚基尔、昆卡、因巴布拉省、东部亚马孙河流域和加拉帕戈斯群岛（龟岛）等。基多市、龟岛和昆卡市被联合国教科文组织列入“世界文化与自然遗产”名录。

交通运输 公路总长4.32万公里。铁路总长965公里。厄有2个国际机场，分别在基多和瓜亚基尔市。国内航线的民用机场有17个。厄拥有一个8艘油船的石油运输船队，有1700余艘渔船和2家私营海运公司。主要港口有4个，其中瓜亚基尔港是厄最大港口，埃斯梅拉达斯为重要油港。

同中国的关系 1980年1月2日中厄两国建交。

华人经济

2009年厄瓜多尔的华侨华人约39000人，祖籍以广东中山、台山、潮汕和广州郊区为主，也有不少上海、山东、辽宁等地区的新华侨华人，来自台湾省的1532人。华侨华人主要集中在瓜亚基尔、克维多和首都基多等三个城市，其余散居各地。

早期华人多以餐饮业、美容业、洗衣业及农业等为生。华人刻苦耐劳、勤俭治家，经营有成后逐渐转向商业、制造业发展。由于从事玉米、黄豆、马铃薯等农产品的大宗买卖，不少华人在第一大农业城威奴市拥有农场及香蕉园。华人的第二、第三代除经商外，不少成为优秀的专业人士，其中以律师、医师和工程师最多，在当地收入高且最有社会地位。新移民则多放弃老华侨传统经营行业，而改为采用新式的经营方式从事商业、进出口贸易、经营生活必需品、工厂、旅游服务等。

因厄国华侨华人居住比较分散，故社团组织不多。主要有“中华总商会”、“厄瓜多尔华侨华人总会”、“克维多中华慈善会”、“基多华侨联谊会”等。

巴拉圭（Paraguay）

国名 巴拉圭共和国（The Republic of Paraguay）

面积 40.68万平方公里

人口 637.6万（2010年）。西班牙语和瓜拉尼语为官方语言。90%的居民信奉天主教。

首都 亚松森

国内生产总值（2010年）： 171.7亿美元

人均国内生产总值（2010年）： 2703美元

货币名称： 瓜拉尼

汇率（2010年12月）： 1美元≈4300瓜拉尼

简 况

南美洲中南部的内陆国家，与阿根廷、玻利维亚和巴西三国为邻。地处拉普拉塔平原北部，属亚热带气候，夏季平均气温27℃，冬季平均气温17℃。东部年均降水量为1500毫米，西部500毫米。

早先居住着土著瓜拉尼人。1537年沦为西班牙殖民地。1811年5月14日宣布独立。1865年，洛佩斯政府为巩固和扩大独立后的地盘，进攻当时巴西的西南地区，巴西、阿根廷、乌拉圭三国联军对巴拉圭宣战，经过5年战争，巴拉圭战败，洛佩斯政府割地赔款，巴疆域缩小近一半，失去出海口成为内陆国。巴经过历年政权更迭，2008年4月21日“争取变革全国联盟”候选人、前主教卢戈当选总统。

全国划分为17个省和1个特别区（首都亚松森）。

经 济

巴是拉美最落后的国家之一，经济不发达，主要是以农牧林业为主，工业基础薄弱。主要经济活动集中在首都和东方市。近年，政府采取了一系列改革措施，巴经济一度有了增长势头。20世纪90年代后，巴实行新的经济政策，大力引进外资，扩大对外贸易，经济稳步增长。2008年，受国际金融危机影响巴经济受到冲击。2009年经济形势有所好转。

资源 巴盐矿和石灰石储量比较多，此外还有少量的铁、铜、锰、铁矾土、铌、云母、铝矾土和天然气等。巴水力资源较丰富，蕴藏量约5.6万兆瓦。森林覆盖率约为39%，约为1500万公顷，其中原始森林占54%，出产珍贵的硬质木材。

工业 巴工业基础薄弱，仅有一些轻工业和农牧产品加工业，且多是中小企业。主要产品有肉类罐头、面粉、饮料、烟草、柴油、石脑油等。

农业 是巴国民经济的主要支柱。全国45%的人口从事农业生产。主要农产品是大豆、棉花、烟草、小麦和玉米等。畜牧业曾在巴经济中占有重要位置，是巴拉圭人传统的谋生方式。巴60%的土地适合畜牧业的发展。巴林业资源主要集中在格兰查科地区。森林采伐严重，年均采伐面积达50万公顷，现政府重视人工造林，砍伐面积有所减少，现保留天然林95.9万公顷。

旅游业 是巴外汇收入的重要来源之一。游客主要来自阿根廷和巴西。

交通运输 铁路总长1147公里。公路总长64310公里，泛美公路由亚松森市直通玻利维亚。水运主要港口是亚松森。巴有两个国际机场，分别位于亚松森市和东方市。

华人经济

华侨华人移居巴拉圭可追溯至第二次世界大战后，但在1990～1995年之间，这阶段移民的华人多半是来自台湾的台商，多半落脚在东方市，使东方市的华侨华人人数曾一度达到12000人。

2009年巴拉圭的华侨华人总数达到5000人，大部分来自台湾地区，主要分布在东方市80％，其次为亚松森10％，以及贝多芳与英格纳颂4个地区。华侨华人一般以开设公司或店铺或进口及批货、开设工厂、餐饮业、文教业、旅游业等为主。

巴拉圭华侨华人社团有“亚松森中华会馆”、“东方市中华会馆”、“巴拉圭台湾会馆”、“巴拉圭台湾同乡会”、“巴拉圭华人慈善基金会”等。

秘　鲁（Peru）

国名　秘鲁共和国（The Republic of Peru）

面积　128.52万平方公里

人口　2946万（2010年）。官方语言是西班牙语。96%的居民信奉天主教。

首都　利马

国内生产总值（2010年）：1538亿美元

人均国内生产总值（2010年）：9203美元

货币名称：新索尔

汇率（2010年）：1美元=2.80新索尔

简　况

位于南美洲西部。北邻厄瓜多尔、哥伦比亚，东临巴西，南接智利，东南与玻利维亚毗邻，西濒太平洋。海岸线长2254公里。全境自西向东分为热带沙漠、高原和热带雨林气候。年均气温西部12～32℃，中部1～14℃，东部24～35℃。

公元11世纪，印第安人以库斯科城为首府，在高原地区建立印加帝国。15～16世纪初形成美洲的古代文明之一——印加文明。1533年沦为西班牙殖民地。1544年成立秘鲁总督区，成为西班牙在南美殖民统治中心。1821年7月28日宣布独立。1835年秘鲁与玻利维亚合并，称秘鲁—玻利维亚邦联，1839年邦联瓦解。1879～1883年，联合玻利维亚同智利进行了“太平洋战争”，秘鲁战败割地。

全国共分24个省和1个直属区（卡亚俄区）。

经　济

秘鲁是个传统的农矿业国，经济处于拉美地区中等发达水平。2010年，秘鲁经济经受了全球金融危机冲击后开始出现稳定的复苏势头，国内生产总值增长8.6%，超过近10年平均数5%。这主要由于国内就业情况的改善、消费者信心的恢复和持续增长的消费信贷。2010年，政府消费增长10.6%，公共固定投资增长26.5%。

资源　矿产资源丰富，是世界12大矿产国之一。主要矿产品有铜、银、锌、铅、金、铁等。铋、钒、银储量居世界首位，铜、锌储量居世界第2位，锡储量居第3位，铝储量居第4位，黄金储量居第6位。石油探明储量12亿桶，天然气储量16万亿立方米。森林面积约7800万公顷，覆盖率达58%。水力和海洋资源非常丰富。

工业　2010年，秘鲁工业产值占国内生产总值的比重增幅达11.1%。秘鲁矿业生产有着悠久的历史，是国民经济的支柱。2010年，黄金产量为16.2吨，铜产量为123.5万吨。2010年，秘鲁石油产量为5436.4万桶，天然气产量为2322.42亿立方英尺。秘鲁制造业，主要是消费品制造部门所占比重较大。

农业　秘鲁农业主要以种植业为主，沿海地区主要是以种植甘蔗、棉花、咖啡、烟草等出口作物为主；山区和林区主要以种植玉米、水稻、小麦、土豆等满足内需的农作物为主。秘鲁渔业资源非常丰富，主要鱼类有鳀鱼、鳕鱼、沙丁鱼和鲭鱼等。秘鲁捕获的鱼类以制造鱼粉和鱼油为主(约占90%)，食用为辅，是世界主要鱼粉、鱼油生产国和出口国。

旅游业 是秘鲁第三大外汇来源，旅游设施完善，有酒店或旅馆12618家，房间193634间。秘鲁是印加文化的发祥地，旅游资源丰富。主要旅游点有库斯科和阿雷基帕的印加古城遗址、特鲁希略市的奇穆王国古都、奇克拉约市的莫奇卡和奇穆文化遗迹、伊卡省的帕拉卡斯文化遗址和纳斯卡巨画、通贝斯省和皮乌拉省的热带海滩和国家公园、普诺省的的的喀喀湖、洛雷托省和马德雷德迪奥斯省的亚马孙自然保护区、瓦伊拉斯大峡谷，等等。游客主要来自北美、南美和欧洲国家。

交通运输 以公路运输为主，公路总长73300公里，其中柏油路占11%。铁路总长2120公里。水运方面，秘鲁有长2500公里的海岸线，可通航河流总长1万多公里。水运是秘鲁最重要的运输手段之一。主要的海港有卡亚俄港、派塔港、萨拉维里港等。2010年，秘鲁共有905个港，其中海港85个，河港799个，湖港21个。空运方面，秘鲁空运比较发达，共有机场100多个，其中设施较完善的有50多座。豪尔赫·查维机场是秘鲁最大的国际机场。大陆航空公司是最大的国内航运公司。国际航运由近30家外国航运公司经营。

同中国的关系 1971年11月2日中秘两国建交。

华人经济

秘鲁是拉丁美洲华侨华人人数最多、移民历史最悠久的国家。据清史记载，1849年第一批来自广东、福建等地的华人到了秘鲁，主要从事农业种植和修筑铁路的工作。目前估计有150万至200万华侨华人，包括有华人血统的华裔。早期抵秘鲁的华侨华人主要集中在秘鲁西部沿海各城镇，以首都利马为最多，约占六成。

由于华侨华人至秘鲁发展至少已有160年以上的历史，华人文化深深地影响着秘鲁的文化，甚至改变了秘鲁人的很多生活习俗，例如中餐已经成了秘鲁人食谱的一部分，仅首都利马就集中了4000多家大大小小的中餐馆。

秘鲁华侨华人多从事杂货生意，种植棉花、经营餐馆以及进出口贸易等，经济情况尚称良好。台商约80户，大都从事进出口贸易与餐饮业。

华侨华人祖籍主要是广东，但近年来中国大陆其他地区移民至秘鲁不断增加。

秘鲁华侨华人社团组织，经常有活动的约有40多个。主要有秘鲁台湾商会、秘鲁华侨总会、介休中华会馆等。

委内瑞拉（Venezuela）

国名 委内瑞拉玻利瓦尔共和国（The Bolivarian Republic of Venezuela）

面积 916700平方公里

人口 2894万（2010年）。西班牙语为官方语言。98%的居民信奉天主教。

首都 加拉加斯

国内生产总值（2010年）：1976.9亿美元

人均国内生产总值（2010年）：6831美元

货币名称：玻利瓦尔

汇率（2010年）：1美元=4.3玻利瓦尔

简 况

位于南美洲大陆北部。东与圭亚那为邻，南同巴西接壤，西与哥伦比亚交界，北濒加勒比海。海岸线长2813公里。全境除山地外基本属于热带草原气候。气温因海拔高度不同而异，平原炎热、山地温和。6～11月为雨季，12月～翌年5月为旱季。

早年是印第安人阿拉瓦克族和加勒比族的居住地。1567年沦为西班牙殖民地。1811年7月5日宣布独立。1819～1829年同现哥伦比亚、巴拿马和厄瓜多尔组成“大哥伦比亚共和国”。1830年建立委内瑞拉联邦共和国。1864年改名为委内瑞拉合众国。1953年改为委内瑞拉共和国。1999年改称委内瑞拉玻利瓦尔共和国。

全国划分为21个州，2个边疆地区，1个首都区和1个联邦属地（由72个岛屿组成）。

经 济

委是拉美经济较发达的国家之一。石油业是该国国民经济的命脉。冶金、矿业、电力、制造、建筑、石化和纺织等工业部门发展较快。农业发展缓慢，粮食不能自给。查韦斯掌管委政权后，实行国家控制与市场调节相结合的经济模式，大力发展民族产业和国有及集体经济，实施农业、工业和旅游业发展的综合计划，扩大生产和刺激内需，调整国人收入分配，经济一度取得增长。近几年，国际金融危机和石油价格下跌对委经济造成强烈冲击，委政府为应对危机，采取一系列措施减缓委经济衰退。通过增加就业、抑制通货膨胀、压缩财政预算、大幅减少公共行政开支，增加对生产性行业和基础设施建设的投入，加大对中小企业扶持力度，使委经济蒙受较少损失。

资源 矿产资源丰富。2008年，石油探明储量1723.2亿桶，居世界第2位。是世界第六大石油输出国。天然气储量为4.98万亿立方米。此外铁矿砂储量16亿吨，铝矾土储量3.2亿吨，煤储量4.79亿吨，黄金储量1万吨。另外还有镍、金钢石等。森林覆盖率56%，委水力资源也很丰富。

工业 主要有石油、铁矿、炼钢、炼铝、建筑、电力、汽车装配、食品加工、纺织等工业部门。其中石油部门是国民经济的支柱。

农牧渔业 全国有可耕地面积3000万

公顷，种植面积约300万公顷，牧场1713万公顷，森林覆盖面积310万公顷。农业从业人数占全国劳动总人口的13%，农业产值占国内生产总值的5.7%左右。农产品不能自给自足，牛奶、菜豆、糖、黄玉米、大豆、食用油均依靠进口。畜牧业有牛、猪、羊和家禽的饲养。有一定规模的淡水产品和淡水养殖产品。

旅游业 全国旅游接待设施共有2461个，客房有77372间，星级饭店有483家，其中三星级127家、四星级28家、五星级23家。主要旅游景点有安赫尔瀑布和玛格丽塔岛等。

交通运输 公路总长96200公里。铁路总长337公里。首都加拉加斯共有5条地铁线，总长为42.4公里。全国共有1000吨以上各类民用船舶60艘，总吨位63万吨。内河航线长为1000多公里。全国有9个国际港口，34个石油、铁矿砂港和5个渔港。主要港口有拉瓜伊拉港、卡贝略港、马拉开波港和奥尔达斯港。空运方面，有大型民用飞机58架。全国共有375个商业机场，其中11个国际机场。主要国际机场为西蒙·玻利瓦尔机场，集中了90%的国际航班。

同中国的关系 1974年6月28日中委两国建交。

华人经济

委内瑞拉的当地华人早期移民是来自约160多年前的广东，但其人数不多，直到20世纪30及40年代，委内瑞拉大量开采石油，移民人数才逐渐增加。160多年来，委内瑞拉华侨们凭着勤奋努力，从耕种、洗衣等苦差事做起，逐步涉足餐馆、杂货店、进口贸易以及厂矿企业等领域，成了当地经济发展的一支生力军。

截至2007年，委内瑞拉的华侨和华裔约近15万人，大多数祖籍为广东，其中以恩平等四邑地区的广东人居多，约占90%。他们大多数集中在首都加拉加斯、马拉开波、巴伦西亚、马拉凯、拉克鲁斯港等大都市。

委内瑞拉的华侨华人以经营超市、杂货铺、餐馆及进出口贸易为主，近期也有开设工厂的。而台商在委内瑞拉的投资约有30多家厂商，经营的项目主要有汽机车零件、化妆品工厂、医疗器材、运动器材、牛仔裤工厂、渔业、塑胶、玩具、食品加工、杂货店及弹珠工厂等。近期也有开设素食餐馆、务农及经营小生意等。

在老一辈的委国华侨中被华侨们尊称为“茂叔”的冯雪茂堪称为委国的工商巨子。茂叔是从打工干起，有了积蓄后，他在1952年开了一间小餐馆。到1956年他由经营餐馆转向经营杂货并开始进军房地产、兴办工厂等。现在茂叔的生意，除了商业、工业外还涉足房地产、银行、报纸、电视台等行业，仅豪华超市、百货店就达十多家。由于他在当地的突出贡献，从1977～1995年他先后获委国总统颁发的三级“弗朗西斯·德朱兰达”勋章、二级“弗朗西斯·德朱兰达”勋章、“阿拉氏曼萨樱花”勋章、二级“劳动功勋”奖章，是委国华侨华人的骄傲。

委内瑞拉华侨华人社团中传统的同乡宗亲会馆较少，大多为与经营行业有关的同业会。其中主要有：“中华总会馆”、“苏利亚州中华会馆”、“巴基巴梅托中华会馆”、“巴伦西亚中华会馆”、“华侨联合会”、“中华餐馆联谊会”等12个。

巴哈马（Bahamas）

国名 巴哈马国（The Commonwealth of The Bahamas）

面积 陆地面积13878平方公里，国土总面积（含水域）25.9万平方公里。

人口 35.36万（2010年），英语是官方语言。多数居民信奉基督教。

首都 拿骚

国内生产总值（2010年）：75.38亿美元

人均国内生产总值（2010年）：约2.1万美元

货币名称：巴哈马元

汇率（2010年）：1美元=1巴哈马元

简　况

位于美国佛罗里达州东南海岸对面，古巴北侧。由700多个岛屿及2000多个珊瑚礁组成，其中30个岛屿上有人居住。属亚热带气候，8月份最热，平均气温30℃；1月及2月份最冷，平均气温20℃。年平均气温23.5℃。年均降水量1000毫米。

1492年哥伦布首航美洲最先到达巴哈马群岛中部的圣萨尔瓦多岛（华特林岛）。1647年首批欧洲移民到此。1649年英属百慕大总督带领一批英国人占据群岛。1717年英国宣布巴哈马群岛为其殖民地。1783年英国、西班牙签订《凡尔赛和约》，正式确定该群岛为英属地。1964年1月实行内部自治。1967年实现黑人多数统治。1973年7月10日独立，为英联邦成员国。

主要岛屿上设地方专员。

经　济

巴是加勒比地区最富有的国家之一，人均国内生产总值在加勒比地区最高，在西半球国家中仅次于美国和加拿大。旅游业和金融服务业是该国国民经济的最重要的部门，其产值占国内生产总值的70%左右。近年巴政府提出经济多样化，加强发展工农业，努力吸引外资，取得一定成效。2010年国内生产总值达75.38亿美元。

资源 自然资源不丰富。有一定储量的天然气、盐和霰石。

工业 只有一些小型制造业。主要有水泥、食品加工、饮料、酿酒、手工艺品和制药等。

农渔业 土壤贫瘠，农业不发达，只种植少量蔬菜和水果，农作物主要是甘蔗、番茄、香蕉、玉米、菠萝、豆类等。80%的食品靠进口。巴海域是世界重要渔场之一，鱼种类繁多，水产品生产潜力很大。主要出产龙虾、海螺、石班鱼、马林鱼、旗鱼和金枪鱼等。

旅游业 是巴国民经济的支柱产业。平均每年接待游客约500万人次，收入占国内生产总值的40%左右；占外汇收入的60%以上。为巴提供了约50%的就业机会。天堂岛上的亚特兰蒂斯饭店举世闻名，有客房2500间。2010年，外国游客达530万人次，主要来自美国、加拿大和欧洲。

金融服务业 是巴国民经济的第二大支柱产业，年收入占国内生产总值的15%左右，为巴提供10%的就业机会。

交通运输 巴航空和海运发达。公路总长3350公里。水运方面，巴国是世界海运中心之一，主要港口有拿骚港和自由港。巴是世界第三大船舶注册国。空运方面，拿骚和自由港机场是两个主要国际机场，可降大型客机；另有55处国际机场，各主要岛屿间有运营航班。

同中国的关系 1997年5月23日，中巴两国建交。

华人经济

2009年旅居巴哈马的华侨人数为654人，58人为台商。大部分居住在首都，以经营杂货店、餐馆、洗衣店为主。目前居住在巴哈马的华侨华人80%为当地出生的华裔。老一代的华人多为广东新会、四邑等县移民，且多于1959年前从古巴移民此地。

目前华侨华人经营的事业约计有70家，其中杂货店18家，总资本约为260万美元。餐馆约17家，总资本额约320万美元，其中有10家开设于巴京本岛，约5家开设于大巴哈马岛之自由港。另有旅馆业5家，总资本500万美元。金融业有1家，资本有60万美元左右。另有各种服务业近30家。还有华侨经营的饮用水供应公司及印刷业等。

欧　　洲

比利时（Belgium）

国名　比利时王国（The Kingdom of Belgium）

面积　陆地面积为30528平方公里，领海及专属经济区3462平方公里。

人口　1066.7万（2010年）。官方语言为荷语、法语和德语。80%的居民信奉天主教。

首都　布鲁塞尔

国内生产总值（2010年）：3420亿欧元

人均国内生产总值（2010年）：3.07万欧元

货币名称：欧元

汇率（2010年5月）：1欧元≈1.42美元

简　况

位于西欧，北连荷兰，东邻德国，东南与卢森堡接壤，南和西南与法国交界，西北隔多佛尔海峡与英国相望。海岸线长66.5公里。属海洋性温带阔叶林气候。年平均气温9.1℃。

公元前克尔特族的比利其人在此居住。公元前57年起长期被罗马人、高卢人、日耳曼人分割统治。9～14世纪被各诸侯国割据。14～15世纪建立了勃艮第王朝。随后又陆续被西班牙、奥地利、法国所统治。1815年被并入荷兰。1830年10月4日独立。在两次世界大战中均被德国占领。第二次世界大战后加入北约。1958年参与创建欧共体。1993年完成国家体制改革，正式实行联邦制。

全国分为3个大区、10个省和589个市镇。

经　济

是发达的资本主义工业国，高度依赖国际经济环境，原材料的80%依赖进口，50%以上的工业产品供出口。高债务及高失业率是比经济发展中存在的主要问题。近年，受国际金融危机的影响，比经济受到严重冲击。

资源　矿产资源有限。煤储量约37亿吨，其中有约18亿吨具有开采价值。此外有少量的铁、锌、铅、铜等。有7座核电站，占比总发电量的57.7%左右。森林绿地面积约为6059平方公里，占全国总面积的20%左右。

工业　工业部门主要有钢铁、机械、有色金属冶炼、化工、纺织、玻璃、煤炭等行业。2010年工业附加值755.82亿欧元，约占国内生产总值的22.1%。

农业　农业人口占总人口不到2.4%，但却提供全国80%的粮食需求，同时还有部分加工食品可供出口，以赚取外汇。牧业以饲养猪和牛为主，牛肉和猪肉可满足国内需求。全国耕地面积约为137.5万公顷，其中牧场面积为62万公顷，谷物种植面积为29.5万公顷。

交通运输　公路运输为主，现有公路总长15.2万公里，其中高速公路1763公里。铁路总长3578公里。水运方面，内河航道总长1559.5公里。海港有3个，安特卫普港是比最大的海港，年吞吐能力超过1亿吨。空运方面，布鲁塞尔国际机场可停63家外航班机。空运联系着49个国家74个城市。

同中国的关系 1971年10月25日中比两国建交。

华人经济

在比利时的华侨华人2009年约为9000多人，大部分属于较早期移民比利时的。目前多已有了第二代，甚至第三代。祖籍大部分为广东、浙江温州、青田，少部分为上海、香港地区，尚有30%为当地出生。

华侨华人经营的企业规模均不大，多属中小企业，其中以餐饮业、杂货业及贸易业为大宗。近年来，由中国大陆移民至该国的也大多从事餐饮业，故餐饮业经营较吃力。目前，中式餐厅500多家、零售杂货店50余家及贸易商行30多家。

比利时第二大城市安特卫普市中心的唐人街，位于该城市的中央火车站附近，两边聚集了40多家华人商店与公司，当地华人商户与住户组成“唐人街街坊会”。该唐人街不但以其浓厚的中国特色与气息吸引顾客及观光者，街坊会还配合中国各传统节庆举办文化和市集活动，并在安特卫鲁一年一度大游行期间，举办相关活动以呈现中华文化特色，使唐人街成为安市一处出色的观光景点。

台湾地区移民至比利时的数目不多，有417人。目前成立有“比利时台湾商会”，会员约有40人，成员多属较早之移民，分布的行业较广，而以服务业为主。商会定期举办各类活动，以联络会员的感情。

法　国（France）

国名　法兰西共和国（The Republic of France）

面积　632834平方公里（包括4个海外省，其中本土面积543965平方公里）

人口　6314万（2010年底）。通用法语。64%的居民信奉天主教，3%的居民信奉伊斯兰教，其他人信奉新教、犹太教、佛教等其他宗教或自称无宗教信仰。

首都　巴黎

国内生产总值（2010年）：19328亿欧元

人均国内生产总值（2010年）：29805欧元

货币名称：欧元

汇率（2011年5月）：1欧元≈1.48美元

简　况

位于欧洲西部，与比利时、卢森堡、德国、瑞士、意大利、西班牙、安道尔、摩纳哥接壤，西北隔拉芒什海峡与英国相望。平原占国土总面积的2/3。主要山脉有阿尔卑斯山脉、比利牛斯山脉、汝拉山脉等。濒临北海、英吉利海峡、大西洋和地中海。边境线总长为5695公里，其中海岸线长2700公里，陆地线长2800公里，内河线长195公里。领海宽度为12海里。西部属温带海洋性气候，南部属亚热带地中海式气候，中部和东部属大陆性气候。1月平均气温北部2～5℃，南部6～8℃；7月北部17～20℃，南部20～23℃。

公元5世纪，法兰克人移居至此，843年成为独立国家。17～18世纪路易十四统治时期达到封建社会鼎盛时代。1789年7月14日爆发资产阶级大革命，起义者攻占巴士底狱，此后曾先后建立过5次共和国和2次帝国。1871年3月，巴黎人民武装起义，成立巴黎公社，当年5月被镇压。1958年戴高乐领导建立第五共和国。历经蓬皮杜、德斯坦、密特朗、希拉克、萨科齐出任总统。

全国划分为大区、省和市镇。法国本土划分22个大区、96个省，另有4个海外单省大区、6个海外行政区和1个地位特殊的海外属地。全国共有36682个市镇。

经　济

法国是传统的经济强国，是世界七大工业国之一。工业、农业、服务业三大产业发展相对均衡，整体经济实力在第二次世界大战后相当长时期内排列于世界前5强。近年，随着新兴经济体的高速崛起，法国在全球的地位有所下滑，目前法国列世界第7～8位。尽管如此，法国在能源（主要是核能）、交通、电信、航空航天等领域的研发和生产始终保持世界领先水平。法国在经历了全球金融危机后，2010年，在全球经济回暖的背景下，法国经济开始走出衰退境地，国内生产总值缓慢增长。

资源　法国自然资源比较缺乏，铁矿石完全依靠进口。有色金属储量很少，几乎全部依赖进口。能源主要依靠核能，水力和地热资源的开发利用比较充分。森林面积约 1556.5 万公顷，覆盖率约 30%。

工业 工业在法国经济中占重要位置，国家每年用于研发的财政支出 4/5 用于工业，工业产品出口在全部商品与服务出口贸易中的比重也达到 80%。法国工业产值约占国内生产总值 20%左右，从业人员约占法国总劳动人口的 24%。主要工业部门有汽车制造、造船、机械、纺织、化学、电器、动力、日常消费品、食品加工和建筑业等。其中，钢铁、汽车和建筑业是法国三大工业支柱。近年来，法国核能、石油化工、海洋开发、航空航天等新兴工业部门发展较快。现今法国核电设备能力、石油和石油化工技术仅次于美国，居世界第 2 位；航空航天工业仅次于美国和独联体居世界第 3 位。钢铁、纺织业占世界第 6 位。

农牧业 法国地理位置优越，发展农业生产自然环境良好，法国耕地分布于北纬 45 度附近，雨水充沛，阳光充足，温度适宜，很适合当地农作物的生长。2010 年法国农业用地占其国土面积的 54%，其中，农作物用地占 36%，畜牧业用地占 18%。农业用地共 2915 万公顷，其中可耕地面积 1827 万公顷，草场用地 975 万公顷，果园及葡萄园用地 113 万公顷。2010 年，法国农业劳动力有 100 万人，占全国就业人口的 4%。农场有 49 万家，其中大中型农场占 2/3，总占地面积为全部农用地的 93%。法国所有农场几乎全部都实现了机械化。法国中北部地区是谷物、油料作物、蔬菜、甜菜的主产区，西部和山区为饲料作物主产区，地中海沿岸和西南部地区为多年生作物（葡萄、水果）的主产区。法国是世界最大的葡萄酒生产国和出口国，酿酒业是法国农业中的重要部门之一。食品加工业是法国外贸出口获取顺差的支柱产业之一，其出口额仅次于美国居世界第 2 位。2010 年，法国主要畜产品牛肉产量 155 万吨、鸡肉产量 110 万吨、猪肉 226 万吨。

旅游业 旅游业是法国经济的强项，是著名的旅游大国，每年创收约占国内生产总值的 1/20。2010 年，法国共接待外国游客 7680 万人次，赴法游客中，欧洲人占 84.7%，美洲游客次之占 7.3%，亚洲游客占 4.3%。共有宾馆 17070 家，其中半数以上是两星级，四星及以上豪华宾馆仅 952 家，客房共 61.2 万间。首都巴黎、地中海和大西洋沿岸风景区、阿尔卑斯山区以及科西嘉岛及一些海外省均是著名旅游胜地。法国一些著名的博物馆收藏着世界文化的宝贵遗产。此外，法国还有一些历史名城和众多古堡，吸引着众多游客前往参观游览。

交通运输 法国交通发达，公路、铁路、航空四通八达。公路总长约 105 万公里，其中高速公路 11392 公里，国道 9754 公里，省道 38 万公里，地方公路 65 万公里。铁路总长 3.1 万公里，其中高速铁路 1884 公里，快速铁路 8279 公里，其他铁路 2.1 万公里。水运方面，内河航道总长 8501 公里，其中常用水道 5110 公里。巴黎是主要的内河港口。内河运输船总计 2000 艘。法国主要的海港是马赛港和勒阿弗尔港，2010 年货物吞吐量分别为 8600 万吨和 7020 万吨。空运方面，法国共有机场 494 个，巴黎戴高乐机场是法国最大的机场。法国航空公司是法国最大的航空公司，同时也是欧洲第二大航空公司。

同中国的关系 1964 年 1 月 27 日中法两国建交。

华人经济

据有关资料统计，2009 年法国的华侨华人共有 45 万人，另一推测数字为近 60 万人，其中半数以上约 25 万人留居在大巴黎地区，使巴黎成为全欧洲华侨华人人口最多的城市。法国华侨华人以来自广东潮州地区人数最多，多半聚居在巴黎 13 区，其次为来自浙江省，主要来自温州地区(已占到巴黎美丽城华人的 60%)；还有部分华侨华人是 20 世纪 70 年代中期来自柬埔寨、老挝和越南的移民；晚些出现的另一批移民来源地是中国的东北地区，主要居住在第 3、4、5、11、19 区等区域。

法国华侨华人多居住在巴黎市郊的 CHOISY 一带，如今 CHOISY 是巴黎最大的华人区，约有 5 万华人居住，形成一个中国城。另外，巴黎第 13 区则约有 3.5 万名华人居住，是最早发展起来的中国城，附近的商业活动非常发达。近年来巴黎第 19 区亦有不少的华人聚集定居，也慢慢形成一华人区。

“巴黎中国城”是祖籍浙江青田的华裔侨领孙正满投资建成的。目前的巴黎中国城拥有星级酒店、酒楼、文化交流中心、国际贸易博览中心等配套设施，是一座集中国园林与仿古艺术于一身的建筑群体，同时也是华人在欧洲最大的物业。

法国的华侨华人多数从事餐饮（据统计，全国有中餐馆 8000 家，仅在大巴黎地区就集中了 3600 家左右）、杂货业，除了一些大型的服务业外，制造业中除了服装业则以电子资讯产业最多，主要从事电脑周边零件之配销。

近几年，法国的华人服装业迅猛发展，大大小小的近 250 家华人时装批发公司遍布巴黎 11 区 VOLTAIRE、POPINCOURT、CHEMIN VERT、SEDAINE 等主要时装批发街区，成为法国中低档时装发展的主要力量。这些来自瑞安、温州、青田、文成等地区为主的华侨华人，在世界时装之都取得了不小的成绩。

法国的华侨华人由于长期的勤俭奋斗，大都生活稳定、安居乐业。侨社组织活动兴旺，先后成立了“法国华商总会”、“法华工商经贸协会”、“华人服装总会”、“法国亚裔总商会”、“法国越南、柬埔寨、老挝华侨联谊会”、“法国华人会”、“巴黎中华会馆”、“法国台湾商会”、“法国台湾协会”等。这些华侨社团联合成立了“中国总会”，负责为华侨华人谋福利，加强各侨社间的联系与服务。

爱尔兰（Ireland）

国名 爱尔兰共和国（The Republic of Ireland）

面积 7.02万平方公里

人口 458万（2011年4月）。绝大部分为爱尔兰人。爱尔兰语和英语为官方语言。94%的居民信奉罗马天主教，其他信奉基督教新教等。

首都 都柏林

国内生产总值（2010年）：1559.92亿欧元

人均国内生产总值（2010年）：34892欧元

货币名称：欧元

汇率（2010年平均）：1欧元＝1.3268美元

简　况

爱尔兰是大西洋上的一个岛国，位于欧洲西部的爱尔兰岛中南部。西濒大西洋，东北与英国的北爱尔兰接壤，东隔爱尔兰海与英国相望。陆地边界线总长360公里，西、北和南部三面濒临大西洋，海岸线长3169公里。全境地势南北高峭，中间低坦。属温带海洋性气候，平均气温3月为3.2℃，8月为16.2℃。

公元432年，圣帕特里克到此传播基督教及罗马文化。1169年遭英国入侵。1541年英王成为爱尔兰国王。1916年，都柏林爆发抗英的“复活节起义”。1921年12月6日，英被迫允许爱南部26郡成立“自由邦”，北部6郡仍归英国。1937年爱宣布“自由邦”为共和国，仍留在英联邦内。1948年12月21日脱离其联邦。1949年4月18日英承认爱尔兰独立，但拒绝归还北部6郡。

全国划分为26个郡和4个郡级市，此外还有7个非郡级市，郡下设市区和镇。

经　济

爱尔兰是一个以农牧业生产为主的国家，长期被称为“欧洲农村”。20世纪90年代以前还是一个工业产品“零出口国”，80%的贸易依赖英国市场。到了90年代，爱尔兰经济出现了持续增长，年增长率在5%～11%之间，从欧洲经济不景气的弱国，变成全球效仿的成功典范。但随着全球金融危机的爆发，爱尔兰依赖房地产和金融服务业的经济增长模式首当其冲，遭遇严重打击，使得爱尔兰当年经济萎缩，陷入衰退。2010年爱尔兰财政赤字和国债占国内生产总值的比例分别达到32%和95%。

资源 矿产资源中，铅锌矿储量较丰富，是欧洲最大的铅锌生产国。锌的产量占世界产量的4.3%，铅的产量占世界产量的2%。泥煤分布占全国面积的13%。天然气储量约为382亿立方米。爱尔兰沿海发现油田，但储量很少。爱尔兰能源需求的70%依靠进口。

工业 爱尔兰工业基础薄弱，传统工业主要是电子、电信、化工、制药、机械制造、采矿、纺织、制衣、皮革、造纸、印刷、食品加工、烟草、木材加工等部门。

几年来，制造业产量以年均5%左右的速度增长，其中产量大幅增加的部门是化学产品和人造纤维。

农牧渔业　爱尔兰是以畜牧业为主的国家，耕地和林地面积占该国陆地面积的75%。农作物主要有大麦、小麦、燕麦、马铃薯等。畜牧业主要是养牛、养羊和养猪。爱尔兰三面临海，内湖多如繁星，渔业资源丰富。渔业在爱尔兰经济中发挥着重要作用，同时提供了不少的就业机会。

旅游业　爱尔兰自然环境优美，气候宜人，为旅游业提供了得天独厚的条件，西部湖区及沿海风景区等是著名旅游景点。游客主要来自英国、美国、加拿大和欧洲大陆国家。2010年爱尔兰共接待国外游客603.7万人次。

交通运输　海、陆、空运输设施齐全。公路总长9.6万公里。铁路总长3314公里。水运方面，绝大多数国际贸易货物运输由海运完成。主要港口有都柏林、科克、香农，三大港口均为国营运输设施，承担着80%的海运货物量。空运方面，拥有都柏林、科克和香农3个国际机场。与8个国家的29个城市有定期航班。

同中国的关系　1979年6月22日中爱两国建交。

华人经济

爱尔兰的华侨华人2009年约有1.7万人，占当地人口的0.52%，大部分都是早期从中国大陆来的移民。与其他地区相类似，华侨华人所从事的行业仍以餐饮、超市、杂货业、零售以及服务业为主，而且规模不大。近年来有少数台商约100人至该国投资，部分从事电子零组件的生产以提供当地系统厂商的需求，部分从事进出口贸易，多属中小企业。

目前较具组织的华侨华人社团为“华协会”。

荷　兰（Netherlands）

国名　荷兰王国（The Kingdom of Netherlands）

面积　41528平方公里

人口　1665.58万（2011年4月）。90%以上为荷兰族，此外还有弗里斯族。荷兰语是官方语言，弗里斯兰省讲弗里斯语。29%的居民信奉天主教，19%的居民信奉基督教。

首都　阿姆斯特丹

国内生产总值（2010年）：5665亿欧元

人均国内生产总值（2010年）：28000欧元

货币名称：欧元

汇率（2010年6月）：1欧元≈1.24美元

简　况

位于欧洲西北部，东邻德国，南接比利时，西、北濒北海。海岸线长1075公里。24%的面积低于海平面，1/3的面积仅高出海平面1米。从13世纪即开始围海造田，增加土地面积约60万公顷。属海洋性温带阔叶林气候。平均气温沿海地区夏季16℃，冬季3℃；内陆地区夏季17℃，冬季2℃。年平均降水量797毫米。

16世纪前，长期处于封建割据状态。1568年爆发延续80年的反抗西班牙统治的战争。1581年北部七省成立荷兰共和国（正式名称为尼德兰联合共和国）。1648年，西班牙正式承认荷兰独立。17世纪曾为海上殖民强国。18世纪后，荷兰殖民体系逐渐瓦解。1795年法军入侵，1814年脱离法国，翌年成立荷兰王国。1848年成为君主立宪国。第一次世界大战期间，荷兰保持中立。第二次世界大战初期荷兰宣布中立。1940年5月德军入侵，荷王室和内阁成员流亡英国，成立流亡政府。战后放弃中立政策，加入北约和欧共体及后来的欧盟。

全国划分为12个省，省下设443个市镇（2007年）。另有博纳尔、圣尤斯特歇斯和萨巴3个海外特别行政区以及阿鲁巴、库拉索、圣马丁3个海外属地组成。

经　济

荷兰是发达的资本主义国家，西方十大经济强国之一。属外向型经济，80%的生产原料靠进口，60%以上的产品供出口。荷80%的对外贸易在欧盟国家内进行。商品出口与服务出口约占荷国民生产总值的67.2%，进口占62.4%，电子、化工、水利、造船以及食品加工等领域技术先进，金融和保险业发达。农业高度发达，农产品出口额居世界前列。近年受国际金融危机影响，经济发展减缓。

资源　自然资源匮乏，但有丰富的天然气储藏，能自给有余可供出口。

工业　工业发达。主要工业部门有食品加工、石油化工、冶金、机械制造、电子、钢铁、造船、印刷、钻石加工等。鹿特丹是欧洲最大的炼油中心。荷兰是世界主要造船国家之一。

农牧渔业　荷兰农业高度集约化。其结构是：畜牧业占50%，园艺业占38%，农田作物占12%。农产品和食品净出口在世界上名列第一。荷兰花卉生产发达，每年出口创汇约100亿欧元，占世界市场的60%。

交通运输 陆、海、空运输非常发达，是欧洲大陆重要的交通枢纽。阿姆斯特丹机场是荷兰和欧洲主要机场之一，曾多次获得世界最佳机场称号。铁路有2800多公里。公路132397公里。

同中国的关系 1954年11月19日中荷两国建立代办级外交关系，1972年5月18日升格为大使级。

华人经济

据2009年资料统计，荷兰华侨华人有11.2万人，其中来自中国内地将近5万人，来自港澳地区有2万多人，来自东南亚的印尼、新加坡、马来西亚等地的约1.6万多人，来自台湾的约2100人。另外在荷兰出生的华裔约3万人。老侨以广东省籍为主，其次为江苏省及浙江省籍。就居住地而言，华侨华人分布于荷兰各城镇，正因为居住地分散，所以荷兰华侨华人未有像华侨华人在英国或法国那样形成特定唐人街的情况，但早期移民因多经营餐饮（2006年统计数字，荷兰拥有2200多家中餐馆，占全荷各类餐馆的28%）、旅游业，故仍以聚居于阿姆斯特丹与鹿特丹两大城市为最多。新移民包括台湾移民因多从事电脑周边制造、贸易业，主要居住于鹿特丹。

20世纪末，荷兰华侨华人社团组织已有60余个，较具规模的有“全荷华人社团联合会”、“旅荷华侨总会”、“旅荷华侨联谊会”、“荷兰华裔协商会”等。

英 国（United Kingdom）

国名 大不列颠及北爱尔兰联合王国（The United Kingdom of Great Britain and Northern Ireland）

面积 24.41 万平方公里（包括内陆水域）。英格兰地区 13.04 万平方公里，苏格兰 7.88 万平方公里，威尔士 2.08 万平方公里，北爱尔兰 1.41 万平方公里。

人口 6218 万（2010 年）。英语是官方语言。多数居民信奉基督教。

首都 伦敦

国内生产总值（2010 年）： 14584.52 亿英镑（折合 22502.09 亿美元）

人均国内生产总值（2010 年）： 23527 英镑

货币名称： 英镑

汇率（2010 平均）： 1 英镑＝1.5460 美元；1 英镑＝1.1664 欧元

简 况

位于欧洲西部的岛国，由大不列颠岛（包括英格兰、苏格兰、威尔士）、爱尔兰岛东北部和一些小岛组成。隔北海、多佛尔海峡、英吉利海峡与欧洲大陆相望。海岸线总长 11450 公里。属海洋性温带阔叶林气候。最高气温不超过 32℃，最低气温不低于－10℃。西部和北部年降水量超过 1100 毫米，其中山区超过 2000 毫米，中部低地为 700～850 毫米，东部、东南部只有 550 毫米。

公元 1～5 世纪，大不列颠岛东南部受罗马帝国统治。后盎格鲁、撒克逊、朱特人相继入侵。7 世纪开始形成封建制度。829 年英格兰统一，史称“盎格鲁—撒克逊时代”。1066 年诺曼底公爵威廉渡海征服英格兰，建立诺曼底王朝。1536 年英格兰与威尔士合并。1640 年爆发资产阶级革命。1649 年 5 月 19 日宣布为共和国。1660 年王朝复辟。1688 年发生“光荣革命”，确立了君主立宪制。1707 年英格兰与苏格兰合并。1801 年又与爱尔兰合并。18 世纪 60 年代至 19 世纪 30 年代成为世界上第一个完成工业革命的国家。1914 年占有的殖民地比本土大 111 倍，是第一殖民大国，自称“日不落帝国”。1921 年爱尔兰南部 26 郡成立“自由邦”，北部 6 郡仍归英国。第一次世界大战后英国开始衰落，其世界霸权地位逐渐被美国取代。第二次世界大战严重削弱了英国经济实力。随着 1947 年印度和巴基斯坦的相继独立，英殖民体系开始瓦解。目前，英国在海外仍有 13 块领地。1973 年 1 月英加入欧共体。

全国划分为英格兰、威尔士、苏格兰和北爱尔兰四部分。英格兰划分为 43 个郡。苏格兰下设 32 个区（包括 3 个特别管辖区）。威尔士下设 22 个区。北爱尔兰下设 26 个区。苏格兰、威尔士议会及其行政机构全面负责地方事务，外交、国防和国家安全、总体经济和货币政策、就业政策以及社会保障等仍由中央政府控制。

经 济

英国经济状况排在德国和法国之后，居欧盟第 3 位，世界第 6 位。英国是世界上经济私有化程度最高的国家之一，私有企业是英国经济的主体，其产值占国内生产总值的60%以上。服务业包括金融、保险、零售、旅游和商业等，是英国经济的支柱产业，传统的制造业如钢铁、煤炭、纺织等，在英国产业结构调整中日趋萎缩。近年受国际金融危机影响，英经济发展受阻，经济形势严峻。

资源 英国是欧盟中能源最丰富的国家，也是世界主要生产石油和天然气的国家，同时也是世界上开发利用核能最早的国家之一。主要能源有煤、石油、天然气、核能和水力等，其中天然气已取代石油和煤炭成为主要能源形式。英国森林资源还是比较丰富的，覆盖率约为国土面积的12%，2011年数字显示，英国森林面积为307.8万公顷。英国非能源资源不丰富，主要的工业原料依靠进口。

工业 英国工业基础雄厚，是工业革命的发祥地，同时也是最早实现工业化的国家之一，技术先进，有一整套良好的管理和营销体系。主要工业部门有采矿、化工、塑料、制药、电子、汽车、航空、食品、饮料、烟草、轻纺、造纸、出版印刷、机械、建筑等。英国的信息技术、生物科学、航空和国防是英最具创新力和竞争力的行业。随着英服务业的不断发展完善，其制造业自20世纪80年代起开始萎缩，但电子和光学设备、人造纤维和化工产品、特别是制药行业仍保持了雄厚实力。英科技产业非常发达，科技成果显赫。

农牧渔业 英国农业较发达，全国77%的土地用于农业，多数土地是草场和牧场，仅有近1/4用于农耕。农业可以满足国内食品需求总量的2/3。除糖和奶酪，英国的主要农产品实现高度自给。农作物主要有小麦、大麦、燕麦、马铃薯、甜菜、油菜等。2010年，全国种植业收入43.8亿英镑。英国是欧洲重要的捕鱼国之一，渔业捕捞量能满足本国2/3的需求。2010年，英有在册渔船6477艘。主要进口鱼为鳕鱼、金枪鱼和虾类，主要出口鲭鱼、鲑鱼和鲱鱼等。

服务业 服务业是英国经济的支柱产业，主要是金融保险业、零售业、旅游业和商业服务等。近年，服务业发展迅速。英国伦敦是世界著名金融中心，从事跨国银行借贷、外汇贸易、国际债券发行、基金投资等业务，同时也是最大保险市场，最大黄金现货交易市场、船贷市场和重要非贵重金属交易中心，并拥有数量最多的外国银行分支机构或办事处。

旅游业 英国是世界旅游大国，是英国经济的支柱产业，产值占国内生产总值的5%，从事旅游业的人员约有210万。2010年共接待海外游客2963.7万人次，海外游客主要来自法国、美国、爱尔兰、德国、西班牙和荷兰等国。主要旅游点有伦敦、爱丁堡、加的夫、布赖顿、格林尼治、斯特拉福、牛津和剑桥等。约54%的海外游客主要在伦敦参观游览。

交通运输 交通基础设施较齐全，陆路、铁路、水路、航空运输发达。伦敦有十分发达的地铁网。英国和法国的海底隧道将英国的铁路系统与欧洲大陆的铁路系统连接起来。铁路总长1.66万公里，全国铁路与伦敦地铁分别承担了铁路系统运输量的49%和44%，其余由轻轨承担。2010年，公路总长394253公里，其中次级公路（包括B级、C级及未分级公路）为343989公里（占87.3%），承担了35.9%的运输里程；A级公路46707公里（占11.8%），承担了44.3%的运输里程；高速公路长3558公里（占0.9%），承担了19.8%运输里程。水运方面，有约3200公里的内河航线，主要用于观光游览及改善自然环境，部分航道用于货运。泰晤士河是繁忙的内陆水运河，其次是福斯河。英国共有大小港口300多个，其中年吞吐量在100万吨以上的52个港口承担了全国97%的吞吐量。2010年英国港口总吞吐量为5.12亿吨。格里姆斯比—伊明赫姆港以年吞吐量5400万吨居英第一大港，伦敦港位居第二位。空运方面，英国地面交通运输发达，国内航空运输航线很少，主要以国际航线为主。英国航空公司是英国最大的航空公司，同时也是世界上最大的航空公司之一。位于伦敦的希思罗机场是世界最繁忙的机场之一，盖特威克机场是英第二大机场。

同中国的关系　英国于1950年承认新中国。1954年6月17日，中英建立代办级外交关系。1972年3月13日，中英两国签订升格为大使级外交关系的联合公报。

华人经济

据有关资料显示，英国华侨华人2012年约60万人，是英国第三大少数族群，华侨华人家庭也发展到第三代。其中八成以上来自香港地区，其余则来自中国台湾、新加坡和马来西亚、中国大陆等地。英国是欧洲华侨华人最多的国家之一。英国华侨华人大多居住在伦敦附近，另外还有中部的伯明翰、威尔斯的卡地夫、西北部的曼彻斯特，苏格兰地区则以在爱丁堡、格拉斯哥及亚伯丁等大城市为多。

早期英国华侨华人多以劳力谋生，如小贩、零售业、餐饮业、洗衣业等。其后餐饮业急速成长，成为华侨华人主要从事的行业。目前全英有5000多家中餐馆和万余家中餐外卖店，遍布英国各地，占全英餐馆业的1/4。食品加工方面，英国有不少华人经营的较具规模的食品公司，如“七海冻品公司”、“远东食品有限公司”、“志业肉类批发公司”、“和兴食品有限公司”等。此外，还有华侨华人利用其充裕资金经营贸易业、航运、金融及旅游等。目前英国政府放松了对开设中医诊所的限制，中医诊所和中药店共有2000多家。华侨华人在英国属于较富有的族群。

从早期的英国华侨华人社团的形成和发展来看，中国传统社会结构仍然起到很大作用，建立在血缘、宗教、地缘关系上的华侨社团构成英国华人社团的主流。现阶段全英共有160多个华侨华人团体，可区分为传统侨社和新兴侨团，共包括“中山协会”、“华侨协会”等数十个侨团、数个宗教团体及英国华商总会。其中参加传统侨社活动的约20万人，新兴侨社约5万人。

奥地利（Austria）

国名 奥地利共和国（The Republic of Austria）

面积 83871平方公里

人口 841.46万（2011年）。德语为官方语言。78%的居民信奉天主教。

首都 维也纳

国内生产总值（2010年）：2840亿欧元

人均国内生产总值（2010年）：33850欧元

货币名称：欧元

简　况

位于中欧南部的内陆国家。东邻斯洛伐克和匈牙利，南接斯洛文尼亚和意大利，西连瑞士和列支敦士登，北与德国和捷克接壤。属海洋性向大陆性过渡的温带阔叶林气候。平均气温1月为－2℃，7月为19℃。

公元996年，史书中第一次提及"奥地利"。12世纪中叶在巴本贝格王族统治时期形成公国，成为独立国家。1278年开始了哈布斯堡王朝长达640年的统治。18世纪初，哈布斯堡王朝领土空前扩大。1815年维也纳会议后，成立了以奥为首的德意志邦联。1866年奥在普奥战争中战败，邦联解散。1867年与匈牙利签约，成立奥匈帝国。1918年第一次世界大战结束后，帝国解体，成立共和国。1938年3月被德国吞并。第二次世界大战后被苏、美、英、法4国占领。1945年4月成立第二共和国。1955年5月，4个占领国同奥签订《重建独立和民主的奥地利国家条约》，宣布尊重奥的主权和独立。10月占领军撤出，奥地利重新获得独立。10月26日奥国民议会通过永久中立法，宣布不参加任何军事同盟，不允许在其领土上设立外国军事基地。

全国划分为9个州，州下设市、区、镇（乡）。

经　济

奥采取的是社会化的市场经济体系，政府在一些经济领域做些调控。自2009年，受国际金融危机的影响，奥经济发展放缓。2010年奥经济加快了复苏的步伐，主要经济指标明显好转。

资源 矿产资源主要有石墨、镁、褐煤、铁、石油、天然气等。森林覆盖率为39.8%，有林场400万公顷，林蓄积量约10.95亿立方米。水力资源丰富。

工业 主要工业部门有采矿、钢铁、机械制造、电子和汽车发动机制造、化工、造纸和纺织等。

农林业 奥农业发达，机械化程度高，农产品自给有余。可耕地面积占全国面积的16.2%，牧场145万公顷。主要农作物有小麦、黑麦、玉米、马铃薯、甜菜等。

旅游业 旅游业发达。2010年，全国有各类旅馆65600家，共有床位105.1万张。主要旅游景点分布在蒂罗尔州、萨尔茨堡州、克恩滕州、施蒂利亚州和维也纳州。旅客主要来自德、荷、英、瑞士、意大利等国。

交通运输 奥地利位居欧洲中部，是欧洲重要的交通枢纽。铁路总长 5702 公里。全国各类公路总长约 10.7 万公里，其中高速和快速公路约 2144 公里。水运方面，内河航线长 350 公里。空运方面，奥地利航空公司与蒂罗尔航空公司、劳达航空公司共同组成 AUA 集团，有飞机 80 架，飞往 66 个国家 130 个城市。有 6 个机场，主要国际机场是维也纳施威夏特机场。

同中国的关系 1971 年 5 月 28 日中奥两国建交。

华人经济

据 2012 年资料介绍，奥地利的华侨华人约有 3 万人，其中来自台湾地区的移民约有 2096 人，其余祖籍为福建、广东、浙江、上海、北京等地。

目前奥地利的华侨华人绝大部分经营餐饮业，自 1940 年奥地利第一家中国餐馆诞生以来，发展至今奥地利全境共有 1200 家中国餐馆。华侨华人少部分经营电脑及电子产品、贸易业、杂货业或旅游相关的行业，从事制造业则非常少。

早期移民至奥地利的华侨华人，大多经营餐饮业，中餐馆有 1000 余家，平均资本额约 20 万～50 万美元，其中有 300 家在维也纳地区。近年来由于当地人对中餐馆的形象有误解，加上同业间竞争激烈，经营受到影响，目前已有部分中餐馆改为经营日式或东南亚料理，即所谓“亚洲式料理餐馆”。受到中餐馆不景气的影响，华人经营的杂货业也呈现经营困难。

在电脑、电子贸易业方面，目前约有 30 家的台湾厂商在当地设立据点，作为货品销往东欧国家的集散地，每家资本额约为 20 万～50 万美元，都属于小规模经营。

华侨华人经营的旅游相关行业约有 22 家，每家资本额约 10 万～50 万美元。台商经营 3 家。因中国及东南亚到奥地利观光的团体逐年增多，该行业营业情况良好，受其影响所致，当地的运输业状况也颇佳。

在制造业方面，奥地利华侨华人所经营的工厂以食品制造及化工业为主。华人经营的食品制造业一共有 4 家，平均资本额约 5 万～50 万美元，以豆芽、豆腐等食品加工为主，虽规模不大，但客源固定，生意稳定维持。较著名的厂商为化工业之“大颖化工公司”，在 1995 年时将奥地利 Atmasa Petrochemic Gmbh 买下，投资资本额大约 2800 万美元，经营状况良好，是台商在欧洲的典范企业之一。

奥地利华侨华人社团组织较多，如“旅奥中国人协会”，共有会员 700 多人，“台商协会”会员约 40 人，还有“中华妇女会”等，故华侨华人在当地的联谊性活动不少。

德　国（Germany）

国名　德意志联邦共和国（The Federal Republic of Germany）

面积　35.7 万平方公里

人口　8160 万（2010 年）。通用德语。居民中 29.9% 的人信奉基督教新教，30.7%的人信奉罗马天主教。

首都　柏林

国内生产总值（2010 年）：24976 亿欧元

人均国内生产总值（2010 年）：30377 欧元

货币名称：欧元

汇率（2010 平均）：1 欧元＝1.3268 美元

简　况

位于欧洲中部。东邻波兰、捷克，南毗奥地利、瑞士，西接荷兰、比利时、卢森堡、法国，北接丹麦，濒临北海和波罗的海。海岸线长 2389 公里。西北部海洋性气候较明显，往东、南部逐渐向大陆性气候过渡。平均气温 1 月－6～1.5℃，7 月 17～20℃。

公元 962 年建立德意志民族的“神圣罗马帝国”。1871 年建立统一的德意志帝国。1914 年挑起第一次世界大战。1919 年建立魏玛共和国。1939 年发动第二次世界大战。战后被美、英、法、苏四国占领。1949 年 5 月 23 日西部颁布《基本法》，建立德意志联邦共和国。同年 10 月 7 日东部成立德意志民主共和国。1990 年 10 月 3 日民主德国正式加入联邦德国，至此德国实现统一。

全国划分为联邦、州、市镇三级，共有 16 个州，12229 个市镇。

经　济

德国是高度发达的工业国，经济实力很强，居欧洲首位，是世界经济强国，并曾连续六年保持世界头号出口大国地位。2010 年德国出口增长 14.2%，进口增长 13%，内需增长达到 2.4%。外贸和内需的增强是德国经济增长的主要动力。

资源　德国资源较匮乏，除硬煤、褐煤和盐储量丰富外，原料和能源的供应主要依靠进口，2/3 的初级能源需进口。已探明硬煤储量 2300 亿吨，褐煤约 800 亿吨，钾盐约 130 亿吨，铁矿石 16 亿吨，石油 5000 万吨，天然气约 5000 亿立方米。德国东南部有少量铀矿。森林面积 1110 万公顷，占国土面积的 1/3。

工业　工业是德国经济的支柱，对其经济的发展起着极其重要的作用。德国工业在世界上占据着举足轻重的作用。德国工业布局均衡、各地区根据其资源情况和地理条件，因地制宜地发展本地区的工业。2010 年，工业总产值 5319 亿欧元，占国内生产总值的 21%。德国约有 4.8 万家工业企业，雇用人员 680 万。德国企业的特点是，大企业很少，千人以上的企业占整个工业企业的 1.7%，而员工在 100 人以下的工业企业占整个工业企业的 3/4。中小企业在德国占据了绝大多数，而这些中小企业专业化较强，平均技术水平较高，他们生产的高质量的机器产品在国际市场享有很高的声誉。德国的大型企业虽数量不多，但其垄断程度高。其职工人数占德国整个工业企业职工总数的32%（约220万人）。大型企业的营业额占据了整个工业企业营业额的一半以上。汽车工业、机器设备制造业、化学工业、电气工业是德国最重要的工业部门，这几个产业的产值总和占德国工业总产值的40%。德国是世界上第三大汽车生产国，其汽车产量仅次于日本和美国。德国东部地区工业主要有机器制造、化工、光学仪器制造、褐煤和钾盐的开采，轻纺和食品加工等部门集中在南部和中部地区。

农牧业 德国农牧业发达，是世界上农产品出口大国，拥有发达的种植、林、牧和渔业，农业机械化程度很高。2010年农业就业人口110万，该年粮食产量为4380万吨。其中小麦产量为2270万吨，大麦产量为1030万吨，黑麦产量为300万吨。2010年德国共出口530万吨谷物，进口谷物420万吨。

旅游业 德国人十分喜爱旅游，旅游业发达。每年都有大量国内外游客在德国旅游或度假。著名旅游景点有科隆大教堂、柏林国会大厦、波恩文化艺术展览馆、罗滕堡、巴伐利亚新天鹅石宫、德累斯顿画廊等。

交通运输 德国作为欧洲的中心，是联系欧洲各地区的枢纽，并在国际运输中占有重要地位。德国交通运输很发达，是全国经济的重要组成部分。公路、水路和航空运输全面发展，但以公路运输为主，其密度为世界之冠。铁路总长40412公里，其中电气化铁路长约1.9751万公里。公路总长23.17万公里，其中高速公路1.26万公里。水运方面，德有远洋商船645艘，总吨位1581万吨。德航空运输发达，民航企业305家，各种商用飞机20916架。法兰克福机场是世界主要机场之一。

同中国的关系 中国于1972年10月11日与联邦德国建交。

华人经济

据当地有关资料显示，2010年德国的华侨华人总数在15万人左右，其中执中国护照的有78960人，绝大部分来自广东和浙江。广东省籍和浙江省籍华侨华人各占40%，剩下的20%华侨华人来自福建、江苏、东北、山东等地，来自台湾地区的有8000人，最早到德国的是浙江省青田人及山东省的江湖艺人。

德国华侨华人居住比较分散，散居于全德的100多个大中小城市，这些城市大部分属于西部德国，主要有柏林、汉堡、波恩、法兰克福、慕尼黑、不来梅、科隆、斯图加特、杜塞尔多夫等城市。

德国华侨华人许多都是属于较早期的移民，在德国生活了二三十年，目前已有第二代及第三代，加入德国籍的几乎占一半。德国的华侨华人移民历史虽久，但没有像在法国等其他欧洲国家那样形成“唐人街”的华侨华人聚居区。

德国的华侨华人目前主要经营的行业有餐饮业、中医以及旅游业。其中经营餐饮业的比例最大，约有80%以上的华侨华人从事餐饮业，中餐馆和华人快餐店超过7000家。

德国政府早期限制华商经营的范围，只允许他们经营餐饮业。这就使得中餐馆在德国各地开花。在德国某些只有几千人的小镇上，也能遇到中餐馆。早期的移民多数仍从事餐饮服务业，例如杜塞尔多夫和北威州的华侨华人有80%以上以经营中餐馆为生，当地中餐馆超过300多家。由于受当地经济状况的影响，以及经营者本身不当的经营方式，如卫生条件、餐厅外观与环境有待改进和加强，目前中式餐厅在当地被列为低端价位的消费，不但远不及日本餐馆的形象，甚至连其他国家的餐厅，例如泰国餐馆都有凌驾中式餐馆之上的趋势。以法兰克福（Frankfurt）为例，当地的华人大部分是属于较早的移民，多数从事餐饮业，但近年来转手歇业者不在少数，然而也有经营情况很好的，如华人邝伟森在汉堡的火车站旁开了一家酒店，主要经营粤菜，生意十分红火。他的餐馆名字叫作“中国酒家”。以“北京烤鸭”招揽顾客的中餐馆“太和饭殿——北京烤鸭”在柏林仅此一家，顾客也甚多。在恩格斯故乡乌巴达市恩格斯街，恩格斯故居后面的“中外酒楼”是浙江温州人开的。它是一幢6层楼房建筑，其规模在中欧中餐馆中也算是较大的了。

中医在德国民间十分受欢迎。德国有30万名医生，其中5万名使用针灸作为辅助疗法，从这里就可以看出中医的巨大影响。但是对于华人来说，如果不能取得西医的行医执照，是无法独开中医疗所的。所以目前华人行医主要依附西医医院或诊所。由于中国传统医学在德国影响的不断扩大，以及在德华人医学人员的数量逐渐增加，2000年9月按照有关法规终于创立了德国华人医学会，它是德国华人史上第一个正式注册的华人医学专业团体。最近，德国准备放开中医治疗的医疗保险范围，这将会使越来越多的德国人请中医诊病，中医也将在德国面临更大的发展机会。

在德华人开办的旅游公司是最近几年兴起的。随着德国成为中国入境游的目的地之一，到德国来的中国人日益增多。另外，德国人十分喜爱旅游，中国也是他们最向往的旅游目标之一。这些都为华人投身旅游行业提供了巨大机会。

另外还有一个最近一两年兴起的行业——批发商贸业务，由于德国人越来越青睐从中国进口的比较廉价的商品，中国商品批发业务应运而生，德国各大城市都纷纷建立中国商城，在一些大城市还出现多家商城并存的局面。由德国大型华人企业——德国T&T投资开发有限公司运作的德国科隆“中国鞋城”就是其中之一。

台商约7000人，大部分在德国从事进出口贸易或设立销售网点，以德北部来说，汉堡是台商最重要的聚集地区，约有70家。至于在德国其他地区则以杜塞尔多夫为台商主要聚集地，绝大部分属于资讯电子厂商。

德国华侨华人社团组织有“西德华侨协会”、“汉堡中华会馆”、“西德越棉寮华裔相济会”、“全德国台湾商会”等。

瑞　士（Switzerland）

国名　瑞士联邦（The Confederation of Switzerland）

面积　41284平方公里

人口　779.2万（2009年）。其中外籍人约占22.59%。德、法、意及拉丁罗曼语为官方语言。41.8%的居民信奉天主教，35.3%的居民信奉基督教新教，其他宗教占11.8%，不信教者占11.1%。

首都　伯尔尼

国内生产总值（2010年）：5462亿瑞郎

人均国内生产总值（2010年）：70157瑞郎

货币名称：瑞士法郎

汇率（2010年）：1美元=0.9683瑞士法郎

简　况

位于中欧的内陆国。与奥地利、列支敦士登、意大利、法国和德国接壤。地处北温带，受海洋性气候和大陆性气候交替影响，气候变化较大，年均气温9℃，年降水量1000～2000毫米。1291年8月1日，马里、施维茨和下瓦尔登三个州在对哈布斯堡王朝的斗争中秘密结成永久同盟，此即瑞士建国之始。1815年维也纳会议确认瑞士为永久中立国。1848年制定宪法，设立联邦委员会，成为统一的联邦制国家。在两次世界大战中均保持中立。

全国划分为26个州。州下设区，全国共有176个专区和2903个乡镇。

经　济

瑞士属于高度发达的资本主义工业国。实行的是自由经济政策，主张自由贸易，反对贸易保护主义政策。近年，受国际金融危机影响，瑞士经济发展受到波及。

资源　水力资源丰富，利用率高达95%。森林面积127.8万公顷，覆盖率为全国面积的32.4%，其他资源贫乏。生产生活所需能源、工业原料主要依靠进口。

工业　机械制造、化工、医药、钟表、食品加工、纺织是瑞士的支柱产业。工业技术水平先进，产品质量精良，在国际市场具有很强竞争力。除ABB、雀巢、诺华、苏尔寿著名大公司外，绝大多数为中小企业。

农业　农业从业人数17.3万，约占总就业人口的4%。农业用地106.7万公顷。主要农作物有小麦、燕麦、马铃薯和甜菜。肉类基本自给，奶制品自给有余。

旅游业　旅游业十分发达。从业人员23.9万，占就业总人数的6.2%，是仅次于机械制造和化工医药的第三大创汇行业。主要旅游点有苏黎世、日内瓦、卢塞恩和洛桑等地。游客主要来自德国、英国、美国、法国和意大利等国。

交通运输　以公路和铁路为主。铁路总长5107公里，全部是电气化，铁路密度居世界前列，年客运量达3.64亿人次。公路总长71384公里。分国道、州道、镇道，其中国道1789公里，为公路主干线。公路网四通八达，遍及全国。拥有目前世界最长公路隧道——圣哥达大隧道，总长16300米。水运方面，水路航线1226公里。拥有33艘海运货轮，海运总吨位80万吨。巴塞尔港是重要内河港口。空运方面，瑞士航空公司航线总长51.3万公里，有77架飞机，有苏黎世、日内瓦和巴塞尔3大国际机场，可以同世界63个国家和地区的105个城市通航。

同中国的关系 1950年9月14日中瑞两国建交。

华人经济

瑞士的华侨华人2009年约有1.4万人，其中约5000人系1975年来自中南半岛的华裔，其余来自中国大陆、港、澳等地区，来自台湾地区的约560人。

瑞士市场规模不大，且竞争激烈，华侨华人一般以从事餐饮业及进出口贸易为主，但规模均不算大。台商在瑞士的投资行业主要为电脑业、电子资讯业、通信业及航空业等。

华侨华人社团组织方面，以“瑞士华人联合会”规模最大，其次为“瑞士台湾商会”。

希　腊（Greece）

国名　希腊共和国（The Hellenic Republic）

面积　131957平方公里（其中15%为岛屿）

人口　1131万（2010年）。98%以上为希腊人，其余为穆斯林及其他少数民族。希腊语为官方语言。多数人信奉东正教。

首都　雅典

国内生产总值（2010年）：2301.73亿欧元

人均国内生产总值（2010年）：20942欧元

货币名称：欧元

汇率（2010年）：1欧元＝1.3257美元

简　况

位于欧洲巴尔干半岛最南端。北同保加利亚、马其顿、阿尔巴尼亚相邻，东北与土耳其欧洲部分接壤，西南濒伊奥尼亚海，东濒爱琴海，南隔地中海与非洲大陆相望。海岸线长约15021公里，领海宽度为60海里。属亚热带地中海气候。平均气温冬季为0～13℃，夏季为23～41℃。

希腊是西方文明的发祥地。公元前3000年至前1100年克里特岛曾出现米诺斯文化，公元前1600年至前1050年伯罗奔尼撒半岛出现迈锡尼文化。公元前800年形成奴隶制城邦国家。公元前5世纪为鼎盛时期。公元前146年并入罗马帝国。15世纪中期被奥斯曼帝国统治。1821年爆发争取独立的战争。1832年成立王国。1974年底国体改为共和国。此后由新民主党和泛希腊社会主义运动轮流执政。

全国划分为13个区，52个州（包括北部享有很大自治权的圣山“阿苏斯神权共和国”），359个市镇。

经　济

希腊是欧盟中经济欠发达的国家之一，经济基础较薄弱，人均国内生产总值在欧盟国家中排名较靠后，资本、技术、市场及能源对外依赖较大。经过几年经济改革，已达到欧洲联盟要求，于2000年6月正式加入欧元区。

资源　稀有矿产品很多，主要矿产有铝矾土储量约10亿吨、褐煤储量58亿吨，此外还有镍、铬、镁、石棉、铜、铀、金、石油、大理石等。森林覆盖率为17%。石棉、铀、铝矾土、镍矿资源在西欧及世界居重要地位。在伊奥尼亚海还储藏着丰富的海底石油。

工业　工业基础较其他欧盟国家薄弱，技术落后，规模小。主要工业有采矿、冶金、造船、纺织、建筑等。工业从业人数占就业人口的8.8%。

农业　希腊国土的大部分地区是丘陵地，可耕地为396万公顷，占全国面积的30%，水浇地只占农用地的37%，多数土地单位面积小，分布零散。希腊可耕地面积的64%用于种植粮食作物，其余土地种植果树、橄榄树和蔬菜等。主要农产品能自给自足。

旅游业　是希腊外汇收入和维持国际

收支平衡的重要经济部门。目前，外国游客已超过希腊本国人口总数。主要旅游景点有雅典卫城、德尔菲太阳神殿、奥林匹亚古运动场遗址、克里特岛迷宫、埃皮达夫罗斯露天剧场、维尔吉纳马其顿王墓、圣山、圣托里尼岛、罗得岛、科孚岛等。

交通运输 国内运输以公路和海运为主，对外贸易主要靠海运。海运业是希腊经济的重要组成部分，拥有世界最大的海上商船队，是世界航运大国。拥有千吨级以上商船 3397 艘，约占世界商船总数的 1/10，船舶占有数排名世界第 2 位。油轮占世界油轮市场的 1/4。海运业为希腊提供了 19 万人的就业机会。全国共有大小港口 444 个，主要港口有比雷埃夫斯、萨洛尼卡、沃洛斯和佩特雷。空运方面，希腊的奥林匹克航空公司是国有大型航空公司，拥有 41 架大型客机，有 37 条国际航线和 36 条国内航线。另有 7 家私人航空公司，主要经营国内航线。全国有机场 35 个。

同中国的关系 1972 年 6 月 5 日中希两国建交。

华人经济

希腊的华侨华人 2011 年约 2 万人，占当地人口不到 1%，较 1999 年调查的 1500～2000 人有了大幅度增加。增加者皆为中国大陆移民，而来自港澳地区及中南半岛的移民约 60～80 人，来自中国台湾的移民约 30～40 人，多为早期移民。多数华侨华人居住在大雅典地区，少数则分布在其他地区。

来自中国大陆的移民人数激增，主要因希腊政府于 1999 年及 2001 年先后两次实施非法移民登记，中国大陆非法移民约有 9000 人经此两次登记取得合法临时居留证。尚有许多中国大陆移民在欧盟其他国，如意大利及西班牙等地，取得居留权后移居希国，经此途径移民至希腊者有 3000 人。其余 8000 人则仍属非法移民。

来自中国大陆的移民在短短 3～4 年间，人数由 200 人激增至近 2 万人，主要是来自浙江青田及温州。他们在未取得临时居留证前，多从事传统市场临时摊贩或地摊生意。在取得合法临时居留证后有的经营中餐馆（目前约有 300 家）、外卖店等，其中很多人则从事进口并批发服饰及日用品，以供应当地华侨华人生活需要或从事临时摊贩贩卖。由于华侨华人在希腊主要靠服装进出口贸易为主，因此目前希腊华侨华人的服装批发行也扩展到 200 多家。并且在雅典的 Omonia 区形成群聚，由于其销售对象多为临时摊贩，无店面成本及税赋缴纳，所以生意不错。中国大陆移民对雅典地区的经济影响力处于持续扩大中。

台商在希国经营的行业主要为中餐馆，其他包括珠宝进口、旅行社及贸易公司。投资额为 10 万～50 万美元间不等。其中经营较具规模者有“中华饭店”、“金凤凰餐厅”等。贸易公司有 Wu Trading Co. Ltd、Taiwan Trade Center Ltd、Chang's Enterprise Co. Ltd 等。

目前希腊华侨华人有 8 个正式侨团及华商会组织，另有以台商为主的“希腊华人联谊会”。

意大利（Italy）

国名 意大利共和国（The Republic of Italy）

面积 301333平方公里

人口 6002万（2010年）。主要是意大利人，讲意大利语，个别边境地区讲法语、德语和斯洛文尼亚语。大部分居民信奉天主教。

首都 罗马

国内生产总值（2010年）：1.55万亿欧元

人均国内生产总值（2010年）：25825欧元

货币名称：欧元

简　况

位于欧洲南部，包括亚平宁半岛（占全部领土的80%）及西西里岛、撒丁岛等岛屿。北以阿尔卑斯山为屏障与法国、瑞士、奥地利、斯洛文尼亚接壤，东、南、西三面分别临地中海所属海域亚得里亚海、伊奥尼亚海和第勒尼安海。海岸线长约7200多公里。意全境4/5是山岳地带，山地和丘陵占总面积的76.8%，平原较少，最大的波河平原是意农业最发达地区。意大部分地区属亚热带地中海式气候。平均气温1月为2～10℃，7月为23～26℃。

意大利是文明古国。经历罗马共和国（前509～前27年）和罗马帝国（前27～476年）时期后，962年受神圣罗马帝国统治。11世纪，诺曼人入侵意南部并建立王国。12～13世纪分裂成许多王国、公国、自治城市和小封建领地。16世纪起先后被法、西、奥占领。1861年3月建立意大利王国。1870年王国军队攻克罗马完成统一。1922年10月31日墨索里尼上台，实行长达20余年的法西斯统治。1946年6月2日成立共和国。第二次世界大战后，意政府更迭频繁，但政府的内外政策具有相对的稳定性和连续性。

全国划分为20个行政区，103个省，8101个市镇。

经　济

意大利是发达的资本主义工业国，亦是欧元区第三大经济强国。其经济主体是私有经济，其产值占国内生产总值的80%以上。意经济是以中小企业为主，中小企业占意企业总数的98%以上。服务业较完善，其产值占国内生产总值的2/3。国内大区间经济发展不平衡，南北差距大。受国际金融危机影响，意国内依然受困于通货膨胀，巨额国债与财政赤字压力，国际竞争力趋弱。

资源 自然资源贫乏，仅有水力、地热、天然气等能源及大理石、黏土、汞、硫黄以及少量铅、铝、锌和铝矾土等矿产资源，意石油和天然气产量只能满足国内一小部分市场需求，75%的能源需求和主要工业原料依靠进口。

工业 近年，意工业生产不景气，工业增长在欧盟国家处于较低水平。意各类中等技术含量的消费品和投资产品在国际市场上占有相当份额，但技术含量高的产品较少。主要工业部门有石油化工、汽车制造、家用电器、电子仪器、冶金、机械、设备、纺织、服装、制革、家具、食品、饮料、烟草、造纸、出版、印刷、建筑等。意是“中小企业王国”，近70%的国内生产总值由中小企业创造，中小企业在意经济中占有重要地位，在制革、制鞋、服装、纺织、家具、厨房设备、瓷砖、丝绸、首饰、酿酒、机械、大理石开采及机械工业等领域具有较大的国际竞争优势。

农牧渔业 意大利多山缺少肥沃土地，国土的10%土地适宜耕种，北方盛产小麦、玉米、水稻等粮食作物。多个地区出产西红柿、辣椒、柑橘、苹果、樱桃等蔬果。意是世界第一大猕猴桃生产国。同时分别为继法国和西班牙之后世界第二大葡萄酒和橄榄油生产国。

旅游区 意旅游业发达，是世界第5旅游大国，从业人员32万。旅游资源丰富，气候湿润，风景秀丽，文物古迹很多，有良好的海滩和美丽的山区风光。主要旅游城市有罗马、佛罗伦萨和威尼斯。

交通运输 国内运输主要靠公路，公路网四通八达，总长83.7万公里，其中高速公路网总长6552公里。有30条干线公路与法国、瑞士、奥地利等邻国相连。最重要的高速公路是纵贯南北的称作“太阳高速路”的1号公路，全长1200多公里。铁路总长19394公里。海运在意大利货运中占有重要地位，占全国货运量的20%。主要港口有热那亚、那不勒斯、威尼斯、的里雅斯特、塔兰托、里窝那、锡拉库扎等19个主要港口。空运方面，有较大的机场20多个，其中主要有罗马的菲乌米奇诺机场、米兰的利纳特机场、马尔奔萨机场、都灵的卡塞莱机场等。

同中国的关系 1970年11月6日中意两国建交。

华人经济

据资料统计，2011年意大利的华侨华人人数21万，是意大利的第4大移民群体，其中有居留权的华人约6.1万人，占当地人口总数0.11%，其中来自台湾地区的约350人，来自香港地区的约100人。老侨大部分来自浙江青田、温州及湖北天门。

华侨华人主要分布于米兰（Milan）、佛罗伦萨（Florence）与罗马（Roma），台湾地区移民主要集中于米兰地区。

意大利华侨华人中老侨一般以经营餐馆为主，也有部分从事皮革业和进出口贸易，由中国大陆进口低价服饰及日用品，在当地销售或分销南欧其他国家如希腊等国。来自中国大陆的新移民多从事杂货业及中餐业，规模多属中小型。台商投资主要项目为海运、航运，计约3亿美元。其余有电脑资讯产品、机车与零组件、服饰贸易、餐馆及零售业等，目前约有40余家，总投资额约3亿5千万美元。

米兰唐人街是意大利人了解中国的窗口。在米兰有1.4万多华人移民。目前，米兰有近3000家华裔企业，主要从事服装业、建筑业、商业运输、清洁和餐馆业。

意大利华侨华人社团约20余个，经常有活动的占半数左右。影响力较大的有两个：一是“米兰华侨华人工商会”；二是“旅意中区华侨华人联谊会”，主要由台商组成。

葡萄牙（Portugal）

国名 葡萄牙共和国（The Republic of Portugal）

面积 92207 平方公里（2010 年）

人口 1063.6 万（2010 年）。其中葡萄牙人占 96.9%，外国合法移民占 3.1%（主要来自非洲、巴西、欧盟及亚洲等国家）。官方语言为葡萄牙语。约 94%的居民信奉天主教，2%为新教徒，4%信奉其他宗教。

首都 里斯本

国内生产总值（2010 年）：1728.37 亿欧元

人均国内生产总值（2010 年）：16300 欧元

货币名称：欧元

汇率（2010 年平均）：1 欧元＝1.3257 美元

简　况

位于欧洲伊比利亚半岛的西南部。东、北连西班牙，西、南濒大西洋。海岸线长 832 公里。国土北高南低，多为山地和丘陵。北部属海洋性温带阔叶林气候，南部属亚热带地中海式气候。平均气温 1 月为 8～14℃，8 月为 17～28℃。年均降水量为 500～1000 毫米。岛屿部分主要有亚速尔群岛和马德拉群岛，具有重要的战略地位。

葡是欧洲古国之一。1143 年成为独立王国。15、16 世纪在非、亚、美洲建立大量殖民地，成为海上强国。1580 年被西班牙侵占。1640 年摆脱西班牙统治。1703 年沦为英国附属国。1891 年成立第一共和国。1910 年 10 月成立第二共和国。1926 年 5 月建立军人政府。1932 年萨拉查就任总理，实行法西斯独裁统治。1974 年 4 月 25 日，一批中下级军官组成“武装部队运动”推翻统治葡 40 余年的极右政权，开始民主化进程。1986 年苏亚雷斯当选葡 60 年来第一任文人总统。葡于 1986 年加入欧共体。1999 年葡成为首批加入欧元区国家之一。

全国划分为 18 个大区。另有马德拉和亚速尔 2 个自治区。

经　济

葡是欧盟中等发达国家，原有工业基础较薄弱，农业生产水平较低。能源、原材料和粮食依赖进口。纺织、制鞋、旅游、酿酒等是葡国民经济的支柱产业。1986 年加入欧共体后，经济发展较快。葡政府经过对经济结构的调整，大力发展银行、金融、保险、旅游等服务行业，年平均增长率高于欧盟平均水平。近年，受国际金融危机影响，经济发展前景不容乐观。

资源 矿产资源较丰富，种类较多。主要有钨、铜、黄铁、赤铁、磁铁矿、铀矿和大理石，钨储量为南欧地区第 1 位。森林面积 320 万公顷，占国土面积的 1/3。

工业 是葡经济中仅次于服务业的第二大产业。主要工业部门有电力、纺织、服装、制鞋、食品、化工、造纸、陶瓷、酿酒、电子器械、软木等。葡年产软木 15 万吨，占世界总产量的一半以上，软木树种植面积占世界种植面积的 30%，出口占世界第1位。近年，葡汽车、机电、模具、制药等产业发展较快。

农林牧渔业 葡可耕地面积占国土面积的34%。草原占9%。农业在国民经济中占重要地位，但生产水平低下。

服务业 主要有银行、保险、旅游、餐饮、交通、仓储、通信、房地产、社会救助及其他集体、社会和个人服务。近年，服务业发展很快。

旅游业 是葡经济中重要部门之一，是外汇收入的重要来源。葡现有各类旅馆3000多家。游客主要来自英国、德国、西班牙、荷兰、法国、爱尔兰、意大利、瑞典、美国和比利时等国。主要旅游景点有阿尔加维、里斯本、法罗、波尔图、马德拉岛等。

交通运输 与欧盟主要成员国相比，葡国交通运输网仍显落后，主要是以陆路运输为主。近年来，公路发展有所起色。公路总长82900公里，其中国家级公路总长12661公里，高速公路2341公里。水运方面，以海运为主，主要港口有里斯本、阿威罗、锡图巴尔、锡奈什、丰沙尔和蓬塔德尔加达。航空方面，全国有4家航空公司和16条国际航线。在里斯本、波尔图和法罗均有国际机场。

同中国的关系 1979年2月8日中葡两国建交。

华人经济

葡萄牙的华侨华人2012年约1.5万人，除部分老侨外，近几年又有不少温州、青田及港、澳地区移民在葡国定居经商。华人集中地区以首都里斯本最多，其中里斯本的路易公爵大街是葡国唯一的唐人街，华人商店林立。另外大西洋中的葡属亚速尔群岛，亦有相当多的华侨华人，多来自中国大陆，而来自台湾地区的只有40人。

葡萄牙的华侨华人多从事餐馆与杂货业，共约5000家，中餐馆有600余家。皮革及食品加工业则为老一代华侨经营的行业。台商约为5家，一般以经营餐饮、超市或进口成衣买卖及电脑为主，受资金所限，均为小本经营，平均资本额约为10万美元。“华悦集团”在葡国北部布拉干萨市（Braganca）投资约3000万美元，进行消防设备的生产，是台商在葡国最具规模的企业。

西班牙（Spain）

国名　西班牙王国（The Kingdom of Spain）

面积　505925 平方公里

人口　4674.58 万（2009 年）。主要是卡斯蒂利亚人（即西班牙人）。卡斯蒂利亚语（即西班牙语）是官方语言和全国通用语言，少数民族语言在本地区亦为官方语言。96%的居民信奉天主教。

首都　马德里

国内生产总值（2010 年）：14087 亿美元

人均国内生产总值（2010 年）：30127 美元

货币名称：欧元

汇率（2010 年）：1 欧元＝1.47 美元

简　况

位于欧洲西南部伊比利亚半岛。西邻葡萄牙，东北与法国、安道尔接壤，北濒比斯开湾，南隔直布罗陀海峡与非洲的摩洛哥相望，东和东南临地中海。海岸线长约 7800 公里。中部高原属大陆性气候，北部和西北部沿海属海洋性气候。首都平均气温 1 月 4.9℃，8 月 22.5℃。

1492 年“光复运动”胜利后，建立统一的西班牙封建王朝。同年 10 月 12 日哥伦布抵达西印度群岛。此后西班牙逐渐成为海上强国，在欧、美、非、亚各洲均有殖民地。1588 年“无敌舰队”被英国击溃，开始衰落。1873 年建立第一共和国。1931 年建立第二共和国。1936～1939 年爆发内战。1947 年佛朗哥宣布西班牙为君主国，自任终身国家元首。1975 年 11 月，佛朗哥病逝，胡安·卡洛斯一世国王登基。1976 年 7 月胡安·卡洛斯一世国王任命阿·苏亚雷斯为首相，西班牙开始向西方议会民主政治过渡。1982 年工人社会党首次在大选中获胜组阁，上台执政长达 14 年。1996～2004 年人民党连续执政。2004 年 3 月，工社党大选获胜后重新上台执政，2008 年 3 月蝉联执政。

全国划分为 17 个自治区、50 个省、8000 多个市镇，在摩洛哥境内另有休达和梅利亚 2 块飞地。

经　济

西班牙是西方中等发达的资本主义工业国。自 20 世纪 80 年代起，西政府采取一系列经济自由化措施，经济一度出现发展高潮。90 年代初，出现经济过热现象。90 年代中期以来，西政府采取宏观调控政策，经济出现持续稳步增长。近年，受国际金融危机影响，经济发展呈现急速下滑态势。

资源　主要矿藏有煤（储量为 88 亿吨），铁（储量为 19 亿吨），黄铁矿（储量为 5 亿吨），铜（储量为 400 万吨），锌（储量为 190 万吨），汞（储量为 70 万吨），此外还有铀矿、花岗岩和大理石等。森林面积 1437 万公顷。

工业　有完善的工业体系，水平较高。主要工业部门有造船、汽车、钢铁、水泥、采矿、建筑、化工、纺织、服装、皮革、制鞋、电力、电子、通信、核能及航空航天等。西班牙制造业技术精湛，自动化程度高，除生产各种油轮、客轮、渔轮、货轮以及各种特殊用途船舶外，还可建造先进的舰艇和万吨级航母。现拥有35家造船企业，16家船舶修理改装企业，其产品85%出口国外。汽车工业是西班牙支柱产业之一，其产量居世界第7位，排韩国之后。西班牙共有18家汽车制造厂。汽车出口占西班牙对外出口的1/4。

农牧业 西班牙农业占地3331万公顷，其中已用地面积为2517万公顷，可耕地1665万公顷。主要农作物有小麦、大麦、燕麦、黑麦、玉米、稻谷、葡萄、橄榄等。西班牙葡萄酒产量居世界第3，仅次于法、意。橄榄种植面积245.3万公顷，橄榄油产量居世界第1位。

畜牧业是西班牙传统产业，肉制品工业十分发达，产量在欧盟居第2位，全国共有3800多家肉食加工厂。独特风味的西班牙火腿闻名全球。

服务业 是西班牙国民经济的重要支柱之一，包括文教、卫生、商业、旅游、科研、社会保险、运输业、金融业等，其中尤以旅游和金融业较为发达。

旅游业 西班牙被誉为“旅游王国”，旅游业很发达，有38处景点被列入世界遗产名录。旅游业是西班牙经济的重要支柱和外汇收入的主要来源之一。全国有7751家旅行社，有各种旅馆17402家，床位约151万张，入住率达53.38%。著名的旅游景点有马德里、巴塞罗那、塞维利亚、太阳海岸、美丽海岸等。从事旅游业的人口占全国就业人口的12.9%。入境人数和旅游收入均居世界第1位。

交通运输 基础设施比较完善，陆、海、空交通运输都比较发达，以陆路交通运输为主。铁路四通八达，高速铁路长1636.2公里，普通铁路长17074公里。公路总长165646公里。水运方面，西班牙航海历史悠久，海运十分发达，港口体系完善。进出港口船只144962艘，主要港口有53个，其中最主要的有巴塞罗那、毕尔巴鄂、塔拉戈纳、阿尔赫西拉等。空运方面，有机场105个，主要机场有马德里巴拉哈斯机场，帕尔玛·德马略卡机场和巴塞罗那机场。

同中国的关系 1973年3月9日中西两国建交。

华人经济

由于早年西班牙国内内战，一些老一代华侨纷纷出走他国，所以，西班牙的华侨华人多为1950年后的移民。近年来，人数陆续增多，2011年已达20万人之多，其中半数来自浙江青田及温州，来自上海的移民逐年增多，有超过浙江青田等地形成主要群体的趋势，来自台湾地区的约1500人。华侨华人主要分布在马德里及巴塞罗那，以及瓦伦西亚和阿里坎特等地。

经过几十年的奋斗，西班牙华侨华人经营的行业主要为餐饮业、贸易业、杂货业、旅行社及服务业。近几年，来自中国大陆的移民激增，其开店数也随之激增，经营中餐馆者约为3000余家，并且很多属高级中餐厅，凭借开拓高价位中餐馆市场的经验，部分华侨华人还陆续开拓亚洲餐馆包括日本料理、泰国菜及韩国菜的市场。另有杂货业者30家、贸易业者50家、旅行社等服务业者10家、礼品及便利商店百余家、快速照片冲洗业者近百家、工厂约15家，总共2500家新店成立。其中餐厅及快速照片冲洗店已遍布西班牙各地中小城市。

台商经营的行业主要以电脑、电脑周边设备、快速照片冲洗、汽机车零组件、运动器材、自行车、家具及食品业为主，总家数约为56家，总投资额为6736万美元。早期台商虽以经营餐厅为主，但近年台商开设的餐厅在激烈竞争下店数有减无增。几年前马德里台商开设的餐厅数为15家，现今仅剩5家，巴塞罗那由26家减至15家。

快速照片冲洗技术系台商于1990年间引进到西国的，因效率高成本低，所以在西国获利空间非常可观。近几年更有不少台商投资该业。同时因华人大量涌入，促成餐饮业、食品业、南北杂货业及发货仓库业成长快速，其中以“中欧百货商场”最具代表。该公司于1990年首先建购冷冻仓储并引进低温物流技术，是目前西班牙亚裔移民中唯一的一家。

目前西班牙华侨华人社团组织共有26个，成立较早者有12个，1994年后成立的有14个。

丹 麦（Denmark）

国名 丹麦王国（The Kingdom of Denmark）

面积 4.30万平方公里

人口 556.5万（2010年）。其中丹麦人约占96%，外国移民占4%。丹麦语为官方语言，通用英语。82.6%的居民信奉基督教路德宗，0.6%的居民信奉罗马天主教。

首都 哥本哈根

国内生产总值（2010年）：17457.4亿丹麦克朗

人均国内生产总值（2010年）：313947丹麦克朗

货币名称：丹麦克朗

汇率（2010年平均）：1美元=5.61丹麦克朗；1欧元=7.45丹麦克朗

简 况

位于欧洲北部，南同德国接壤，西濒北海，北与挪威、瑞典隔海相望。海岸线长7314公里。地势低平，平均海拔约30米。属温带海洋性气候。平均气温1月－2.4℃，8月为16℃。年均降水量约860毫米。

公元985年形成统一王国。公元8～12世纪为强盛的海盗时期，曾征服现英国、挪威、法国诺曼底、莱茵河畔等地区。14世纪走向强盛，并于1397年成立以丹麦女王玛格丽特一世为盟主的卡尔马联盟，疆土包括现丹麦、挪威、瑞典、冰岛、格陵兰、法罗群岛以及芬兰的一部分。15世纪末开始衰落。1523年瑞典脱离联盟独立。1814年丹麦同瑞典战败后将挪威割于瑞典。1849年建立君主立宪政体。两次世界大战中均宣布中立。1940年4月至1945年5月被纳粹德国占领。1944年冰岛脱离丹麦独立。1949年加入北约。1973年加入欧共体。至今仍拥有对格陵兰和法罗群岛的主权。

自2007年1月1日起，丹麦全国设5个大区、98个市和格陵兰、法罗群岛2个自治领（其国防、外交、司法和货币由丹麦负责）。

经 济

丹麦是发达的西方工业国家，人均国内生产总值居世界前列。丹麦国家人民生活水平较高，社会保障体系较为完备，该国推行全民医保。农牧渔业及食品加工业也发达。在很多工业领域有先进的生产技术和经验。但受全球金融危机的影响，丹麦经济受到冲击，2010年政府财政赤字占该国国内生产总值的比重为3.6%，公共债务占国内生产总值的比重为43.3%。丹麦劳动力的缺乏制约了该国经济的增长。

资源 自然资源匮乏。除石油和天然气外其他矿藏不多，煤炭全部靠进口。北海大陆架石油储量约2.9亿吨，天然气储量2000亿立方米。森林覆盖面积为48.6万公顷。北海、波罗的海是近海重要渔场。

工业 丹麦工业比较发达，主要工业部门有食品、饮品、肉类加工、化工、金属加工、医药、手工艺制作。丹麦生产的水泥生产设备、乳制品加工设备、柴油机、电动机、机床、制冷设备、家具、纸制品等在国际市场具有一定的竞争力。世界上最大的循环泵制造企业格兰富（Grndfus）就在丹麦，其产品覆盖约50%的国际市场。丹麦享誉世界的工业产品有船用主机、水泥生产设备、助听器、酶制剂和人造胰岛素等。丹麦是世界上利用风电最早的国家之一。全国约20%的电力来源于风能。丹麦生产的风机数量约占全球40%的市场份额。丹麦的VESTAS公司是全球最大的风力发电机制造商。

农牧渔业 丹麦农牧渔业发达，农牧业相结合，但以牧业为主，畜牧业产值占农业总产值的一半以上。农耕用地271万公顷，有农牧场共4.74万个，从业人员9.7万，占总就业人数的3.6%。农业科技水平和生产率居世界先进国家之列。农畜产品除满足国内需求外，约65%供出口，其中猪肉、奶酪和黄油出口量居世界前列。丹麦是世界最大貂皮生产国，年产貂皮约1450多万张。此外，丹麦渔业也较发达，是欧盟最大的渔业国，捕捞量约占欧盟捕鱼总量的36%。主要产鳕鱼、比目鱼、鲭鱼、鳗鱼和虾等，主要用于生产鱼油和鱼肉。

旅游业 旅游业是丹麦服务行业中的第一大产业。2010年，接待外国旅客4248.9万，宾馆和假日酒店有558家，房间达到47946间，床位为121449张。主要旅游点有哥本哈根、安徒生故乡——欧登塞、乐高积木城及日德兰半岛西海岸和最北角斯卡宴等。

交通运输 丹麦交通基础设施非常发达，海、陆、空交通运输便利。公路路况等级标准高，系统完善。公路总长74171公里。铁路总长2667公里。水运方面，商船主要从事国际运输。全国共有114个港口，其中菲德烈西亚港和奥胡斯港货运量居前列。航空方面，丹麦最大的机场是哥本哈根卡斯楚普机场，是欧洲北部重要航空枢纽。丹麦共有23个机场，民用飞机1077架。

同中国的关系 1950年5月11日中丹两国建交。

华人经济

据有关资料统计，2007年丹麦的华侨华人约6000人，占当地人口的0.11%。其中来自台湾的约400人。经过一个世纪的努力，华侨华人已经成为丹麦的外来人口中受人尊重的一个群体。他们勤奋踏实，积极进取，在丹麦社会里的影响力不断扩大。

丹麦华侨华人在当地定居已超过百年。1902年第一批华侨华人来到丹麦。当时丹麦的有关机构举行国际文化节，邀请了中国的代表参加，其中一些人留在丹麦，并与丹麦人结婚，成为丹麦历史上有记载的首批华侨华人移民。

20世纪20年代开始，来到丹麦的华侨华人渐渐多起来，他们从俄罗斯和西欧等地辗转来到丹麦，原籍多为浙江青田人，也有不少是福建省福州人，来自台湾的约数百人。这些华侨华人主要以卖小商品为生。由于地位低下，受到丹麦主流社会的歧视，历尽艰辛。到了30年代，扎根丹麦的华侨华人开始在餐饮业上发展，在哥本哈根诞生了第一家中国餐馆“中国楼”。从此，中餐业在丹麦的发展一发不可收拾。目前丹麦有100多家中餐馆。中餐已成为丹麦人饮食中不可缺少的一部分，而华侨华人在丹麦的行业也是以餐饮业为主。新一代移民中有经营较新的外卖店者。丹麦人喜欢中国食品，主要原因是中国菜味道丰富，价格便宜。丹麦人最喜欢的中国食品是春卷。华侨华人中最大经营者来自中国大陆浙江青田的老华侨范岁久，20年代他在丹麦创办了一个主要生产春卷的“大龙”（DALOON）工厂。目前大龙工厂日产春卷百万条以上，除供应丹麦市场外，还销售到邻国德国及英国甚至美国的一些地区。当地华人说，在丹麦人眼里，华人和“大龙”是联系在一起的。

除了餐饮业之外，中医中药在丹麦的发展也相当红火。包括丹麦人创办的中医诊所在内，目前在全国有500多家中医诊所，治疗项目包括针灸、推拿、气功等，针灸治疗尤其受到丹麦人的欢迎。一个叫作“东方中医药针灸治疗中心”的中医诊所因为生意好，门诊床位不够，还开了一家分店。

除了餐饮、中医行业之外，老一代的移民在丹麦从事的行业还有贸易以及商品零售、旅游业等。华侨华人经营的杂货业者大约有10家，主要销售亚洲各地食品罐头、杂货及进口蔬菜类。贸易业及旅游业者数家，规模均不大。与老一代华侨华人移民相比，年轻的华侨华人更注重在高科技等新产业里寻找机会。来自台湾的新移民则多数经营电子电器类产业。

与丹麦其他外来民族相比，华侨华人是受到当地社会肯定和赞许的一个群体。丹麦人认同华人，主要是因为华人自身良好的品质和努力奋斗的精神，他们勤劳朴实，遵纪守法，赢得了丹麦社会的认可。

目前丹麦华侨华人组织有“丹麦华人总会”、“中国工商会”、“丹麦中医协会”、“旅丹华人文化联合会”等。

芬 兰（Finland）

国名 芬兰共和国（The Republic of Finland）

面积 33.8417万平方公里

人口 537.5万（2010年12月）。芬兰族占90.1%，瑞典族占5.4%，还有少量萨米人（曾称为拉普人）。官方语言是芬兰语和瑞典语。78.3%的居民信奉基督教路德宗，1.1%的居民信奉东正教。

首都 赫尔辛基

国内生产总值（2010年）：1800亿欧元

人均国内生产总值（2010年）：3.2万欧元

货币名称：欧元

汇率（2011年5月）：1欧元＝1.42美元

简 况

位于欧洲北部，与瑞典、挪威、俄罗斯接壤，南临芬兰湾，西濒波的尼亚湾。海岸线长1100公里。地势北高南低。内陆水域面积占全国面积的10%，有岛屿约17.9万个，湖泊约18.8万个，有“千湖之国”的称号。其1/3的国土在北极圈内。属温带海洋性气候。平均气温冬季－14～3℃，夏季13～17℃，年平均降雨600毫米。

约9000年前冰河末期，芬兰人的祖先从南方和东南方迁于此。12世纪后半叶开始隶属于瑞典。14世纪中叶正式成为其一部分。1809年俄瑞战争后成为俄国的大公国。1917年12月6日独立。1919年成立共和国。1939～1940年芬苏战争（芬称“冬战”）之后，芬被迫同苏联签订向苏割让领土的芬苏和约。1941～1944年纳粹德国进攻苏联，芬参与对苏战争。1944年2月，芬作为战败国与苏联等国签订了巴黎和约。1948年4月，也与苏联签订了《友好合作互助条约》。1955年加入联合国。1995年加入欧盟。1999年加入欧元区。

2010年1月1日，芬兰正式取消省级行政区划及省长职位。原5个省和1个自治区的行政职能由6个地区管理署和15个经济发展、交通和环境管理中心承担。

经 济

20世纪90年代，芬政府完成经济结构调整，增大知识型经济在国民经济中所占比重，重视科技投入，发展高新科技和信息技术，在宏观上继续执行紧缩财政、鼓励投资、削减社会福利、降低所得税、加快国有企业私有化进程、改善就业政策、使芬经济保持了稳定增长。几年前，芬兰曾多次在世界经济论坛上被评为“世界最具竞争力的国家”之一。近几年，由于受国际金融危机的影响，芬兰经济发展受阻，经济下滑。

资源 芬兰有丰富的森林资源，覆盖率达75.3%，约为2270万公顷，人均林木占有量为4.34公顷。矿产资源中铜储量较多，此外还有少量的铁、镍、钒、钴等。有丰富的泥炭资源，探明储量约为690.94亿立方米，其能量相当于40亿吨石油。有核电站两座（4个核反应堆）。

工业 20世纪90年代芬兰工业迅速发展，已从劳动、资金密集型转变为技术密集型。木材加工、造纸和林业机械制造为芬兰的经济支柱产业，并且具有世界先进水平。芬兰总的森林工业产量占世界总产量的5%，是世界第2大纸张、纸板出口国及世界第4大纸浆出口国。近年，化工、电子工业部门得到迅速发展。

农林业 林业发达，农林密切结合。几乎所有农户都经营一定数量的林地。芬农畜产品自给有余。

服务业 芬兰服务业发达。基本可分为私人服务业和公共管理服务业两大类。主要包括商业、贸易、旅馆、饭店、银行、保险、社会性服务和公共服务业。芬兰服务业人员占总劳动力人口的一半左右。

交通运输 交通运输发达，以铁路和公路为主。铁路总长5919公里，其中半数为电气化铁路。公路总长105621公里，其中高速公路765公里。水运港口有近30个，总吞吐量为31亿吨。重要港口有赫尔辛基、图尔库、科特卡和波里。空运方面，有4家航空公司，共有民用飞机683架，机场76个，有35条国际航线。有赫尔辛基、图尔库和坦佩雷等国际机场。

同中国的关系 1950年10月28日中芬两国建交。

华人经济

芬兰对外来移民严格控制，2009年华侨华人为5000人。最早移民芬兰的华侨华人多半来自中国香港、马来西亚、越南，中国大陆移民近几年才逐渐增加。

芬兰的华侨华人人数虽然不多，但中餐馆却不少。近几年芬兰的中餐馆更如雨后春笋，首都赫尔辛基每条大街都有挂着灯笼的中式餐厅。

最早来自东南亚的华侨华人多经营家庭式中餐馆，据统计共61家，总资本额200万美元，占芬兰国内该业的1%以下。近几年来自中国大陆的新移民开设的中餐馆愈来愈多，故竞争比较激烈。

来自台湾的移民约91人，在芬兰从事的行业以行销、贸易、旅游为主，经营中餐馆的极少。

挪　威（Norway）

国名　挪威王国（The Kingdom of Norway）

面积　385155 平方公里（包括斯瓦尔巴群岛、扬马延岛等属地）

人口　492 万（2010 年）。95％为挪威人，约有 3 万少数民族。挪威语为官方语言，通用英语。90％的居民信奉国教基督教路德宗。

首都　奥斯陆

国内生产总值（2010 年）： 2.5 万亿挪威克朗

人均国内生产总值（2010 年）： 51.2 万挪威克朗

货币名称： 挪威克朗

汇率（2009 年平均值）： 1 美元＝5.82 挪威克朗

简　况

位于北欧斯堪的纳维亚半岛西部。东邻瑞典，东北与芬兰和俄罗斯接壤，南与丹麦隔海相望，西濒挪威海。海岸线长 21192 公里（包括峡湾）。大部分地区属温带海洋性气候。年均气温 5.7℃。年均降水量 763 毫米。

公元 9 世纪形成统一王国。9～11 世纪进入全盛时期。14 世纪中叶开始衰落。1397 年与丹麦和瑞典组成卡尔玛联盟，受丹麦女王马格丽特一世统治。1814 年被丹麦割让于瑞典。1905 年 6 月 7 日脱离瑞挪联盟独立，选丹麦王子为国王，称哈康七世。第一次世界大战期间保持中立。第二次世界大战中被德国占领。战后由工党、保守党单独或与其他政党联合执政。

全国设 1 市 18 郡，下设 454 个市政。

经　济

挪威是拥有现代化工业的发达国家。20 世纪 70 年代经济发展速度较快。80 年代有起落。90 年代初因取消石油生产限额，收入剧增，连续几年经济稳步发展。近年，挪经济由于存在过分依赖石油收入和国内福利开支过大等结构性问题，高科技产业投入与产出不足，又受到当今国际金融危机的影响，挪经济发展受到一定冲击。

资源　已发现有开采价值的石油和天然气储量为 130 亿立方米（石油当量），现已开采 35％。挪水力资源丰富，可开发的水电资源约 2150 亿度，已开发 60.2％。北部沿海是世界著名渔场。

工业　挪工业在国民经济中占有重要地位，海洋石油、化工、航运、水电、冶金等尤为发达。石油工业是该国国民经济的重要支柱，挪是西欧最大产油国，世界第 5 大石油出口国。传统的工业部门有机械、水电、冶金、化工、造纸、木材加工、渔产品加工和造船。挪是欧洲重要铝、镁生产国和出口国，硅铁合金产品大部分供出口。

农林渔业　可耕地面积 1030 万公顷，其中牧草地 660 万公顷。副食可基本自给，粮食主要靠进口。森林资源丰富，可采伐面积 7.48 亿立方米。渔业是挪重要的传统经济部门。挪养殖业也很发达，主要捕捞的鱼种有鳕鱼、鲱鱼、鲐鱼、毛鳞鱼等。鱼产品一半以上供出口。

交通运输 海运发达。挪主要港口有奥斯陆、特隆赫姆和卑尔根，奥斯陆港年吞吐量约 600 万吨。挪铁路总长 4114 公里，其中电气化铁路 2552 公里。公路总长 9.3 万公里。空运方面，有民航飞机 1010 架，主要机场有奥斯陆机场、卑尔根机场和斯塔万格机场。

同中国的关系 1954 年 10 月 5 日中挪两国建交。

华人经济

据有关资料统计，2009 年挪威华侨华人约 1.3 万人，其中台侨有 382 人。华侨华人多居住在首都奥斯陆，其余居住在挪威各大城市，如卑尔根（Bergen）、史塔万加（Stavanger）等地。

目前挪威华侨华人经营餐饮业为最多，现在已有 100 多间餐馆为华侨华人经营。此外也有经营杂货店的。而台商方面亦多经营餐馆或旅行社等家族式企业。

挪威华侨华人社团组织有：“旅挪华人联谊会”、“挪威西部华人联谊会”、“挪威台湾商会”等，时常利用节庆假日举办各种活动，以联络感情及交流资讯。

瑞　典（Sweden）

国名　瑞典王国（The Kingdom of Sweden）

面积　449964平方公里

人口　942万（2010年12月）。其中瑞典人占90%。外国移民及其后裔约100万人。瑞典语为官方语言。90%的居民信奉基督教路德宗。

首都　斯德哥尔摩

国内生产总值（2010年）：4218亿美元

人均国内生产总值（2010年）：4.5万美元

货币名称：瑞典克朗

汇率（2010年）：1美元＝6.25瑞典克朗

简　况

位于北欧斯堪的纳维亚半岛东北部。西邻挪威，边境长1619公里；东北接芬兰，边境长586公里；东临波罗的海；西南濒北海，同丹麦隔海相望。海岸线长2181公里。地形狭长，地势自西北向东南倾斜。北部为诺尔兰高原，南部及沿海多为平原及丘陵。湖泊约10万个，可通航河流较少。大部分地区属温带针叶林气候，最南部属温带阔叶林气候。受北大西洋暖流影响，平均气温1月北部为－16℃，南部为－0.7℃；7月北部为14.2℃，南部为17.2℃。

公元1100年前后开始形成国家。1157年兼并芬兰。1397年与丹麦、挪威组成卡尔玛联盟，受丹麦统治。1523年脱离联盟独立。1654～1719年为强盛时期，领土包括现芬兰、爱沙尼亚、拉脱维亚、立陶宛以及俄国、波兰和德国的波罗的海沿海地区。1718年对俄国、丹麦和波兰作战失败后逐步走向衰落。1805年参加拿破仑战争。1809年败于俄国后被迫割让芬兰。1814年从丹麦取得挪威，并与挪威结成联盟。1905年挪威独立。瑞在两次世界大战中均守中立，未参战。

全国划分为21个省和289个市。省长由政府任命，市级领导机构由选举产生，省、市均有较大自主权。

经　济

瑞典是发达的现代工业国，国力强。在木材、造纸、电力、冶金、机械、电信、医药、食品加工领域有一定特长。实行高工资、高税收、高福利政策，公共服务和社会保险较完善。政府重视发展电子和信息技术产业，经济一直保持2%～4%的增长速度。近年，世界发生金融危机，瑞典同样受到冲击，经济增长下降，实体经济遭受严重影响，市场出现疲软、企业倒闭增加、失业率上升等不利局面。

资源　瑞典的3大资源是铁矿、森林和水力。现探明铁矿储量为36.5亿吨，是欧洲最大铁矿砂出口国。铀矿的储量为25～30万吨。森林覆盖率达54%，蓄材为26.4亿立方米。每年可供利用的水力资源有2014万千瓦（1760亿千瓦小时），已开发81%。此外，还有硫、铜、铅、锌、砷等矿藏，但储量不大。

工业 工业发达，主要有矿业、机械制造业、森林及造纸工业、电力设备、汽车、化工、电信、食品加工等。

农业 耕地面积只占国土面积的6%。粮食、肉类、蛋和奶制品自给有余，蔬菜、水果主要靠进口，农产品自给率达80%以上。

旅游业 旅游业稳步发展，主要旅游点有首都斯德歌尔摩、北部省市和自然保护区、南部的哥德堡市和斯科耐省。外国游客主要来自北欧邻国、德国、美国和英国。

交通运输 铁路总长约1.28万公里。公路总长21.6万公里，其中国道、省道13.9万公里。水运方面，全国港口吞吐量为1.84亿吨。内河航运居次要地位，航线总长640公里。空运方面，北欧航空公司为瑞典、丹麦和挪威共有，瑞典占3/7股份，现该公司有飞机255架。此外，瑞典还有安德森商业航空公司、商业喷气公司等小型从事商业旅行服务和国内短途旅行的航空公司共10余家。

同中国的关系 1950年5月9日中瑞两国建交。

华人经济

据2009年资料统计，瑞典的华侨华人约有23000人，其中台商约1000人，包括来自中国大陆、越南、柬埔寨、老挝和中国香港、台湾等地区的移民。华侨华人主要分布在首都斯德哥尔摩（Stockholm）、哥德堡（Gateborg）及马尔摩（Malmo）。

目前，瑞典华侨华人大多数经营餐馆，共计230家左右，资本额约在30万～60万瑞典克朗。瑞典的中餐馆和欧洲其他各地如奥地利等地的不同之处在于，瑞典的中餐馆规模较大、装潢较新。而且由于瑞典人对华人有良好印象并喜爱中国菜，所以这些餐馆多数经营情况相当良好。

随着对中餐馆的不断需求，食品杂货批发业也有越来越具规模之势。瑞典的华人，从事杂货及贸易业者有20余家，其中杂货业约10家，资本总额约1000万克朗，经营情况相当稳定。贸易业约12家，资本额约1200万克朗，该业前景良好。

瑞典华侨华人散居各处。侨社组织中以“瑞典华人联合会”为主。

捷　克（Czech）

国名　捷克共和国（The Czech Republic）

面积　7.88 万平方公里

人口　1053.277 万（2010 年）。其中捷克族占 90%以上，斯洛伐克族占 2.9%，德意志族占 1%，此外还有少量波兰族和罗姆族。捷克语为官方语言。主要宗教是天主教。

首都　布拉格

国内生产总值（2010 年）：1920 亿美元

人均国内生产总值（2010 年）：18268 美元

货币名称：克朗

汇率（2010 年平均）：1 美元＝19.1 克朗

简　况

欧洲中部的内陆国。东靠斯洛伐克，南邻奥地利，西接德国，北毗波兰。地处北温带，受海洋气候影响较大，年均气温 7.5℃。年均降水量为 674 毫米。

公元 5～6 世纪，斯拉夫人西迁到今天的捷克和斯洛伐克地区。公元 830 年在该地区建立了大摩拉维亚帝国。9 世纪末、10 世纪上半叶在今捷克地区成立了捷克公国。1419～1437 年，捷克地区爆发了反对罗马教廷、德意志贵族和封建统治的胡斯运动。1620 年，捷克地区沦于哈布斯堡王朝的统治之下。第一次世界大战后奥匈帝国瓦解，捷克与斯洛伐克联合，于 1918 年 10 月 28 日成立捷克斯洛伐克共和国。1948 年 2 月捷克斯洛伐克共产党开始执政。1960 年 7 月改国名为捷克斯洛伐克社会主义共和国。1990 年改国名为捷克和斯洛伐克联邦共和国。1992 年 12 月 31 日联邦解体。自 1993 年 1 月 1 日起，捷克和斯洛伐克分别成立独立主权国家。

全国共划分为 14 个州级单位，其中包括 13 个州和首都布拉格市。各州下设市、镇。

经　济

捷克经济经历了全球金融危机的冲击后，于 2010 有所复苏，经济缓慢增长。2010 年经济增长率为 2.3%。降低财政赤字是政府面临的最大课题。

资源　捷克褐煤、硬煤和铀矿蕴藏丰富，其中褐煤和硬煤的储量为 134 亿吨，分别居世界第 3 位和欧洲第 5 位。石油、天然气和铁矿砂储量很少，依靠进口。此外，有锌、铝、锰、萤石、石墨和高岭土等矿藏。森林面积 265.1 万公顷，约占国土面积的 1/3。在伏尔塔瓦河上建有多座水电站，提供了丰富的电能。

工业　主要工业部门有机械、化工、冶金、纺织、电力、食品、制鞋、木材加工和玻璃制造等。2010 年捷克工业销售额增长 9.8%。汽车制造业 2010 年共生产汽车 1077740 辆，其中捷克最大的汽车制造厂斯柯达公司生产汽车 576362 辆。汽车工业的发展为捷克提供了 106713 个就业机会。2010 年捷克汽车制造业的产值占工业总产值的 18.06%。捷克钢铁工业，2010 年钢铁产量为 518 万吨，产值为 58.2 亿美元。

农业 捷克农业比较发达，主要农作物有小麦、黑麦、玉米、燕麦、马铃薯、甜菜和水果。农业用地共 357.2 万公顷，其中耕地面积为 259.2 万公顷。农业从业人口 14.3 万，占全国劳动力人口的 5.6%。

旅游业 主要的旅游城市有布拉格、捷克克姆鲁洛夫、卡罗维伐利温泉城等。游客主要来自荷兰、德国、丹麦、英国、西班牙等国。2010 年外国游客达 638.6 万人次。

交通运输 公路总长 55584 公里，其中 657 公里为高速公路。铁路总长 9588 公里，其中 3060 公里为电气化铁路。空运方面，布拉格和布尔诺市各有一个机场，首都布拉格机场是国际机场。

同中国的关系 1949 年 10 月 6 日，中国同原捷克斯洛伐克建交。1993 年 1 月 1 日起中国承认捷克共和国，并与其建立大使级外交关系。

华人经济

据有关资料统计，2007 年在捷克的华侨华人约有 4000 人，来自浙江省的人最多，主要居住在首都布拉格市和俄斯特拉法，少数人居住在布尔诺和其他城市，居住分散。他们主要从事商业经营活动。多数人开“杂货店”，具有远见与实力的已经从杂货店的生意往批发上转向。

在捷克生活的华侨华人，大多是 20 世纪 90 年代以来，以各种名义和各种方式陆续从中国大陆来到这里的。他们利用当时捷克对外国人相对宽松的居留政策，多以成立公司的形式，取得以 1 年为期并可延续的商务居留，从事经贸活动。随着时间的延长，他们或把国内的亲戚接来，或在当地成家，生儿育女。

捷克华侨华人目前从事的行业主要包括：进出口贸易、批发零售、餐饮（有 300 家）和咨询服务。他们多数以家庭经营为主，资本有限，规模不大，档次不高，有的有少数雇工。其中一些善于把握机遇的华资公司正在逐步形成。

这些年，捷克的中国商品市场正在悄悄发生着变化，品种比过去丰富多了。来自中国的产品从背心袜子到皮衣棉服，从各式泳衣到时尚套装，从床单被罩到锅碗瓢盆，从铅笔橡皮到精美礼品，囊括了人们生活的方方面面，连从国内运来的速冻饺子和速冻汤圆等这些专门为在捷克生活的中国人销售食品的公司都有了。

在捷克的中国移民中不乏成功者。在捷克创办武术学校的秦明堂就是其中之一。他来自武术之乡河南，出身于武术之家，有一身少林功夫。他毕业于中国国内大学的心理学专业并担任过职业教练。现在他在捷克 6 个城市开办武术训练班，招收学员数千人。李永湖是一个农业工程师，他学过法律，是蔬菜把他吸引到捷克的。现在他在捷克已经种植出 28 种作物，其中有中国大葱、竹笋、香菜等。他于周末经营农场，其他时间经营公司，进口中国纺织品。

“旅捷华人联谊会”1998 年成立，现有会员近 300 人，是捷克目前唯一正常活动的华人组织。

克罗地亚（Croatia）

国名 克罗地亚共和国（The Republic of Croatia）

面积 5.66万平方公里

人口 429.06万（2010年）。主要民族为克罗地亚族，占89.63%。克罗地亚语为官方语言。主要宗教为天主教。

首都 萨格勒布

国内生产总值（2010年）：605.15亿美元

人均国内生产总值（2010年）：17335美元

货币名称：库纳

汇率（2010年平均）：1美元=5.50库纳

简况

位于欧洲中南部，巴尔干半岛的西北部。北部和西北部分别与匈牙利和斯洛文尼亚接壤，东部和东南部分别与塞尔维亚、波斯尼亚和黑塞哥维那、黑山为邻，南濒亚得里亚海。全国分3部分：西南部和南部为亚得里亚海海岸，有众多岛屿，海岸线曲折，总长1777.7公里；中南部是高原和山地；东北部为平原。依地形相应分为地中海式气候、山地气候和温带大陆性气候。

克罗地亚原是南斯拉夫社会主义联邦共和国中6个共和国之一。1991年5月底，克举行全民公决，赞成独立。同年6月25日，克议会通过决议，宣布脱离南联邦独立。1992年5月22日加入联合国。

全国共设20个省和1个省级直辖市，下辖127个市和429个区。

经济

克罗地亚是巴尔干地区经济较为发达的国家，经济基础好。旅游、造船、建筑、制药等产业发展水平较高。近年来，受全球金融危机影响，克罗地亚经济出现下滑。2010年，国内生产总值下降1.2%，居民消费下降0.9%，政府消费下降0.8%，固定资产投资下降11.3%，货物和服务出口增长6%，进口下降1.3%。

资源 克罗地亚森林资源比较丰富，森林面积2231883公顷，覆盖率达39.4%。此外，有少量的石油、天然气、铝等资源。

工业 主要工业部门有食品加工、纺织、造船、建筑、电力、石化、冶金、机械制造和木林加工等。工业从业人员46万人，占国内总劳动力的31%。

农牧渔业 克罗地亚有农田315万公顷，其中耕作面积约占63.5%。其余为草场、沼泽、芦苇和鱼塘，葡萄园为5.8万公顷。克罗地亚对农业投入不多，农业基础设施比较落后。农作物主要有小麦、大麦、马铃薯、向日葵、油菜籽等。畜牧业主要是养牛、养猪和养鸡。克罗地亚淡水养殖主要以鲤鱼和鳟鱼为主。2010年淡水鱼产量5048吨。海水养殖集中在亚得里亚海沿岸及附近岛屿。

旅游业 克罗地亚旅游业发达，是国家外汇收入的主要来源，是该国国民经济的重要组成部分。2010年，旅游收入80.6

亿美元，占国内生产总值的13.3%，共接待游客1060万人次。主要风景区有亚得里亚海海滨、普利特维采湖群和布里俄尼岛等。游客主要来自欧洲。

交通运输　克罗地亚交通主要以铁路和公路为主。公路总长29333公里，其中高速公路1126公里。铁路总长2722公里，其中电气化铁路为985公里。水运方面，内河航线总长804公里。海运有7个可停泊大型远洋轮船的海港，其中最著名的海港是里耶卡港，经该港可通达克罗地亚全境及整个欧洲。空运方面，有8个国际机场，主要机场是萨格勒布“普莱索”机场。

同中国的关系　1992年5月13日中克两国建交。

华人经济

2007年克罗地亚的华侨华人有600多人。他们中的多数来自浙江的青田和温州。据统计，在克罗地亚的华侨华人在20世纪90年代末只有几十人，到2003年迅速发展到600多人。华侨华人所从事的行业为纺织服装、鞋类、日用品批发和零售。由华侨华人自主联合成立的第一家大型中国商品集散地“长城商贸中心”，已于2006年3月18日正式营业。该商贸城位于克罗地亚首都萨格勒布西区，面积达1.1万多平方米，70多家商户参与经营，主要经营纺织服装、鞋类和日用品批发。

匈牙利（Hungary）

国名 匈牙利共和国（The Republic of Hungary）

面积 93030平方公里

人口 998万（2010年12月）。主要民族为马扎尔族（即匈牙利族），约占全国人口的90%。少数民族有斯洛伐克、罗马尼亚、克罗地亚、塞尔维亚、斯洛文尼亚、德意志等族。匈牙利语为官方语言。66.2%的居民信奉天主教，17.9%的居民信奉基督教新教。

首都 布达佩斯

国内生产总值（2010年）：1302亿美元

人均国内生产总值（2010年）：13030美元

货币名称：福林

汇率（2010年）：1欧元＝280.58福林；1美元＝202.26福林

简　况

中欧的内陆国家。东邻罗马尼亚、乌克兰，南接斯洛文尼亚、克罗地亚、塞尔维亚和黑山，西与奥地利为邻，北同斯洛伐克接壤，边界线全长2246公里。属大陆性温带阔叶林气候，年均气温11.9℃，最高气温38.6℃，最低气温曾达－24.4℃。年均降水量550毫米。

公元896年，马扎尔游牧部落从乌拉尔山西麓和伏尔加河湾一带移居多瑙河盆地。公元1000年，圣·伊什特万建立封建国家，成为匈第一位国王。15世纪下半叶马嘉什国王统治时期是匈历史上最辉煌的时期。1526年土耳其入侵。1541年匈一分为三，分别由土耳其苏丹、哈布斯堡王朝和埃尔代伊大公统治。1699年起全境由哈布斯堡王朝统治。1849年4月建立匈牙利共和国，不久遭俄奥联军扼杀。1867年与奥地利组成奥匈二元帝国。1919年3月21日建立匈牙利苏维埃共和国。1949年8月20日颁布匈牙利人民共和国宪法。1956年10月爆发“匈牙利事件”。1989年10月23日宣布成立匈牙利共和国。

全国划分为首都和19个州，设立24个州级市、274个市、2854个乡。

经　济

匈是具有中等发展水平的工农业型国家，是经合织织成员国。经济目标是建立以私有制为基础的福利市场经济。近年，匈经济转轨顺利，市场经济体制已经确立。目前，匈私营经济的产值约占国内生产总值的86%。匈经济正逐步与国际接轨，尤其同欧盟联系日趋密切。近年，受国际金融危机影响，匈经济发展受挫。

资源 自然资源匮乏。主要矿产资源是铝矾土，蕴藏量居欧洲第3位，此外有少量褐煤、石油、天然气、铀、铁、锰等。森林覆盖率为20.4%。

工业 工业发展较快。匈根据本国国情，发展自己有特长或知识密集型的部门，如计算机、通信器材、仪器、化工、医药和大型交通运输工具制造等。工业从业人员94.8万，占全国就业人口总数的24.3%。

农牧业 农业基础好，在国民经济中占有重要地位。耕地面积450.2万公顷。农牧林渔业职工17.4万，约占全国总就业人口的4.6%。主要农作物是小麦、玉米、甜菜、马铃薯、葡萄等。

服务业 匈服务业发展很快。有很多私营小商店、小饮食店、小旅馆和其他一些服务网点。

旅游业 较发达。全国有1096家旅行社，星级饭店863家，其中五星级饭店23家，四星级饭店168家。主要旅游景点有布达佩斯、巴拉顿湖、多瑙河湾、马特劳山。

交通运输 交通发达，已形成以首都为中心通向全国和邻国的铁路和公路网。铁路总长7348公里，其中2776公里为电气化铁路。公路总长31377公里，其中高速公路911公里。水路总长1638公里。空运方面，有民航飞机1118架，其中161架是直升机。布达佩斯李斯特·费兰茨机场是国际机场。

同中国的关系 1949年10月6日中匈两国建交。

华人经济

匈牙利的华侨华人2009年约1.5万人，祖籍分布为浙江40%、福建30%，其他地区30%。台商约40人，华侨华人主要从事于商业、贸易、餐馆业。

在匈牙利首都布达佩斯南城八区的“四虎市场”有三千多个摊位，其中90%为中国人经营。出售的商品主要是服装、鞋、帽、纺织品和手工产品，也有箱包、雨伞、小电器等一些日用小商品。从1991年前后第一批中国人到布达佩斯来淘金，到现在布达佩斯已成为中东欧地区的中国商品集散中心。每天销量超过百万美元的四虎市场扮演着重要角色。

匈牙利华侨华人社团有24个。

罗马尼亚（Romania）

国名 罗马尼亚（Romania）

面积 238391平方公里

人口 2147万（2009年7月）。其中89.5%是罗马尼亚族，6.6%为匈牙利族，2.5%为吉卜赛族，日耳曼族和乌克兰族各占0.3%，其他还有俄罗斯族、塞尔维亚族、斯洛伐克族、土耳其族、鞑靼族等。罗马尼亚语为官方语言。主要宗教是东正教，此外还有罗马天主教、基督教新教和希腊天主教。

首都 布加勒斯特

国内生产总值（2010年）：1300亿欧元

人均国内生产总值（2010年）：6000欧元

货币名称：列伊

汇率（2010年）：1欧元≈4列伊；1美元≈3列伊

简　况

位于东南欧巴尔干半岛东北部。北和东北分别与乌克兰和摩尔多瓦为邻，南接保加利亚，西南和西北分别与塞尔维亚和黑山及匈牙利接壤，东南临黑海。海岸线长245公里。属温带大陆性气候，平均气温1月为－3～1℃，7月为22～24℃。

罗马尼亚1947年废除王制，成立罗马尼亚人民共和国。1965年改国名为“罗马尼亚社会主义共和国”。1989年12月22日齐奥塞斯库政权被推翻，罗马尼亚救国阵线委员会接管国家一切权力，易国名为罗马尼亚，定12月1日为国庆日。

全国共划分为1个直辖市和41个县，下设市、镇、乡。

经　济

自1989年罗经历政权剧变后，便开始经济体制的改革，向市场经济过渡。近年罗经济增长加速，通货膨胀下降，外贸、投资、外汇储备增长。罗加入欧盟后，国际资信稳步提升。自2009年受国际金融危机影响严重，工业生产放缓，失业率攀升，经济呈现衰退。

资源 矿藏有石油、天然气、煤、铝土矿及金、银、铁、锰、锑、铀、铅、盐等。有森林640万公顷，覆盖面积达28%。水力资源蕴藏量为565万千瓦。内河和沿海产多种鱼类。

工业 主要工业部门有冶金、石油化工和机器制造。

旅游业 旅游资源丰富，主要旅游景点有布加勒斯特、黑海海滨、多瑙河三角洲、摩尔多瓦地区北部、喀尔巴阡山山区等。近年，罗同30多个国家和地区的400多家旅游机构有业务往来，有19个驻外办事处。

交通运输 以公路和铁路运输为主。铁路总长2万公里，其中4002公里是电气化铁路，占37%。公路总长8.2万公里，其中332公里是高速公路，欧洲级公路6188公里，国家级公路1.6万公里。水运方面，河道长1779公里，拥有港口35个，有海港3个。其中，康斯坦察港是黑海第一大港，现有 100 多个泊位，其年吞吐量为 3609 万吨。空运方面，已开辟连接首都和国内 17 个城市、欧洲以及美国、中国、泰国、新加坡等世界 40 多个城市的航线。有 6 个国际机场，最主要的是布加勒斯特的广达国际机场。

同中国的关系　1949 年 10 月 5 日中罗两国建交。

华人经济

在罗的华侨华人虽然不乏能力和运气兼有的成功人士，但绝大多数华人的创业则充满艰辛和苦难。据不完全统计，2011 年华侨华人约 1 万人，祖籍地为浙江、河南、福建、北京、江苏、东北等。大多是 20 世纪 90 年代初开始来到罗马尼亚的。其中 60％左右是小型批发零售商，他们集中在布加勒斯特东北郊的批发市场。通过购买或租赁商铺的方式，从事商品批发零售业务。

目前台商在罗马尼亚仅 20 人，经营 4 家企业。经营项目各有不同，有的开设化纤工厂；有的专事木材出口；有的专业进口牙科器材，销售罗国境内；有的从事综合贸易，专门从台湾进口各种优势产品售于罗国批发商。

罗马尼亚华侨华人社团有 9 个，主要有“旅罗华商联合总会”、“旅罗青田同乡会”、“河南华商联合会”、“旅罗温州同乡会”、“罗马尼亚华人基督教会”等。

乌克兰（Ukraine）

国名 乌克兰（Ukraine）

面积 60.37万平方公里

人口 4578万（2011年1月1日）。共有130多个民族，乌克兰族约占77%。乌克兰语为官方语言。主要宗教为东正教和天主教。

首都 基辅

国内生产总值（2010年）：10950亿格里夫纳

人均国内生产总值（2010年）：23700格里夫纳

货币名称：格里夫纳

汇率（2011年4月1日）：1美元＝7.93格里夫纳

简　况

位于欧洲东部，黑海、亚速海北岸。北邻白俄罗斯，东北接俄罗斯，西连波兰、斯洛伐克、匈牙利，南同罗马尼亚、摩尔多瓦毗邻。陆地边界线长5631公里，海岸线长1959公里。最大山系为西部的喀尔巴阡山，最高峰戈尔维拉峰海拔2061米。大部分地区为温带大陆性气候，克里米亚半岛南部为亚热带气候。1月平均气温－74℃，7月平均气温19.6℃。

乌克兰地理位置重要，自然条件良好，故而饱经战乱。“乌克兰”一词最早见于《罗斯史记》（1187年）。1237～1241年蒙古金帐汗国（拔都）西征占领基辅，城市遭破坏。1654年乌哥萨克首领赫梅利尼茨基与俄罗斯沙皇签订《佩列亚斯拉夫和约》，乌克兰与俄罗斯正式联合。此后，乌克兰虽曾有过自己的政府，但未起过实质性作用。1922年苏联成立，乌克兰加入联盟（西部乌克兰1939年加入）。1990年7月16日乌议会通过《乌克兰国家主权宣言》。1991年8月24日宣布独立。1996年通过新宪法。

全国设有24个州，1个自治共和国，2个直辖市，共27个行政区。

经　济

2010年，乌克兰经济在经历了金融危机后，在外需的带动下，经济有所复苏，国内生产总值有所增长，其增长率达4.5%。但乌克兰经济仍存在较大问题，政府债务上升，贸易逆差扩大，通货膨胀率有所上升。

资源 乌克兰矿藏较丰富，有80多种已探明可供开采的富矿，主要是煤、铁、锰、钛、汞、石墨、耐火土、石材等。锰矿石的储量超过21亿吨，位居世界前列；铁矿石储量275亿吨；顿巴斯为乌克兰最大的煤矿产地，已探明储量1090亿吨；染料矿石、陶土地蜡和石墨的储量也比较丰富。乌克兰石油和天然气资源相对匮乏。乌克兰有丰富的黑土地，黑土地面积居世界首位，是世界黑土地总量的1/4，占乌克兰国土面积的2/3。乌克兰多河流多湖泊，境内有大小河流2.3万条之多，其中超过100公里长的河流有100多条。湖泊有2万多个。乌克兰森林资源丰富，覆盖率达43%，跨越三个植被带，即森林沼泽带、森林草原带和草原带。

工业 乌克兰重工业发达，尤其是机械制造、冶金、化工等产业，军工发达，基础科学研究实力非常强。但轻工产品、日用品供给不足。乌克兰冶金工业极为发达，主要产品有铁、生铁、钢铁、轨钢、钢管等，其中部分产品占欧洲甚至世界第1位。乌克兰是世界主要生产化学产品的国家之一，其中主要以生产有机化学肥料为主。乌克兰造船工业在建造商船方面颇具规模。

农业 乌克兰农业较发达，农产品丰富，食品加工业发达，素有“欧洲谷仓”之美称。有农田3400万公顷，所产小米、向日葵、马铃薯、蔬菜、水果和糖等居欧洲之首。

旅游业 乌克兰旅游资源丰富，有1300多个国家级文物保护单位，160多处历史文化古迹，23个自然保护区和国家级天然公园。旅游景点主要分布在基辅、克里米亚半岛、敖德萨、利沃夫、外喀尔巴阡山、切尔尼科夫等地。游客主要来自俄罗斯、白俄罗斯、波兰、匈牙利、摩尔多瓦、德国、法国、美国、罗马尼亚等国。

交通运输 铁路总长2.27万公里。公路总长17.23万公里。内河航运总长为3700公里。港口的吞吐量大，主要海港为敖德萨港。空运方面，主要国际空港为基辅鲍里斯波尔机场、利沃夫机场、敖德萨机场、辛菲罗波尔机场等。

同中国的关系 1992年1月4日中乌两国建交。

华人经济

乌克兰的华侨华人2004年约2万～3万人，祖籍主要为浙江、福建。

乌国的华侨华人一般从事日用品贩卖为主业，尤其是成衣和服饰，约占总人数的85%～90%。此外，尚有部分从事中式快餐、蔬菜种植业等。

“基辅华人华侨联合会”是乌全国性的社团组织。

大洋洲

澳大利亚（Australia）

国名 澳大利亚联邦（The Commonwealth of Australia）

面积 769万平方公里

人口 2275.8万（2011年）。英国及爱尔兰后裔占74%，其他民族占18.3%，亚洲后裔占5%，土著居民占2.7%。通用英语。约63.9%的居民信奉基督教，5.9%的居民信奉佛教、伊斯兰教、印度教、犹太教。无宗教信仰或宗教信仰不明人口占30.2%。

首都 堪培拉

国内生产总值（2010/2011财政年度）： 13761.65亿美元

人均国内生产总值（2010/2011财政年度）： 60530美元

货币名称： 澳元

汇率（2010/2011财政年度平均）： 1美元=1.01澳元

简　况

位于南太平洋和印度洋之间，由澳大利亚大陆和塔斯马尼亚等岛屿及海外领土组成。东濒太平洋的珊瑚海和塔斯曼海，北、西、南三面临印度洋及其边缘海。海岸线长36735公里。北部属热带气候，其余大部分属温带气候。年平均气温北部27℃，南部14℃。

原为土著人居住。1770年英国航海家詹姆斯·库克抵澳东海岸，宣布英国占领这片土地。1788年1月26日，英首批移民抵澳，后来这一天定为澳国庆日。1900年7月英议会通过《澳大利亚联邦宪法》和《不列颠自治领条例》。1901年1月1日，澳各殖民区改为州，组成澳大利亚联邦。1926年成为英国自治领。1931年成为英联邦内的独立国家。1986年英议会通过《与澳大利亚关系法》，澳获得完全立法权和司法终审权。1999年11月澳全民公决决定维持君主立宪制政体。

全国共划分为6个州和2个地区。

经　济

2010/2011财年澳大利亚经济发展放缓，名义国内生产总值为13761.65亿美元，实际增长率为1.8%；名义人均国内生产总值为60530美元，实际增长率为0.4%。澳大利亚的三大支柱产业是服务业、制造业和采矿业，其中服务业占国内生产总值的比重为71.1%，服务贸易在对外贸易中占据着十分重要的地位。2010/2011年度，服务贸易总额达到1079.3亿澳元，约占对外贸易总额的18.8%。随着新兴经济体中、印、韩等国对能源、矿产资源的需求的增加，澳大利亚矿业经济发展迅速，成为推动国内经济增长的重要推动力。

资源 澳大利亚矿产资源丰富，拥有70余种具有重要经济价值的矿产品，其中铅、镍、银、铀、锌、钽等矿产的探明经济储量居世界首位。已探明有开采价值的矿产品储量：铝矾土约50亿吨，铁矿砂146亿吨，黑煤403亿吨，褐煤300亿吨，铅2290万吨，镍2260万吨，银4.14万吨，钽 40835 吨，锌 4100 万吨，黄金 5570 吨。澳石油和天然气也较丰富，原油储量 2270 亿升，天然气储量达 2.2 万亿立方米。澳森林覆盖率为 21%，天然林面积 1.63 亿公顷，其中桉树约占 2/3。澳渔业资源丰富，捕鱼区面积是国土面积的 1.16 倍，是世界第 3 大捕鱼区，有 3000 多种海水和淡水鱼以及 3000 多种甲壳及软体类水产品，约 600 种已进行商业捕捞，主要水产品有对虾、龙虾、鲍鱼、金枪鱼、扇贝和牡蛎等。

工业 2010/2011 年度，澳工业总增加值占国内生产总值的比例为 17.6%，其中采矿业占国内生产总值的比例为 9.0%，制造业占国内生产总值的比例为 8.6%。澳矿业很发达，是世界上最大的铝矾土、氧化铝、钻石、铅、钽生产国，黄金、铁矿石、煤、锂、锰矿石、镍、银、铀、锌的产量位居世界前列。是世界上最大的烟煤、铝矾土、铅、钻石、锌矿出口国，第 2 大氧化铝、铁矿石、铀矿出口国，第 3 大铝和黄金出口国。2010/2011 年度，主要矿产品中，铝矾土产量 6733 万吨，铁矿石产量 4.5 亿吨，锰矿石产量 678.4 万吨；生产铜 94.9 万吨，镍 19.3 万吨，锌 147.9 万吨，金 226 吨。2010/2011 年度采矿业产值 1177.19 亿澳元。澳制造业发达，主要是以金属制造、饮食烟草、机械设备和石油化工等产业为主。金属制造业是推动制造业增长的主要动力，2010/2011 年度同比增长 9.7%；而纺织服装业、非金属加工、木材加工与造纸、机械设备制造均比上年下降。

农牧业 澳大利亚农牧业发达，农牧业产品在国民经济中占有重要地位，是世界最大的羊毛和牛肉出口国。2010/2011 年度，农业用地 3.98 亿公顷。主要农作物有小麦、大麦、油菜籽、棉花、蔗糖和水果。2010/2011 年度，农业产值约占国内生产总值的 2.2%。

服务业 是澳经济最重要和发展最快的部门，现已成为国民经济支柱产业，占国内生产总值约 80%。其产值最高的行业是房地产及商务服务业。澳服务业从业人员超过 962.9 万，产值占澳国内生产总值的一半以上。

旅游业 澳旅游资源丰富，旅游业是澳服务业的重要部门，是澳发展最快的行业之一。著名的旅游城市和景点有悉尼、墨尔本、布里斯班、阿德莱德、珀斯、大堡礁、黄金海岸和达尔文等。澳大利亚主要海外游客来源国是新西兰、英国、美国和中国，但仍以国内游客为主。

交通运输 澳大利亚交通运输发达，国内运输主要靠公路，国际海、空运输业居世界前列。悉尼是南太平洋主要交通运输枢纽。公路总长 80 多万公里。铁路总长 4.4 万公里。水运方面，全国共有港口 97 个，其中主要港口有墨尔本、悉尼、布里斯班、弗里曼特尔和阿德莱德。墨尔本是澳第一大港。空运方面，澳航空业务主要由“快达”(Qantas) 和“维珍蓝”(Virgin Blue) 航空公司主导。共有 14081 架飞机，机场 448 个，其中 12 个国际机场，年客流量在 100 万人次以上的国际机场有悉尼、墨尔本、布里斯班和珀斯。

同中国的关系 1972 年 12 月 21 日中澳两国建交。

华人经济

澳大利亚是近年来华侨华人不断增加移民的主要国家之一。澳大利亚的华侨华人历史悠久，是最早来澳民族之一，其渊源与金矿有关。在 19 世纪澳大利亚的淘金热出现之前，几乎没有华人居住在澳大利亚。自 19 世纪开始，有许多来自广东的华工前往澳大利亚淘金，同时期美国加州的淘金热开始衰退，许多美国加州的华人淘金客直接迁移至澳大利亚。当时当地政府为限制华人迁移的人数，开始对移入的华人收取人头税，那时在澳大利亚居住的华人人数约有 5 万人。

19 世纪时，华人人数仅次于英国，为澳大利亚第 2 大外来移民。而在 20 世纪初，由于对华人的种族歧视，当局开始限制华人移居澳大利亚，于是澳大利亚的华人数量开始不断地减少。1911 年华人数目减至约 2 万人。至 1947 年华侨华人人数更降至 6404 人的最低点。

20 世纪 60 年代中期之后，由于当地政策的逐渐放宽与废除，再次掀起华侨华人移民澳大利亚的另一新高潮。20 世纪 80 年代澳大利亚政府开始允许获得专业知识技能认证资格的华侨华人可移民澳大利亚，使得华侨华人在澳大利亚的人数增加，并在社会占有一席之地。另外同时期还有许多华侨华人从中南半岛与东帝汶移入澳大利亚，加上不少由香港和台湾的华商移居澳大利亚，澳大利亚的华人社群渐趋复杂化。根据有关资料统计，2008 年澳大利亚的华侨华人近 67 万人，来自台湾的 2009 年为 26870 人。

澳大利亚的华侨华人多集中在各大城市，例如悉尼（华人有 24.8 万人）、墨尔本以及里斯本等。根据 1996 年有关资料统计，以当时全澳华侨华人约 49 万人口而言，中国大陆移入的约 15 万人、中国香港移入的约 8.8 万人、越南 6.5 万人、马来西亚 6.4 万人、新加坡 2.7 万人、中国台湾 2.1 万人。这些移民人数以分配比例而言，中国大陆占 30.8%、中国香港 17.9%、越南 13.3%、马来西亚 13.0%、新加坡 5.5%、中国台湾 4.3%。从这些数字可以看出在澳大利亚的华侨华人各大城市中，华侨华人的群聚力较强。澳大利亚的华侨华人所从事的行业相当广泛，包括贸易、餐饮、房地产、制造业、旅馆、医药业、金融保险、新闻文化、食品、纺织成衣、电子资讯、化学、运输、有线电视等，其中主要经营的行业为贸易杂货业、餐饮业、房地产业及观光旅馆等。绝大多数为中小型，但也不乏经营很成功、很出色的，例如在悉尼市附近，从事制造且经营相当成功的华商典范，首推自然保养品生产厂商蕾绵企业（Nature’s Care）。该企业利用当地天然资源，成功地制造其美容产品的品牌，并外销到亚洲各国；同时为了开发客户及市场，该企业还开办美容学校培养人才，推广产品。又如，里斯本台商裕峰集团在短短 11 年里，将下属的大型购物商场扩充到 19 家，经营非常成功。豆腐王（King International）不断研发，成功地将豆腐和西方产品结合，开发各式豆腐制品行销全澳大利亚，并外销新西兰及马来西亚、新加坡等国。还有墨尔本的A. W. Spinning Mills公司利用澳洲生产的棉花生产棉纱，内销当地市场，经营出色。这些经营成功的企业，对当地经济产生一些影响力，也对华人地位的提升有相当帮助。

澳大利亚华侨华人社团组织约为 111 个，可分 3 种情况：一是以早期广东、福建等移民为主，成立时间早；二是 20 世纪六七十年代的移民为主的社团，来源地广泛；三是以大陆新移民为主的社团。

斐　济（Fiji）

国名　斐济共和国（The Republic of Fiji）

面积　陆地面积1.8333万平方公里，水域面积129万平方公里。

人口　83.7万（2007年）。英语、斐济语和印地语为官方语言，通用英语。53%的居民信奉基督教，38%的居民信奉印度教，8%的居民信奉伊斯兰教。

首都　苏瓦

国内生产总值（2009年）：47.61亿斐元

人均国内生产总值（2009年）：5654斐元

货币名称：斐济元

汇率（2011年6月）：1美元≈1.80斐元

简　况

位于西南太平洋中心，由332个岛屿组成，其中106个岛屿有人居住。多为珊瑚礁环绕的火山岛，主要有维提岛和瓦努阿岛等。属热带海洋性气候，常受飓风袭击。年平均气温22～30℃。

斐济人世居岛上。1643年荷兰航海者塔斯曼首先来到斐济。19世纪上半叶欧洲人开始移入。1874年沦为英国殖民地。1879～1916年，大批印度人作为英国“殖民制糖公司”的合同工到此种植甘蔗。1970年10月10日独立，并成为英联邦成员。1987年发生军事政变后改称共和国，并脱离英联邦。1997年9月30日恢复英联邦成员资格。1998年7月27日实施新宪法后，改国名为“斐济群岛共和国”，同年重新加入英联邦。2009年国名改为“斐济共和国”。

全国共有2个直辖市（苏瓦和劳托卡）、4大行政区和14个省。

经　济

斐济自然资源较丰富，是太平洋岛国中经济实力较强、经济情况较好的国家。斐经济长期以来保持着缓慢增长。制糖业、旅游业和服装加工业是斐国民经济的三大支柱。斐政府重视发展民族经济，鼓励发展私营企业，建立宽松的政策环境，促进投资和出口，逐步把斐经济发展成高增长、低税收、富有活力的外向型经济。近年来，受世界金融危机和连续自然灾害影响，斐经济出现负增长。2010年来，斐经济出现回升势头。

资源　热带雨林覆盖面积达93.5万公顷，约占全国土地面积的1/2，有开采价值的约25万公顷，主要出产优质硬木和松木。斐有两座金矿，还有少量的铜、银、铝矾土、石油等。斐济渔业资源丰富，盛产金枪鱼。

工业　主要是榨糖，此外还有服装加工、黄金的开采、鱼类产品的加工和椰子的加工等。

农渔业　可耕地约有28.8万公顷，主要种植甘蔗、椰子、香蕉等。小麦全部靠进口，大米只能自给20%。近几年，斐政府提倡多种经济作物，推广水稻种植。重视发展牧业及渔业生产。

旅游业 旅游业发达，是斐最大的外汇来源，旅游业收入占斐国内生产总值约20%。全国约有4万人从事旅游业，占就业人数的15%。游客主要来自澳大利亚、新西兰、北美洲、西欧、日本等国。

交通运输 斐济是南太平洋地区交通枢纽，水、陆、空交通运输较发达。首都苏瓦港是重要国际海港，可泊万吨轮。瑙索里机场可起降波音737飞机，楠迪机场可起降波音747等大型客机。公路总长5300公里，其中沥青路面公路1340公里。铁路总长820公里（窄轨），用于运输甘蔗。水运方面，有商用船747艘，苏瓦、楠迪、劳托卡、莱维卡是斐济重要国际港口。空运方面，斐济太平洋航空公司是国际航空公司，有6架飞机，经营日本、澳大利亚、新西兰、美国、瓦努阿图、萨摩亚、图瓦卢、汤加和所罗门及中国香港等航线。瑙索里机场主要是国内民航机场。澳、新、马绍尔、加拿大等国航空公司有定期航班停降楠迪国际机场。

同中国的关系 1975年11月5日中斐两国建交。

华人经济

斐济的华侨华人2009年约5500人，占全国人口的7%，祖籍多为广东的四邑，首推台山，其次为中山和东莞，其中台商85人。华侨华人大部分已加入斐济国籍，主要定居在首都苏瓦和劳托卡、楠迪以及瑙索里等地。

目前，斐济华侨华人以经营工商业者居多，且均以个人或家庭经营之方式。除少数经营进出口贸易和电子、电器商业外，大部分华侨华人都经营餐馆、饭店和杂货、百货业；有些华人从事制造业；一些华人经营房地产和旅游业；还有几百户广东新移民因斐济不产蔬菜而从事蔬菜种植业，成为蔬菜生产供应商，引进了许多地道的广东蔬菜，这些蔬菜品种多，物美价廉，深受当地人的欢迎，他们把一个缺菜的斐济变成了蔬菜充分自给并可出口的国家。经过多年的艰苦创业，斐济华人经营的工商业和农业已经初具规模，成为当地的重要经济支柱。

据初步统计，斐济已有华人经营的各种商店（包括杂货店和超级市场）170多家，投资额达到350万斐元，其中“北京”、“南京”、“环球”、“竹楼”等颇具盛名；餐馆60多家，投资额120万斐元；工厂33家，农场20多家，此外还有两个畜牧场。“邝氏农场”占地500英亩，进行综合性经营，以机械生产，并养殖淡水鱼，收益很好。华人经济虽然只是斐济经济中的一小部分，但发挥着重要作用。

斐济华侨华人社团组织现有10个左右，其中主要有“斐济华人商会”、“斐济华人协会西北区分会”、“东莞同乡会”、“巴城华侨联谊会”、“开平乡亲联谊会”等。

法属波利尼西亚
（French Polynesia）

名称 法属波利尼西亚（French Polynesia）

面积 4167 平方公里，其中可居住面积 3521 平方公里。

人口 294935（2011 年 7 月统计）。法语和波利尼西亚语（塔希提语）为官方语言，波利尼西亚语是通用语。居民中 54％的人信奉基督教新教，30％的人信奉罗马天主教，10％的人信奉其他宗教，6％的人无宗教信仰。

首府 帕皮提

地区生产总值（2006 年估计）：56.5 亿美元

人均地区生产总值（2006 年估计）：21999 美元

货币名称：太平洋结算法郎

汇率（固定汇率）：1 欧元＝119.3317 太平洋法郎

简　况

位于太平洋东南部。西与库克群岛隔海相望，西北临莱恩群岛。由 118 个岛屿和珊瑚礁组成，分属社会群岛、马克萨斯群岛、南方群岛、甘比尔群岛、土阿莫土群岛等 5 大群岛，其中位于社会群岛的塔希提岛最大。属热带雨林气候，炎热潮湿，3 月份气温最高，月平均气温 28℃；8 月份气温最低，月平均气温 20℃。年均气温 26℃。年均降水量 2500～3000 毫米。历史上曾多次受飓风袭击。

公元 300 年已经有人在此居住。1595 年，西班牙人蒙达那首先登上马克萨斯群岛。此后的 300 年间，葡萄牙人、英国人和法国人先后来到这些群岛并开始争夺所有权。1880 年，塔希提岛沦为法国殖民地。至 19 世纪末，其他岛屿亦被法占领。1946 年成为法国海外属地。1956 年与法国政府达成自治框架协议。1957 年正式取用现名，由总督管理，属地议会和政府委员会协助其工作。1977 年开始实行部分自治。1984 年起实行内部自治，但法国仍掌管外交、国际和司法权，政府委员会的权力，尤其是商务方面的权力有所增强，法国委派高级专员取代总督，政府委员会改为部长会议，成员由属地议会选出，任期 5 年。2003 年，法属波利尼西亚成为海外属地。2004 年法国国民议会和参议院通过法案，将法属波利尼西亚提升为共和国内海外领地，部长会议提升为自治政府，享有自主选择领导人、立法、管理经济社会事务，统辖警务和领海安全事务以及组织公投等权力。

行政区划分为：向风群岛（塔希提岛等）、背风群岛（腊亚特阿岛等）、南方群岛、马克萨斯群岛、土阿莫土—甘比尔群岛 5 个区域。

经　济

法属波利尼西亚是大洋洲地区排在澳

大利亚、新西兰、夏威夷和新喀之后的第5大经济体。工业基础薄弱，传统经济以农业为主，旅游业现已成为主要的经济支柱。自1996年以来，由于法国在南太平洋进行核试验。在波驻军日益增多，促使建筑业和服务业急剧发展，外来劳务人员大量涌入塔希提岛，使自给自足的传统农业经济遭受到破坏，农业长期投资减少，使农产品由出口变成进口，约80%的食品靠进口，每年靠法国政府提供援助补贴财政亏损，经济增长主要得益于法国的财政支持和旅游业的发展。

资源 矿产资源主要有磷酸盐和钴矿。渔业资源丰富，盛产金枪鱼和珍珠。拥有近1万公顷的森林资源。

工业 主要有采矿业、制造业、建筑业及一些实用性的经济产业。制造业产品主要有椰油、椰干、啤酒、乳制品、香精等。每年生产磷肥约1000万吨。火力发电为主要能源。另有水力、风力和太阳能发电站。

农牧业 从事农业的人口占总劳动力的4%。主要农产品是椰子、蔬菜、柑橘、菠萝、香草、咖啡等，大部分供出口。人工养殖业有虾、牡蛎、黑珍珠等。法波是世界上第一大黑珍珠产地，主要出口到日本和中国香港。畜牧业主要是养猪、养牛和养鸡。

旅游业 是法波的主要经济部门。有两家旅行社，饭店和家庭旅店共有客房4606间，另有14处露营地。主要旅游点是塔希提岛。游客主要来自美国、法国和日本。

交通运输 公路总长2590公里，其中1735公里是柏油路，855公里是石面路。水运方面，帕皮提是主要港口，远洋轮船定期停泊该港。塔希提国际海运代理公司及其他几家海运公司的航线通往新西兰、美国、澳大利亚、美属萨摩亚、新喀里多尼亚、智利、斐济及其他欧洲和亚洲国家。空运方面，距帕皮提6公里处的法阿机场是唯一的国际机场，另外，还有52个小型机场及1个直升机机场。法国、新西兰、澳大利亚、智利、美国等航空公司承担国际运输，而两家当地航空公司承担各岛间的运输。

华人经济

塔希提即法属波利尼西亚的主岛。根据当地史籍记载，1860年时已有20名来自附近岛屿的中国移民。经过多年的变化，20世纪末塔希提的华侨华人已达到3万人。华侨华人半数以上居于首府帕皮提，其余散处在其他的岛屿。

华人在当地经营的事业有大型观光餐厅、娱乐事业及较具规模的产品加工外销事业；进出口商或批发零售商在当地则居主流地位。经营的事业有：

商业 塔希提现有华人经营商店450余家，供应成衣、布匹、食品、杂货、百货、五金、电器、日用品、药品、西点面包、罐头食品等。另有进出口商约40余家，批发兼营进出口或零售商80余家，在当地居主流地位，多自中国香港、新加坡及邻近岛屿进货，供应商也多是华商，与太平洋各岛屿华商构成流通网。华人餐馆业包括大型观光餐厅及小型家庭式营业，现增至80余家以及10余辆餐车供应当地人民便餐。另有娱乐业5家，导游、航空服务、汽车租赁业、银行及航运业若干家。

工业 华人经营椰油及渔产品加工外销事业较具规模，其余多属小型经营，现已增到70余家，从业员工1000余人。建筑商7家，从事建筑及装潢事业，由于当地市场小，一般自建仓库储存水泥、钢筋、夹板、玻璃、地毯、卫浴器材及各种装潢物料。此外，还有食品加工、饮料、香水、肥皂、成衣、家电用品、铝器、塑胶加工、制烟、家具、木材加工及机械、船舶、车辆等维修厂家数不多。华人刘富权经营事业包括焊铁工厂、进出口业、船务代理等多项部门，为华人事业的新模式。

农渔业 华人从事种植果树、菜蔬、花生及在海边捡拾贝壳、海螺等加工制造多种纪念品共有16家，销售给观光旅客并外销新加坡、中国香港、夏威夷等地。

目前当地华人中有不少是属于第三四代，他们早已落地生根，他们或他们的子弟多往澳大利亚、夏威夷等地留学，学成后或应聘在海外担任专业工作或返塔希提出任政府机关官员、民意代表、专业及学术研究等工作。华人子弟在外国获得居住权后也有接家人前往团聚的，这是法属波利尼西亚华人人口增长率不大的因素之一。

塔希提华侨华人社团组织最大的为“中华公会”，成立最早的是“信义堂”。

关　岛（Guam）

国名　关岛（Guam），（美国海外属地）

面积　541.3 平方公里

人口　183286 人（2011 年 7 月）。英语是官方语言，通用语是查莫罗语及菲律宾语。85％的居民信奉罗马天主教。

首都　阿加尼亚

岛内生产总值（2005 年）：25 亿美元

人均生产总值（2005 年）：15000 美元

货币名称：美元

简　况

位于西太平洋马里亚纳群岛最南端（是该群岛最大岛屿），夏威夷以西 5300 公里处，是通向密克罗尼西亚（西太平洋诸岛总称）的门户，属热带季风气候，年均气温 26℃。年降水量 2000 毫米。常有地震。

1521 年麦哲伦在环球旅行时抵达关岛。1565 年被西班牙人占领。欧洲人在此大肆迫害当地土著人（密克罗尼西亚人），使土著人口从 1521 年的 10 万多人锐减至 1741 年的 5000 多人。1898 年美西战争后被割让给美国。1941 年被日本占领。1944 年被美军夺回后成为主要海军、空军基地，归美海军部管辖。1950 年美国通过《关岛组织法》，宣布关岛为美“未合并领土”，赋予关岛地方政府自治权力，归美国内政部管辖。关岛居民有美国公民权，但不能在全美选举中投票。1976 年的一项公民投票支持关岛维持与美国的密切联系地位。1994 年，美军将 3200 英亩土地归还民用。1995 年又将位于中央位置的布里非尔德空军基地交还民用。

经　济

岛内收入主要依靠旅游业和美军在该岛海军、空军基地的开支。每年来岛的游客达 100 万人次，每年仅旅游一项创收 1590 万美元。游客主要来自日本。服务业是当地的主要产业，其次是工业和农业。主要工业有建筑业、轻工、食品加工、炼油等。农业主要是种植烟草和水果等。有一定规模的渔业捕捞。新加坡是其最大进口贸易国，其次是韩国和日本。日本亦是最大出口贸易国。关岛有 1045 公里的高速公路，5 个机场。

华人经济

约自 20 世纪 70 年代开始，华侨华人陆续移民至关岛，早期是以台湾移民为主，由中国大陆地区移民至此的很少，因此台湾人在当地就是华人的代表。由于台湾来此多半属于投资移民，所以大部分都属于中产阶级以上。他们除投资于房地产、旅馆、免税店与观光相关的行业外，也投资贸易、批发、零售、家具、餐厅、食品、建材等行业；但也有从事珠宝、船务代理、电力技术服务、保险及银行等业务的，范围相当广泛。

关岛因为以观光为主，当地几乎没有任何制造业，因此观光业的好坏决定着关岛经济的兴衰。观光业景气时经济一派大好，房地产价格高涨，餐厅客满，旅馆住宿率高，免税店生意红火，经济快速增长。台商在关岛大部分从事的行业均与观光产业相关，因此在观光业繁荣的带动下，大多数台商累积了不少的财富有雄厚的经济实力，近十年来经营有大型化的趋势。台商有长期定居的打算，因此对当地政治、经济及社会较为关心，不仅热心侨社活动，同时对当地社会也有相当贡献，所以华侨华人在当地形象很好，在经济上也有一定的影响力。

台湾移民的第二代多半到美国本土就读大学，毕业后也多留在美国本土工作，回关岛的人数相当少，所以台湾在关岛的移民大约维持在2000～3000人。而从中国大陆来的移民约2000余人，他们一般在关岛从事建筑行业。2000年华侨华人约5000人。

关岛的华侨华人社团组织最重要的有两个，一是“中华总会”，二是“华商协会”。“中华总会”创立于1972年，是由台湾移民关岛人士所组成。“中华总会”之下有“中华会馆”、“中华学校”及“中华公园”3个部分。其中“中华会馆”除编辑会刊外，并经常举办各项庆典活动及联谊活动，会员互助很好。“中华学校”是为侨民子女中文教育而设立的补习学校。“华商协会”是华人社团中另一重要的组织，“华商协会”主要由中国台湾、中国香港及菲律宾的华商所组成，其中也包含少数来自中国大陆的华商在内。“华商协会”成立的目的是想通过团体的力量将华商聚在一起，与当地政府沟通，反映一些华商的意见及争取一些权益，但更重要的目的是希望大家共同为关岛的经济努力，促进当地社会繁荣，很受当地政府重视。

密克罗尼西亚（Micronesia）

国名 密克罗尼西亚联邦（The Federated States of Micronesia）

面积 陆地面积705平方公里，水域面积298万平方公里。

人口 10.26万（2010年）。其中密克罗尼西亚人占97%。英语是官方语言。50%的居民信奉天主教，47%的居民信奉基督教新教，3%的居民信奉其他宗教和不信教。

首都 帕利基尔

国内生产总值（2009年）：2.331亿美元

人均国内生产总值（2009年）：2278美元

货币名称：美元

简　况

位于中部太平洋，属加罗林群岛，东西延伸2500公里。海岸线长6112公里。由607个大小岛屿组成。岛屿为火山型和珊瑚礁型，多山地。属热带气候。4～11月为雨季，1～3月为旱季。年均气温27℃。年均降水量约2000毫米。波纳佩岛是世界上降水量最多的地方之一。

4000年前就有人居住。16世纪被西方航海者发现。19世纪中期英、美、德国先后在此设立贸易点。1885年被西班牙占领。1899年被转让给德国。第一次世界大战中被日本占领。第二次世界大战期间被美国占领。1947年，联合国将密交美国托管。后与马绍尔群岛、北马里亚纳群岛和帕劳构成太平洋岛屿托管地的4个政治实体。1979年密克罗尼西亚联邦成立。1982年与美国正式签订《自由联系条约》。1986年11月3日该条约生效，密联邦正式独立。1991年9月17日成为联合国正式会员国。

经　济

经济落后，绝大多数人的经济生活是以村落为单位。基本上没有工业，粮食及生活日用品大部分靠进口。经济长期严重依赖外援，国内缺乏有效的市场机制和良好的投资环境，经济发展缓慢。近年来，密在规划中把农业、渔业、旅游业作为经济发展的3大支柱。大力支持私有经济的发展，促进全国经济社会全面发展，争取经济上的独立自主。农产品主要有椰子、胡椒、芋头、面包果等。渔业资源丰富。

资源 盛产金枪鱼。其他海产品有待开发。

工业 只有少量加工业，如鱼产品加工、制皂厂、椰油加工厂和成衣加工厂等。

农业 无粮食种植，靠自然生长。椰子、香蕉、面包果、木瓜、木薯等热带果木随处可见。出产优质胡椒，出口国外。

旅游业 旅游资源丰富，热带风光秀丽，独特的民族传统文化和风俗，以及“纳马杜”古城堡、“石币银行”等古迹，吸引着大批旅游者。游客主要来自美国、日本和欧洲。近年来，有不少中国游客来密旅游观光。

交通运输 岛屿间靠空运和海运沟通。境内机场可供波音737飞机起降。公路运输落后，公路总长约 240 公里。无铁路。水运方面，联邦政府有 2 艘 800 吨级轮船定期来往于岛屿间。另外各州政府共有 4 艘 600 吨级客货两用轮。各州的港口均可停靠远洋级货轮。各州均有小型国际机场。

对外贸易 贸易逆差大。主要出口商品有槟榔果、椰干和渔业产品。进口产品主要是机械、汽车、工业制成品、燃油、家电、食品等。

同中国的关系 1989 年 9 月 11 日中密两国建交。

华人经济

在密克罗尼西亚联邦首都帕利基尔的所在地波那佩岛上生活工作着大约 20 名华侨华人（2007 年资料统计）。他们在这里经营两家中餐馆和旅馆，其中“中国之星”酒店集餐饮、住宿、娱乐于一体。

新西兰（New Zealand）

国名 新西兰（New Zealand）

面积 26.87万平方公里，专属经济区120万平方公里。

人口 440.3万（2011年）。毛利语和英语为官方语言。70%的居民信奉基督教新教和天主教。

首都 惠灵顿

国内生产总值（2011年3月）：1357.9亿新元

人均国内生产总值（2011年）：3.2万新元

货币名称：新西兰元（新元）

汇率（2011年5月）：1新元≈0.80美元

简　况

位于太平洋西南部，首都惠灵顿是地球上最靠南的都城。西隔塔斯曼海与澳大利亚相望，相距1600公里。由南岛、北岛及一些小岛组成，南、北两岛隔库克海峡相望。全境多山，平原狭小，山地和丘陵占全国面积的75%以上，河流短而湍急，航运不便，但水利资源丰富。北岛多火山和温泉，南岛多冰河与湖泊。南岛的库克峰海拔3754米，为全国最高峰。海岸线长约1.5万公里。属温带海洋性气候。平均气温夏天20℃左右，冬季10℃左右。年平均降水量600～1500毫米。

早在1350年，毛利人就在新西兰定居。1642年荷兰航海者在新西兰登陆。1769～1777年，英国库克船长先后5次到达新西兰。此后英国向新西兰大陆移民并宣布占领。1840年2月6日，英国迫使毛利人族长签订《威坦哲条约》，规定新西兰为英国殖民地。1907年英国同意新西兰独立，新西兰成为英国的自治领，政治、经济、外交仍受英国控制。1947年新西兰获得完全自主，成为主权国家。是英联邦成员。

全国划分为12个大区和4个单一辖区，设有74个地区行政机构（其中包括15个市政厅、58个区议会和查塔姆群岛议会）。

经　济

新西兰是世界上比较富裕的国家，经济比较发达。以农牧业为主，农牧业产品出口占新西兰出口总量的一半以上。羊肉和奶制品出口量居世界第1位，羊毛出口量占世界第2位。新西兰制造业和服务业也发达，特别是旅游业产值占新西兰国内生产总值的10%左右，是仅次于乳制品业的第2大创汇产业。

资源 主要矿产资源有煤、金、铁、天然气和银、锰、钨、磷酸盐、石油等，但储量不大。森林资源丰富，面积达810万公顷，占全国土地面积的30%。主要林产品有原木、木浆、纸和木板等。新西兰是全球最大的鹿茸生产国和出口国，产量占世界30%。渔业资源丰富，是世界第4大专属经济区。

工业 主要传统工业有奶制品、毛毯、食品、皮革、烟草、造纸和木材加工等轻工业，产品主要供出口。重工业主要有炼钢、炼油、炼铝和农用飞机的制造等。制造业多为小型企业。

农业　新西兰种植业、园艺、林业和渔业在新西兰经济中发挥着重要作用。农业产值占国内生产总值的7%左右，农产品出口收入占据着新西兰出口总收入的一半以上。其中乳制品与肉类制品是新西兰最重要的出口产品。2010年，全国共有农场59907个。全国农耕面积达1457.9万公顷。农业高度机械化。主要农作物有小麦、大麦、燕麦、水果。粮食不能自给，靠从澳大利亚进口。2010/2011年度新西兰畜牧业生产稳步发展，其中绵羊和奶牛数量出现小幅增长；鹿的饲养量基本持平；肉牛数量有所下降。新西兰是世界上最大杂交羊毛生产国。羊毛、绒毛类产品在对外出口中占有重要位置。新西兰林业发达，原木、木材和木制品是继奶制品、肉类制品之后，第三大的出口创收产品。2010/2011年度鱼类出口额为13.82亿新元，比上年增长12.3%。

旅游业　旅游业是新西兰经济的支柱产业之一，从事旅游业的直接或间接相关的行业人员超过15万人。每年有250万外国游客光顾新西兰，海内外游客每年给新西兰带来超过200亿新元的收入。主要著名景点有罗托鲁阿、怀拉基、怀托莫溶洞、库克山、昆斯敦等。

交通运输　交通运输发达。新西兰国家公路网全长93459.8公里，高速公路全长10909公里，国家公路网承担了新西兰所有公路交通运载量的50%。铁路总长约4450公里，基本实现电气化。水运方面，新西兰是一个具有悠久国际和沿海航运史的国家。主要港口有奥克兰、利特尔顿、马斯登点、陶朗加、惠灵顿、旺格雷。新西兰有1609公里的内河航道。空运方面，有机场113座，惠灵顿机场是新西兰最主要的大型机场。目前奥克兰机场已经成为世界知名的机场之一。

同中国的关系　1972年12月22日中新两国建交。

华人经济

2007年新西兰的华侨华人近15万，约占新国总人口的5%。华侨华人为新国最大的亚裔族群，几乎占亚裔（约35.4万）总人口的半数。新西兰的华侨华人祖籍多为广东的新会、恩平、东莞和台山、番禺等地。来自台湾的移民约3万人。华侨华人近9成聚集在北岛，以奥克兰地区最多，其他则居住在南岛。

新西兰的华侨华人大部分属于新移民，大约有3/4是在20世纪1990年以后移居的，人口结构相当年轻化。老年华侨华人原以经营农场、种植及销售蔬菜、水果等为特色。现华侨华人所从事的行业大都以中小型服务业为主，例如进出口贸易、印刷、房地产、旅行社、家具店、特产店、电视台、保险代理、汽车修理、中医诊所、养鸡场、餐厅等五花八门、各行各业均有。少数从事健康食品制造与电脑组装，规模均不大。台商投资的项目包括森林、农场、不动产、旅馆、超市、旅行社、肉品加工、健康食品制造、电脑装配及一般贸易。

新西兰华侨华人社团组织约100个，其中全国性的主要有："新西兰华侨联合会"、"新西兰华侨农业会总会"、"新西兰中国团体联合会"、"新西兰中国和平统一促进会"等。

巴布亚新几内亚
(Papua New Guinea)

国名 巴布亚新几内亚独立国(The Independent State of Papua New Guinea)

面积 46.284万平方公里

人口 649.7万(2010年)。英语是官方语言,皮金语在全国较为流行。93%的居民信奉基督教,传统拜物教也有一定影响。

首都 莫尔斯比港

国内生产总值(2010年): 95.2亿美元

人均国内生产总值(2010年): 1465美元

货币名称: 巴布亚新几内亚基那

汇率(2011年6月): 1美元=2.41基那

简况

位于太平洋西南部,包括新几内亚岛东半部及其他岛屿,西与印度尼西亚的伊里安查亚省接壤,南隔托雷斯海峡与澳大利亚相望。属美拉尼西亚群岛。全境共有600多个岛屿。主要岛屿包括新不列颠、新爱尔兰、马努斯、布干维尔和布卡等。海岸线全长8300公里,包括200海里专属经济区在内的水域面积达240万平方公里。海拔1000米以上属山地气候,其余属热带雨林气候。5~10月为旱季,11月~翌年4月为雨季,沿海地区平均温度21.1~32.2℃,山地地区比沿海地区低5~6℃。年均降水量2500毫米。

新几内亚高地地区很早就有人定居。1511年葡萄牙人抵达新几内亚岛。1884年英、德瓜分新几内亚岛东半部和附近岛屿。1906年英属新几内亚交澳大利亚管理,改称澳属巴布亚领地。德属部分在第一次世界大战中被澳军占领,1920年12月17日国际联盟委托澳管理。1942年被日本占领。1945年联合国将其重新交澳大利亚托管。1949年澳将原英属和德属两部分合并为1个行政单位,称“巴布亚新几内亚领地”。1973年12月1日实行内部自治。1975年9月16日独立,迈克尔·索马雷为首任总理。

全国划分为20个省、布干维尔自治区及首都行政区(莫尔斯比港市)。

经济

巴布亚新几内亚是最大的太平洋岛屿经济体。资源丰富,经济落后。2010年国内生产总值达95.2亿美元,在世界排名中名列第136位,同比增长7%。巴布亚新几内亚经济中的规模产业比较小,主要集中在自然资源的出口上,非规模产业解决了绝大多数人口的就业问题。巴布亚新几内亚85%的人口集中在农村,农业产值占国内生产总值的32%左右。农村有相当一部分人迄今仍过着原始部落自给自足的生活。矿产、石油和经济作物是该国经济的支柱产业。近期,政府加大对发展经济的投入,积极吸引外资并取得一定成效。液化天然气项目及拉姆镍钴矿等投资项目取得重要进展。

资源 巴布亚新几内亚矿产较丰富。黄金储量3110吨，排名世界第11位。铜矿储量2000万吨，排名世界第13位。石油储量约8.8亿桶。天然气储量估计在2270亿立方米左右。铜金共生矿石储量4亿吨。此外还有富金矿、铬、镍、铝矾土、海底天然气和石油资源。巴布亚新几内亚森林资源丰富，有3000万公顷热带原始天然林地。还拥有62277公顷种植园林地。巴布亚新几内亚周边海域蕴藏着丰富的海洋资源。

工业 工业产值约占国内生产总值的35%。2010年工业生产增长率达10%。主要行业有干椰肉加工、棕榈油加工、胶合板生产、木板生产、金银铜矿的开采、建筑、原油生产、精炼石油生产等。其中手工业发展较快，占国内生产的比例6%～11.5%。采矿业收入占出口收入的2/3。由于技术和资金的缺乏，巴布亚新几内亚的矿产能源开发必须依赖外国投资。

农业 是巴布亚新几内亚国民经济的支柱产业，农业产值占国内生产总值的32%。2010年，巴布亚新几内亚农产品出口收入11.78亿美元。巴布亚新几内亚有600多个种植园区出产咖啡、橡胶、可可、椰干、椰油、棕榈油和茶叶等。约有64000公顷的土地种植咖啡，绝大部分供出口。咖啡生产成为该国约250万人的收入来源。主要销往德国、美国、澳大利亚和日本。巴布亚新几内亚出产的可可质量上乘，其出口额占农业出口额的22%。油棕榈种植面积有58000公顷，2010年棕榈油出口超过45万吨，主要销往欧洲。干椰子仁、干椰子仁油和干椰子仁肉主要出口至澳大利亚、德国、菲律宾和新加坡。橡胶、茶叶、豆蔻、香草、辣椒、香料和热带水果及蔬菜也是该国出口的农产品。巴布亚新几内亚渔业发达。240万平方公里的专属经济区鱼类资源丰富，盛产金枪鱼、对虾和龙虾。金枪鱼的捕捞量占世界捕捞量的10%。巴布亚新几内亚是世界第2大热带原木出口国。2010年出口了286万立方米原木。有约7000人直接就业于林业部门。

旅游业 在国民经济中占有一定位置。旅游资源丰富，开发潜力大。

交通运输 公路总长约2.5万公里。水运方面，国有港口有16个，由国有企业——巴新港口有限公司管理。莫尔斯比港、莱城和拉包尔是主要港口。与澳大利亚、日本、新加坡、其他太平洋岛国及中国台湾和香港等地区有海运联系。空运方面，截止到2010年，巴布亚新几内亚共有机场562个，其中铺平跑道的共有21个。直升机场2个。22个主要机场由国家航空有限公司管理和所有。位于莫尔斯比港的杰克逊国际机场是该国主要机场。

同中国的关系 1976年10月12日中国和巴布亚新几内亚建交。

华人经济

巴布亚新几内亚的华侨华人，2010年共有5000多人。华侨华人在这个南太岛国的发展已有逾百年历史，他们来自福建等中国沿海地区，已有四五代人，来自台湾地区的约100人。到巴新的华侨华人最早落脚点在新不列颠岛的拉包尔一带，后来华侨华人的足迹遍布巴新的主要岛屿。

巴新当地出生的华裔多数从事批发、超市、房地产和加工业等，资本较大，在巴新社会有一定地位和影响。其他华侨华人多经营杂货零售业、批发业、超市、伐木、捕鱼、农产品加工、运输服务及餐馆等，多属中小企业规模，但生活较富裕。来自台湾地区的华侨华人主要经营渔产、渔船代理、海产买卖、汽车维护及自营商店等。

20世纪80年代起，又有一批来自中国大陆的新移民，他们大多打工、经营小店和从事修理业，处于创业阶段。

巴新唯一的全国性华侨华人社团组织“巴布亚新几内亚中华总会”于2001年春节正式成立，成员包括新老各界华侨华人，以维护华人权益，推动华人与当地社会融合。台商则有“巴新台湾同乡会”，该会成立于1998年。

帕　劳（Palau）

国名　帕劳共和国（The Republic of Palau）

面积　陆地面积458平方公里，水域面积62.9万平方公里。

人口　2.08万（2009年）。帕劳语为官方语言，通用英语。全国73%的居民信奉基督教，其中41.6%信奉罗马天主教，28.3%信奉基督教新教。

首都　梅莱凯奥克

国内生产总值（2009年）：1.784亿美元

人均国内生产总值（2009年）：8100美元

货币名称：美元

简　况

帕劳也称贝劳（Belau），位于西太平洋，在关岛以南700多英里处，属加罗林群岛，是太平洋进入东南亚的门户之一。海岸线长1519公里。由300多个火山岛和珊瑚岛组成，分布在南北长640公里的海面上，其中有9个岛上有常住居民，最大岛屿为巴伯尔岛，面积352平方公里，在本地区仅次于关岛。属热带气候，年均气温27℃。5～11月为雨季，12月～翌年4月为旱季。年均降水量3000毫米以上。

4000年前就有人居住。1710年被西班牙探险家发现。1885年被西班牙占领。1898年被西班牙卖给德国。第一次世界大战中被日本占领。第二次世界大战期间被美国攻占。1947年帕劳被联合国交美托管，与马绍尔群岛、北马里亚那群岛和密克罗尼西亚联邦构成太平洋岛屿托管地的4个政治实体。1969年，帕劳开始就未来政治地位同美国谈判，并于1982年8月与美签订《自由联系条约》。1993年11月举行第八次公决，通过该条约。据此，帕劳于1994年10月1日结束其托管地位，成为独立的主权国家，同年12月加入联合国。但仍与美国保持特殊关系。

全国划分为16个州。

经　济

主要靠外国援助和一些基本的粮食和渔业生产。跟邻近岛国相比，帕劳较为合理地使用了美援，建立起一定的持续发展能力，再加上受亚洲经济低迷影响小以及近年来旅游业的发展，帕劳目前是太平洋岛国中人民生活水平最高的国家之一。帕劳服务业就业人数占全国就业总数的一半，服务业收入占国内生产总值的80%。

农渔业　主要农产品有鸡蛋、猪肉、水果、蔬菜、槟榔果等。粮食不能自给。盛产金枪鱼，年捕鱼量6万～7万吨。

旅游业　是帕劳的支柱产业之一。游客主要来自日本、中国台湾、韩国、加拿大和美国。景点“岩石岛”是太平洋最纯净的海洋生态系统之一。

交通运输　无铁路。公路总长61公里，无公共交通设施。水运方面，科罗尔为主要港口。空运方面，共有3个机场。菲律宾、澳大利亚、美国、中国台湾有定期航班往返。日本航空公司经营包机业务。

华人经济

1949年以前甚至更早已有少数来自中国大陆的华人来到帕劳居住，多数与当地人通婚。据统计，2009年来自大陆有1000人，主要从事劳力工作，如按摩、餐饮、娱乐服务及农场劳作等。来自台湾的约有70人。台商在当地的影响较大，除了大型观光饭店及渔业公司投资金额达百万美元外，其余投资金额均不大。台商经营的项目包括4家大型观光饭店："帕劳大饭店"、"日晖度假村"、"凯隈饭店"、"帕劳老爷大酒店"及两家小型饭店："Palau Hotel"与"KB View Hotel"。此外尚有经营渔业公司，营建、饮水厂、餐饮业、修车厂、旅行社、礼品店、杂货店、贸易公司、水上活动中心、录像带出租店及KTV餐厅等行业，分布相当广泛。

帕劳的唯一华侨团体为1999年由台商组建的"帕劳中华联谊会"。该会经常举办联谊活动，并参加当地举办的各项活动，如在节日期间摆设摊位提供美食及水果，展示中华文化等。

所罗门群岛
(Solomon Islands)

国名 所罗门群岛(The Solomon Islands)

面积 陆地面积2.754万平方公里,水域面积134多万平方公里。

人口 53.7万(2009年)。英语为官方语言,通用皮金语。95%以上的居民信奉基督教新教和天主教,圣公会拥有全国2/3人口的信教徒。

首都 霍尼亚拉

国内生产总值(2009年):6.57亿美元

人均国内生产总值(2009年):1223美元

货币名称:所罗门群岛元(简称所元)

汇率(2010年6月):1美元=7.76所元

简 况

位于太平洋西南部,属美拉尼西亚群岛。共有900多个岛屿。最大的瓜达尔卡纳尔岛面积6475平方公里。境内多火山、河流。属热带雨林气候,终年炎热,无旱季。首都霍尼亚拉年均气温为28℃。年均降水量3000~3500毫米。

早在3000年前已有人在此居住。1568年被西班牙人发现并命名。此后荷兰、德国、英国等殖民者相继到此。1885年北所罗门成为德国保护地,同年转归英国(布卡和布干维尔岛除外)。1893年成立“英属所罗门群岛保护地”。第二次世界大战期间一度被日本占领。1976年1月2日实行内部自治。1978年7月7日独立。现为英联邦、联合国和太平洋岛国论坛成员国。

全国划分为9个省和1个市(首都霍尼亚拉市)。

经 济

独立以来,经济有较大发展,已由过去单一经济逐步转变为农、渔、矿、林、旅游等多样化经济。牛肉、粮食、蔬菜基本自给。几年来,经济稳步增长,一度成为太平洋岛国地区经济增长率最高的国家之一。所国主要出口产品为木材、鱼类、棕榈油、椰干及可可。进口产品主要是交通运输工具、机械产品、食品、燃料和化工产品等。近年来,受国际金融危机影响,所经济发展受阻。

资源 矿产主要有铝矾土、镍、铜、金、磷酸盐等。现探明铝矾土储量为5800万吨,磷酸盐1000万吨。水利资源丰富。森林覆盖面积占陆地面积的90%,约263万公顷。林木总储量约1.27亿立方米,商品材储量4810万立方米。近年林业发展迅速,已成为该国主要经济支柱。

工业 有渔业产品、家具、塑料、服装、木船、香料、食品和饮料等小型工厂和采矿业。工业产值低,仅占国内生产总值的5%。

农业 国内90%以上的人口是农村人口,农业产值占国内生产总值的60%。农作物主要是椰干、棕榈油和可可等。

渔业 所是世界上渔业资源最丰富的国家之一。渔业是该国主要出口创汇产业，其产品主要出口到日本。盛产金枪鱼，年捕捞量为 8 万吨。渔业产品年产值约 3120 万所元。渔产品为所第 3 大出口商品。

旅游业 所沿海地势平坦，海水清澈透明，能见度极好，被视为世界上最好的潜水区之一，开发旅游潜力大。但受旅馆、航班以及社会治安等因素的影响，局限性较大。

交通运输 陆路交通不发达。各岛共有 1900 公里公路干线。其中首都地区有柏油路面公路 100 公里，农村土路 1770 公里。空运方面，除霍尼亚拉国际机场外，还有 35 个小机场。在所罗门国际航线飞行的航空公司主要有巴布亚新几内亚航空公司和瑙鲁航空公司，澳大利亚航空公司与所罗门航空公司也有联营出入所国的国际航班。海运方面，与澳大利亚、日本、新加坡、其他太平洋岛国及中国台湾和香港等国家和地区有海运联系。有定期的海上运输货轮通往澳大利亚、新西兰、巴新、日本、中国香港和欧洲。霍尼亚拉是主要港口。

华人经济

所罗门群岛的华侨华人 2006 年约 1000 余人，以来自中国香港、广东为主，部分由东南亚移居，也有不少由中国大陆移居。其中已入所籍者约 500 人，居留 10 年以上及土生土长者各占半数。

所国华侨华人经济实力普遍不错，目前华商经营所国半数以上的进口、批发、零售、餐饮、娱乐等业并拥有主要房地产业。

所国台商 2009 年仅为 15 人，从事餐馆、金饰店、零售业、渔捞、土木建筑公司及伐木等行业。

侨团组织有 2009 年 5 月筹建的台湾商会。

非　　洲

埃　及（Egypt）

国名　阿拉伯埃及共和国（The Arab Republic of Egypt）

面积　100.145 万平方公里

人口　7950 万（截至 2008 年 12 月）。官方语言为阿拉伯语，中上层通用英语，法语次之。伊斯兰教为国教，信徒主要是逊尼派，占总人口的 84%。

首都　开罗

国内生产总值（2009/2010 财年）： 1980 亿美元

货币名称： 埃及镑

汇率（2011 年 6 月）： 1 美元＝5.93 埃镑

简　况

跨亚、非两大洲，大部分国土位于非洲东北部，只有苏伊士运河以东的西奈半岛位于亚洲西南部。西连利比亚，南接苏丹，东临红海并与巴勒斯坦、以色列接壤，北濒地中海。海岸线长约 2900 公里。全境干燥少雨。尼罗河三角洲和北部沿海地区属地中海型气候，平均气温 1 月为 12℃，7 月为 26℃，其余大部分地区属热带沙漠气候，炎热干燥，沙漠地区气温可达 40℃。

埃及是世界四大文明古国之一。公元前 3200 年出现奴隶制的统一国家，当时国王称法老。公元前 6 世纪以后长期被外来民族统治。公元 641 年，阿拉伯人入侵，推行“阿拉伯化”。1517 年被土耳其征服，成为奥斯曼帝国的行省。1882 年被英军占领。英取消奥斯曼帝国对埃及的宗主权，宣布埃及为英的“保护国”。1922 年 2 月 28 日，英宣布埃及为独立国家，但英保留对埃及国际、外交、少数民族等问题的处置权。1952 年 7 月 23 日，以纳赛尔为首的自由军官组织推翻法鲁克王朝，成立革命指导委员会，掌握国家政权。1953 年 6 月 18 日宣布成立埃及共和国。1958 年 2 月同叙利亚合并成立阿拉伯联合共和国。1961 年叙利亚发生政变，退出“阿联”。1971 年 9 月 1 日改名阿拉伯埃及共和国。1981 年 10 月萨达特总统遇刺身亡，总统穆巴拉克继任，并 4 次连任。

全国划分为 27 个省。

经　济

埃经济属于开放型市场经济，拥有相对完整的工业、农业和服务业体系。服务业产值约占国内生产总值的 50%。近几年，政府加大经济改革力度，继续推进经济自由化和私有化。继续改善投资环境，大力吸引外资，扩大出口，多创造国民就业机会，提高国民收入。埃石油、天然气、旅游业、苏伊士运河收入和侨汇是其外汇的主要来源，也是除税收外最重要的财政来源。近年受国际金融危机影响，埃经济受到很大冲击。

资源　矿产资源主要有石油、天然气、磷酸盐、铁矿等。已探明石油储量 47 亿桶，天然气储量 77 万亿立方英尺，磷酸盐储量约 70 亿吨，铁矿储量 6000 亿吨。此外还有锰、煤、金、锌、铬、银、钼、铜和滑石等。埃及阿斯旺水坝是世界七大水坝之一，年发电量超过100亿度。

工业 埃工业是以轻工业为主。纺织和食品加工为传统工业，其产值占工业总产值的一半以上。目前私营企业数量已占埃工业企业总数的80%，产值占国内工业生产总值的87%。埃工矿业产值约占国民生产总值的20%，工业产品出口约占商品出口总额的60%，工业产品出口达150亿美元，工矿业从业人员约274万人，占全国劳动力总数的14%。

农业 埃及是农业国，农村人口占全国总人口的55%，从业人口约550万人，占全国劳动力总数的31%。农业产值占国民生产总值的14%。主要农作物有棉花、小麦、大麦、水稻、玉米、甘蔗、水果、马铃薯、蚕豆、蔬菜、苜蓿等。由于人口增长过快，每年需进口不少的粮食，是世界最大的食品进口国之一，每年进口小麦近1千万吨。农产品主要出口的是棉花、马铃薯和大米。

旅游业 埃及历史悠久，文化灿烂，名胜古迹多，具有发展旅游业的良好条件。政府重视旅游业的发展，现旅游业是埃第一大外汇来源。埃近年来新建812个旅游项目。全国有五星级饭店32家，客房14.2万间。主要旅游景点有金字塔、狮身人面像、卢克索神庙、阿斯旺水坝等。近年埃及动荡局势严重影响了旅游业。

交通运输 交通便利。埃及是非洲中东和阿拉伯地区第一个修建和使用铁路的国家。有28条铁路线，总长10008公里。公路总长49000公里。水运方面，有7条国际海运线；内河运输线总长约3500公里。主要港口有：亚历山大港、塞得港、杜米亚特港、苏伊士港等，年吞吐量为5200万吨。商船队共有125艘轮船，总吨位达200万吨。苏伊士运河是沟通亚、非、欧的主要国际航道，每天通过船只50艘左右。空运方面，有机场30个，其中国际机场11个，开罗机场是重要的国际航空站。

同中国的关系 埃及是第一个承认中国并与中国建交的阿拉伯、非洲国家。1956年5月30日中埃两国建交。

华人经济

2011年资料统计，埃及华侨华人共有2万多人，几乎全部来自大陆。华侨华人经营的企业约300多家。华侨华人来自浙江的有300多人，多从事商贸。来自台湾的移民有3户（约22人）：1户台资工厂以生产日光灯安定器并内销埃及为主要业务。另两户为台资外销成衣纺织厂。

埃及华侨华人经营行业为餐饮业、进口贸易、游艇出租及成衣业，虽然目前规模均不算大，但根据埃及市场需求情况，还是有相当发展潜力的。

目前埃及尚无华人社团组织，华侨华人之间互动也有限。

莱索托（Lesotho）

国名 莱索托王国（The Kingdom of Lesotho）

面积 30344平方公里

人口 254.2万（2010年）。通用英语和塞苏陀语。约90%的居民信奉基督教和天主教，其余信奉原始宗教和伊斯兰教。

首都 马塞卢

国内生产总值（2010年）： 21亿美元

人均国内生产总值（2010年）： 约950美元

货币名称： 洛蒂，复数为马洛蒂，与南非兰特挂钩等值

汇率（2010年平均）： 1美元＝7.3马洛蒂

简　况

非洲南部的内陆国家，四周被南非环抱。属大陆性亚热带气候。5～9月为旱季，10月～翌年4月为雨季，最高气温33℃，最低气温－7℃。

独立前称巴苏陀兰。19世纪初，巴苏陀族酋长莫舒舒一世统一各族，建立了王国。1868年英国正式宣布巴苏陀兰为其"保护地"，并于1871年将其并入英国在南非的开普殖民地。1966年10月4日宣布独立，定国名为莱索托王国，实行君主立宪制，莫舒舒二世任国王，巴国民党领导人乔纳森任首相。1970年巴举行独立后首次大选，巴苏陀兰大会党获胜。1986年，武装部队司令莱哈尼耶少将发动军事政变，接管政权。1990年11月，军政府废黜莫舒舒二世，立其长子莱齐耶为国王。1993年3月，军政府"还政于民"，举行莱第二次大选，巴苏陀兰大会党又一次获胜，该党主席莫赫勒出任首相。1995年1月，莫舒舒二世复位。1996年1月，莫舒舒二世遇车祸身亡。2月，莱齐耶再度登基。1998年5月举行第三次大选，民主大会党取胜，该党主席莫西西利任首相。2002年5月和2007年2月，莱按照混合选举模式顺利举行大选，民主大会党连续赢得大选，莫西西利均蝉联首相。

全国划分为10个行政区。

经　济

自然资源贫乏，经济基础薄弱，被联合国列为最不发达国家之一。是农业国，粮食不能自给。国民收入主要来源于侨汇、关税收入及建筑业和服装加工业。近几年，政府采取一些发展经济的措施，改善国内的投资环境，努力扩大就业，发展农业和基础建设，经济有所发展。莱索托钻石开采业目前成为新的经济增长点。近年，受国际金融危机影响，莱服装加工业面临困境，侨汇收入锐减，经济形势严峻，经济发展缓慢。

工业 以食品加工业和制造业为主，生产食品、饮料、成衣、制革、建材、家具、电子产品等。另外莱索托钻石业发展较快，已成为该国新的经济增长点。随着欧美相继向莱索托开放无关税、无配额的市场政策，莱索托纺织、服装、制鞋等高附加值的出口加工产业发展迅速。成衣业

目前成为莱索托国民经济第一大支柱产业。莱国已成为撒哈拉以南非洲地区对美最大服装出口国和美在非洲第八大贸易伙伴。近几年，因国际金融危机莱索托服装加工业受到很大影响。

矿业 主要以开采钻石为主，另外有少量的煤、方铅、石英、玛瑙及铀矿等，但不具备商业开采价值。钻石业发展较快，2010年，受国际市场价格上扬刺激，莱索托钻石产量有所提高。

农牧业 农业不发达。全国80%左右的人口为农业人口，农业劳动力占全国总劳动力人数的一半。可耕地面积18万公顷，约占全国土地面积的10%。由于严重的水土流失和连年旱灾，农业在国民经济中比重在下降。畜牧业所占比重较大，全国66%的土地可作为牧场，主要以养羊为主，是非洲著名的马海毛产地。

旅游业 政府重视旅游业的发展，注重旅游设施的建设。游客主要来自南非。滑雪成为近年来新兴的旅游项目。

交通运输 仅有2.6公里长的铁路从莱首都马塞卢通向南非。公路总长7436公里，其中沥青路1189公里，沙石路3793公里，土路2454公里。空运方面，全国有3个主要机场，首都马塞卢莫舒舒国际机场可起降中型民航客机。全国另有30个简易机场，大多只能起降直升机，没有固定航班，仅以国内运输为主。

同中国的关系 1983年4月30日中莱建交。1990年4月7日两国终止外交关系。1994年1月12日两国恢复外交关系。

华人经济

据统计，2009年莱索托华侨华人约2379人，其中台商约为400人，其他皆来自中国大陆的福建、上海等地。华侨华人主要聚集地为首都马塞卢。

莱国华侨华人经营的行业有杂货业、餐饮业、贸易业、纺织业。台商则以纺织业为主，其他则有电子与电器工厂、汽车零件厂、建筑材料厂。台商在莱国设立的企业约96家，其中92家集中在马塞卢，为当地提供5万个就业机会。除了成衣业外，台商也经营商业，包括进口汽车总代理及维修厂、中餐厅、杂货店、零售店、批发业、中医、瓦斯及加油站、国际贸易等，均属中小型规模。

莱国华侨华人社团组织有3个："莱索托中华工商联合会"、"莱索托中华商会"和"莱索托纺织公会"。

马拉维（Malawi）

国名 马拉维共和国（The Republic of Malawi）

面积 11.9万平方公里

人口 1307万（2008年）。英语和奇契瓦语为官方语言。约75%的居民信奉基督教新教和天主教，20%的居民信奉伊斯兰教，其余信奉原始宗教。

首都 利隆圭

国内生产总值（2010年）：50.7亿美元

人均国内生产总值（2010年）：351.4美元

货币名称：克瓦查

汇率（2010年平均）：1美元＝151.1克瓦查

简　况

非洲东南部内陆国，与坦桑尼亚、赞比亚、莫桑比克为邻。3/4国土海拔1000～1500米。属热带草原气候。雨量适中，气候温和。年均气温20℃左右，分凉干（5～8月）、热（9～11月）、雨（12月～翌年4月）三季。热季最高温度达29℃，凉干季最低温度为7℃。年均降水量1000～1500毫米。

16世纪，班图人开始大批进入马拉维湖的西北一带，并在马拉维及毗邻地区定居。1891年英国正式宣布这一地区为“英属中非保护地”。1953年10月，英国强行将该地同南罗得西亚（今津巴布韦）、北罗得西亚（今赞比亚）组成“中非联邦”。1963年2月1日实行内部自治。1964年7月6日独立，改名为马拉维。1966年7月6日宣布成立共和国，马拉维大会党主席海斯廷斯·班达任终身总统。1994年5月17日，举行首次多党制选举，联合民主阵线主席巴基利·穆卢齐当选总统，1999年6月蝉联。2004年5月穆塔里卡赢得大选，成为马第三任总统。2009年5月，穆塔里卡胜选连任。

全国划分为北部、中部和南部三个区。

经　济

马是农业国，全国90%以上人口为农业人口，是联合国列为世界上最不发达国家之一。长期以来，由于基础薄弱并经常遭受自然灾害和国际经济因素的影响，马经济十分困难，经济严重依赖外国援助。20世纪90年代，马政府推行私有化，经济有所好转。马是非洲主要烟草生产国之一，烟草出口占外汇收入的70%。其白助烟品质上乘，在世界享有盛誉。

资源 矿产有煤、铝矾土、石墨、石棉、磷灰石、铀、铁矿等。森林面积约73万公顷。近年，矿产收入增幅较大。2006年，在马北部地区探明储量为11600吨的高品质铀矿。水力资源丰富。

工业 主要是一些初级产品的加工，包括烟草、茶叶、蔗糖、酿酒、棉纺、菜油、粮食加工和建材等。85%为制造业，1/4的工业产品销往国外。

农业 是国民经济的支柱产业。其产值占国内生产总值的1/3。马38%的土地为可耕地，75%的劳动力从事农业生产。粮食作物主要有玉米、高粱、小米、豆类、水稻、木薯等。经济作物主要有烟草、棉花、茶叶、甘蔗等。马是非洲最大烟草生产国之一。马畜牧业以饲养牛、羊为主。马拉维湖和希雷河上游是主要产鱼区。全国约24万人从事捕鱼业。

旅游业 近年来，马拉维旅游发展较快，到马游客逐年增多。马将旅游业发展成第二大创汇产业。主要景点有马拉维湖、国家公园、狩猎区和自然保护区等。游客主要来自英国、南非、津巴布韦、赞比亚等国。

交通运输 马是内陆国，以陆路交通为主。公路总长2.73万公里。其中柏油路占17%与莫桑比克、坦桑尼亚、赞比亚、津巴布韦、博茨瓦纳及南非的公路相连接。铁路总长789公里，与莫桑比克铁路相连。空运方面，有5个民用机场，其中2个是国际机场，共有大小客机9架，国际航线有5条。

同中国的关系 中马两国于2007年12月28日建立大使级外交关系。

华人经济

据有关资料统计，2010年马拉维的华侨华人约1068人。自20世纪90年代后期以来，到马拉维经商的中国大陆移民日渐增多，主要来自江苏海门和福建三明等地。华商较多集中在布兰太尔老商业区林贝。由于在马拉维投资办厂有很大困难，因此多数华商都是从事贸易活动。早期不少人是直接以中国名义登记开店，后因马拉维政府的限制，大多数人改以当地人的名义登记。目前华商主要从事餐饮业、服装批发和零售业，也有少数公司从事工程承包等。

中国的服装、鞋帽、五金等商品在马拉维到处可见。经济首都布兰太尔市最繁华的维多利亚大街有中国人的服装店，估计近40家，老商业区林贝更是中国商店集中的地方，连与莫桑比克交界的偏僻小镇上也到处可见中国的服装和鞋帽。据估计，马拉维90%的商品都来自中国，华商每月要从布兰太尔的兑换所换走60万～70万美元。

马拉维来自台湾的移民约40人。台商在马投资建厂共有16家，总投资额为4342万美元，提供4184个就业机会。经营项目为4家成衣厂、2家营造商、1家木材加工厂、1家花生油制造厂、1家屋顶铁皮制造厂、1家铁钉厂、1家碾米厂、1家农场、1家汽车零件商、1家橡胶拖鞋制造厂，另肥料、饮料厂各1家。

毛里求斯（Mauritius）

国名 毛里求斯共和国（The Republic of Mauritius）

面积 2040平方公里（包括属岛面积175平方公里）

人口 约128.09万（2010年）。英语是官方语言，法语亦普遍使用，克里奥尔语为当地人最普遍使用的语言。居民中51%信奉印度教，31.3%信奉基督教，16.6%信奉伊斯兰教，另有少数人信奉佛教。

首都 路易港

国内生产总值（2010年）：2999.7亿卢比

人均国内生产总值（2010年）：7513美元

货币名称：毛里求斯卢比

汇率（2010年平均）：1美元＝31.17卢比

简　况

印度洋西南部岛国。包括本岛及罗德里格斯岛、圣布兰登群岛、阿加莱加群岛、查戈斯群岛（现由英国管辖）和特罗姆兰岛（现由法国管辖）等属岛。西距马达加斯加约800公里，距肯尼亚的蒙巴萨港1800公里，南距留尼汪160公里，东距澳大利亚4827公里。海岸线长250公里。属亚热带海洋性气候，分夏、冬两季，终年温暖潮湿。沿海地区年均气温25℃，中央高原20℃。

原为荒岛，1598年开始为荷兰人统治，称“毛里求斯”。1715年被法国占领，改名为“法兰西岛”。1814年沦为英国殖民地，并重新命名为“毛里求斯”。此后英国从美洲、非洲、印度移入大批奴隶、囚犯和自由民到此垦殖。1968年3月12日，毛宣布独立，实行君主立宪制，奉英国女王为国家元首。1992年3月12日改行共和制，总统为国家元首。

全国划分为4个大区和5个直辖市，区下设126个村。

经　济

毛独立初期，经济结构单一，主要生产蔗糖。经过改革形成了以糖业、出口加工业、旅游业和金融服务业四大支柱的经济格局。经济得到迅速发展。在世界经济论坛2010年“全球竞争力排名”中，毛里求斯位居133个经济体中的第57位，在非洲国家中仅次于突尼斯和南非。

工业 以制糖业和出口加工业为主。制糖业是毛传统工业，其收入占毛外汇收入的45%，2010年蔗糖产量为452.5万吨。出口加工业是20世纪80年代初发展起来的新兴工业。主要产品是纺织品、服装、钟表、珠宝首饰、仪表等。毛出口加工区内企业以国内资本为主。

农业 全国可耕地有11.08万公顷，其中蔗田76186公顷，粮田5262公顷。农业就业人口约占总就业人口的12%，粮食主要靠进口，每年约进口粮食20万吨。农作物主要有甘蔗、茶叶、烟草、洋葱、水果等。畜牧业主要是养牛、羊、猪、鹿、鸡等。毛国内需求的奶制品和牛肉主要依靠进口。有120万平方公里的渔业专属区，主要出产金枪鱼。毛政府鼓励发展渔业，并保护渔业资源的可持续发展。

旅游业 是毛第三大创汇产业。目前有注册运营的饭店112家。游客主要来自法、英、德等西欧国家及留尼汪、南非、马达加斯加等周边国家和地区，欧洲游客占游客总数的66%。

交通运输 无铁路。以公路运输为主，公路总长2020公里，其中快速公路75公里，干线公路955公里，城乡公路592公里。海运方面，全国90%以上的进出口物资靠海运。路易港是毛唯一的国际商港，毛99%的海上贸易通过该港运行。该港口现代化程度高，集装箱吞吐量大，拥有26公顷的集装箱码头，有现代化的集装箱起重机3台，是撒哈拉以南非洲地区第二大集装箱港口。空运方面，有两个机场，既位于普莱桑斯的“拉姆古兰国际机场”和“罗德里格岛民用机场”，拉姆古兰国际机场在非洲机场客流量中排名第6位。有30条国际航线，连接10多个欧、亚、非国家。

同中国的关系 1972年4月15日中毛两国建交。

华人经济

毛里求斯华侨华人2009年为38000人，占毛里求斯总人口的2.94%，其历史可追溯至1821年英国人为发展毛里求斯种植业，因而向福建招募劳工。第二次世界大战后中国大陆沿海仍有一些人口移民至毛里求斯，其中以梅县地区客家人为主(占总华人数90%以上)，来自台湾的人数很少，约70余人。华侨华人半数以上聚居于首都路易港，其余散居于各城市。

当地华侨华人以经商为主，从零售商向批发、进出口、转口、工业、商务代理、银行、保险业等发展，约占毛里求斯经济10%。台商在毛里求斯经营的有渔船补给业务、成衣厂与小规模的陶艺公司等。华侨华人在毛里求斯社会、经济、文化各个领域均扮演着极为重要的角色。

毛里求斯的华侨华人社团组织有19个，其中主要的有最早期成立的“毛里求斯华侨商会”、后期成立的有另一个商会，还有“台湾旅毛同乡联谊会”、“仁和会馆”等。

毛是唯一将中国春节定为法定假日的非洲国家。

纳米比亚（Namibia）

国名　纳米比亚共和国（The Republic of Namibia）

面积　824269平方公里

人口　210万（2008年）。英语是官方语言，通用阿非利卡语、德语和广雅语、纳马语及赫雷罗语。90%的居民信奉基督教，其余信奉原始宗教。

首都　温得和克

国内生产总值（2010年12月）： 123.12亿美元

人均国内生产总值（2010年12月）： 约5800美元

货币名称： 纳米比亚元

汇率（2010年12月）： 1美元≈7.32纳元

简　况

原称西南非洲，北同安哥拉、赞比亚为邻，东南接博茨瓦纳和南非，西濒大西洋。海岸线长1600公里。全境大部分地区在海拔1000～1500米。西部沿海和东部内陆地区为沙漠地带，北部为平原。气候燥热少雨，年均气温18～22℃。

15～18世纪，荷、葡、英等国殖民者先后入侵。1890年被德国占领。1949年南非非法吞并西南非洲。1966年联合国通过决议，取消南非对西南非洲的委任统治。1968年西南非洲更名为纳米比亚。1990年3月21日纳宣布独立。

全国划分为13个行政区。

经　济

纳米比亚实行的是私人资本、外来资本和国有资本为国民经济的主体的混合经济体制。政府制定优惠政策，大力吸引外资进入以出口为导向的制造业、矿产品加工业、旅游业及金融服务业。纳种植业、制造业较落后，矿业、渔业和农牧业为三大传统支柱产业。近年政府加大公路、铁路和港口等基础设施建设，在重视发展私企的同时，努力提高国企效益，经济形势保持稳定。近年因受国际金融危机影响，经济增速减缓。

资源　矿产丰富，有“战略金属储备库”之美称。主要矿产有钻石、铀、铜、铅、锌、金等。铀、钻石等矿产资源储量及产量居非洲前列。渔业资源丰富，是世界海洋渔业资源最丰富的国家之一。

工矿业　制造业不发达，主要是一些小型私企，约有300家，80%的市场是由南非控制的。主要有食品、饮料、纺织服装、皮革加工、木材加工和建材化工等行业。矿业是纳支柱产业，90%的矿产品用于出口，主要产品是氧化铀、钻石和黄金等。

农牧渔业　农业落后。可耕地有6900万公顷，土地贫瘠。主要农作物是玉米、高粱和小米等。粮食不能自给。畜牧业较发达，主要以养牛、养羊为主，大部分出口到南非和欧洲。所产紫羔羊皮驰名世界。渔业资源丰富，捕捞量位居世界前十名。主要产鳕鱼、沙丁鱼、龙虾和蟹。

旅游业 旅游业较发达，产值占国内生产总值的10%左右。旅游景点主要集中在北部和南部地区，艾淘沙公园闻名于世。

交通运输 较发达。铁路总长2600公里。公路总长约6.4万公里，其中沥青路5000公里。水运方面，沃尔维斯湾是纳米比亚唯一深水港和西南非洲地区最大的贸易港和渔港。空运方面，纳米比亚航空公司经营国际和国内航线，有航线通往法兰克福、开普敦、约翰内斯堡、卢萨卡、哈拉雷和罗安达等城市，国内航线通往纳各主要城市及一些偏远城市。

同中国的关系 1990年3月22日中纳两国建交。

华人经济

据有关资料统计，2009年纳米比亚有华侨华人4000人，都是20世纪80年代移入者，主要居住于温得和克市和沃尔维斯湾市等地。祖籍多为中国的福建、上海、辽宁等。华侨华人主要从事批发零售业。首都温得和克有一座批发和零售中国商品的“中国城”。商户每年从中国运来的货柜至少有1000个，许多华人在此经营有成效，如鱼得水。“纳米比亚中华工商联合总会”是当地唯一华人社团。

尼日利亚（Nigeria）

国名　尼日利亚联邦共和国（The Federal Republic of Nigeria）

面积　923768 平方公里

人口　1.5 亿（2010 年估计）。英语是官方语言。居民中 50％的人信奉伊斯兰教，40％的人信奉基督教，10％的人信奉其他宗教。

首都　阿布贾

国内生产总值（2010 年）：2490 亿美元

人均国内生产总值（2010 年）：1638 美元

货币名称：奈拉

汇率（2010 年平均）：1 美元＝150 奈拉

简　况

位于西非东南部，东邻喀麦隆，东北隔乍得湖与乍得相望，西接贝宁，北接尼日尔，南濒大西洋几内亚湾。边界线长约 4035 公里，海岸线长约 800 公里。地势北高南低，境内多河流。属热带季风气候，全年分旱雨两季，年均气温 26～27℃。

尼日利亚是非洲文明古国。公元 8 世纪扎格哈瓦游牧部落在乍得湖周围建立了卡奈姆—博尔努帝国。14～16 世纪，桑海帝国盛极一时。1472 年葡萄牙入侵。16 世纪中叶英国入侵。1914 年沦为英国殖民地。1960 年 10 月 1 日宣布独立，成为英联邦成员国。1963 年 10 月 1 日成立尼日利亚联邦共和国。独立后曾多次发生军事政变，军人长期执掌政权。2003 年奥巴桑乔蝉联总统。2007 年 4 月人民民主党候选人亚拉杜瓦当选总统。2010 年 5 月，亚拉杜瓦病逝，副总统乔纳森继任总统。

全国划分为 1 个联邦首都区、36 个州以及 774 个地方政府。

经　济

尼日利亚是非洲第二经济体，同时也是非洲人口第一大国。历史上曾是农业国。自 20 世纪 70 年代起成为非洲最大的产油国。80 及 90 年代，由于国内政局不稳和西方国家经济制裁等原因，经济形势不好。90 年代末，尼政府加强经济宏观调控但仍不乐观，制造业不景气，失业严重，贫困化加重。奥巴桑乔政府执政后，推行自由化、私有化政策，加大基础设施建设力度，大力改善投资环境。亚拉杜瓦执政以来，提出经济发展新举措。几年来，尼经济总体保持较快的增长。但经济结构单一、农业发展落后、基础设施薄弱仍将影响经济发展。2010 年，随着金融危机影响的逐步消退，尼经济复苏，2010 年经济增长率达 7.9％。

资源　资源丰富，探明有 30 多种矿藏。主要有石油、天然气、锡、煤、石灰石等。已探明石油储量 362 亿桶，居世界第十、非洲第 2 位。日产原油 250 万桶，为非洲第一、世界第十一大产油国。已探明天然气储量约 188 万亿立方英尺，潜在储量 600 万亿立方英尺。煤储量约 27.5 亿吨，为西非唯一产煤国。森林覆盖率为17%。

工矿业 石油工业是尼日利亚国民经济的支柱。尼外汇收入的95%、政府财政收入的85%、国内生产总值的20%～30%来源于石油行业。主要的制造业为纺织、车辆装配、水泥、木材加工、饮料和食品加工，大多集中在拉各斯及周围地区。

农业 尼全国70%的劳动力从事农业生产。可耕地有8120万公顷，已耕地面积为3400万公顷。农业主产区主要集中在尼北方地区。独立初期，尼为农业国，棉花、花生等许多农产品在世界上居领先地位。随着石油工业的兴起，农产品产量逐渐减少，农业发展倒退，粮食不能自给，需大量进口。近年尼政府加大对农业的支持，农业得到一定程度的发展。

尼畜牧业占国民生产总值比重较小，疫病影响了尼畜牧业的发展。尼渔业集中在近海及乍得湖、尼日尔河一带，渔业资源未得到充分利用。林业占国民总产值的4%左右。尼是非洲最大的木材生产国，年产量超过1亿立方米，主要生产锯木、胶合板、碎料板和纸张，几乎全部供当地消费。

旅游业 旅游资源丰富，主要旅游景点有夸拉州和高原州的瀑布、乍得湖寺院、奥古塔湖等。有旅游酒店约400家。

交通运输 公路总长194394公里，其中铺装路面60068公里，高速公路1194公里；联邦道路总长3.21万公里，州级道路总长3.05万公里，其余为地方政府道路。已基本形成一个连接首都阿布贾和各州首府的交通网。铁路总长3500公里，主要有西南—东北线和东南—西北线。水运方面，内河航线总长3000公里，承担内河航运的主要是贝努埃河和尼日尔河。全国有11个海港，总吞吐量为3200万吨。空运方面，只有私营航空公司，主要运营国内航线及少量国际航线。全国有37个主要机场，其中5个是国际机场。

同中国的关系 1971年2月10日中尼两国建交。

华人经济

尼日利亚2010年华侨华人为24792人，台商人数则为182人，其余多来自香港地区和中国大陆。华侨华人主要分布在地拉各斯、卡诺、卡杜那、依巴丹等地。

华侨华人主要从事贸易业。当地的轻工业和家电市场基本为华人所占据。日用品几乎百分之百是中国制造。

南　非（South Africa）

国名　南非共和国（The Republic of South Africa）

面积　121.9万平方公里。

人口　5049.2万人（2010年）。

首都　比勒陀利亚为行政首都；开普敦为立法首都；布隆方丹为司法首都。

国内生产总值（2010年）：3640亿美元

人均国内生产总值（2010年）：7410美元

货币名称：兰特

汇率（2010年平均）：1美元＝7.31兰特

简　况

位于非洲大陆最南端，北邻纳米比亚、博茨瓦纳、津巴布韦、莫桑比克和斯威士兰，莱索托在其东部、被其领土包围，东、南、西三面濒印度洋和大西洋。海岸线长3000公里。全国大部分地区属热带草原气候，夏季最高气温32～38℃，冬季最低气温为－12～10℃。

最早的土著居民是桑人、科伊人及后来南迁的班图人。17世纪后，荷兰人、英国人相继入侵并不断将殖民地向内地推进。19世纪中叶，白人统治者建立起4个政治实体：2个英国殖民地，即开普和纳塔尔殖民地；2个布尔人共和国，即德兰士瓦南非共和国和奥兰治自由邦。1899～1902年的英布战争，以英国人艰难取胜告终。1910年4个政权合并为“南非联邦”，成为英国的自治领地。1961年5月31日退出英联邦，成立南非共和国。

全国划分为9个省。各省有立法及任免公务人员权力，负责本省经济、财政、税收等事务。全国共有278个地方政府，包括8个大都市、44个地区委员会和226个政府地方委员会。

经　济

南非经济开放程度较高，有较完整的基础设施和健全的国民经济体系。是非洲经济最发达的国家。国内生产总值曾一度占全非洲的1/3，对外贸易占全非洲的1/4左右。矿业、制造业、农业和服务业是南非经济四大支柱。

2010年以来，南非开始走出国际金融危机影响，经济止跌回升态势明显。2010年南非人均国内生产总值由2009年的5799美元增加到7410美元。通胀率由2009年的7.2%下降到4.1%。受国内产业结构、劳动力结构特征等多种因素影响，困扰南非多年的高失业率仍没能得到缓解。此外，受世界金融危机影响，南非矿业、制造业、服务业等领域失业人数在增加，2010年失业率高达24.9%。

资源　自然资源丰富，是世界五大矿产国之一。黄金、铂族金属、锰、钒、铬、硅酸盐的储量居世界第1位，蛭石、锆、钛、氟石居第2位，磷酸盐、锑居第4位，铀、铅居第5位，煤、锌居第8位，铁矿石居第9位，铜居第14位。南非是世界第6大产煤国，是蒸汽煤的第4大出口国。

工业 南非是非洲国家中工业化程度最高的国家。矿业、制造业、建筑业和能源业是南非工业四大部门。主要行业有钢铁、金属制品、化工、运输设备、机器制造、食品加工、纺织、服装等。

南非矿业约 2/3 为私营企业所控制，矿产品是南非重要的出口商品，约有 52 万人从事矿业生产。南非矿业有着悠久的历史，具有完备的现代化矿业体系和先进的开采冶炼技术，是南非经济的支柱。南非是世界上重要的黄金、铂族金属以及铬生产国和出口国。南非产钻石，其产量占世界的 9%。世界上最大的钻石生产和销售公司是南非的德比尔斯公司，总资产 200 亿美元，其营业额曾一度占世界钻石供应市场 90%的份额，目前仍控制着世界钻石贸易的 60%。

南非制造业技术先进、门类齐全。钢铁工业是南非制造业的支柱产业，拥有 6 大钢铁联合公司、130 多家钢铁企业。近年来，南非汽车制造等新兴出口产业发展较快。

近几年，南非建筑业发展较快，产值稳步增加。受南非政府重视黑人居民住房建设及 2010 年世界杯举行的影响，南非建筑业增长较快。

能源工业基础雄厚，技术先进，产值约占国内生产总值的 15%，电力工业较发达，发电量占全非洲的 2/3，是世界上电费最低的国家之一，国营南非电力公司是世界上第七大电力生产和第九大电力销售企业，拥有世界上最大的干冷发电站，供应南非 95%和全非洲 60%的用电量。在开普敦附近建造的科布尔核电站是非洲大陆唯一的核电站。发电能力为 184.4 万千瓦。此外，南非萨索尔公司的煤合成燃油与天然气合成燃油技术成熟，商业运行居世界领先地位。

农牧渔业 农业较发达。可耕地面积约占国土面积的 13%，但肥沃土地仅占 22%。主要农作物有玉米、小麦、大麦、高粱、花生、葵花籽、甘蔗、马铃薯、烟草和水果。玉米是南非最重要的粮食作物，全国 36%的可耕地种植玉米，全国约有 1.5 万个农场种植玉米。蔗糖、玉米和水果是南非的主要出口农产品。南非畜牧业较发达，主要集中在西部 2/3 的国土上，主要是养牛、养羊和养猪等。绵羊毛产量可观，是世界第四大绵羊毛出口国。水产养殖业产量占全非洲的 5%。全国约有 2.8 万人从事海洋捕捞业。有各种捕捞船 500 多艘，海产品主要有淡菜、鳕鱼、牡蛎和开普无须鳕。

旅游业 是南非第三大外汇收入和就业部门，旅游资源丰富，设施完善。有 700 多家大饭店，2800 多家大小宾馆、旅馆及 10000 多家饭馆。旅游点主要集中在东北部和东、南沿海地区。生态游和民俗游是两大主要增长点。

交通运输 南非拥有庞大的现代化交通体系，在南部非洲经济中起着非常重要的作用。公路总长 362099 公里，其中柏油路 73506 公里（包括高速路 239 公里）。铁路总长 20192 公里。空运方面，有机场 578 个，另有一个直升机机场。水运方面，海洋运输业发达，主要港口有开普敦、德班、东伦敦、伊丽莎白港、理查兹港、萨尔达尼亚和莫瑟尔湾。有商船 990 艘，总吨位 75.5 万吨，年吞吐量达 12 亿吨。空运方面，共有各类飞机 10189 架，南非航空公司是非洲最大的航空公司，也是世界最大的 50 家航空公司之一。有 27 个民航机场，其中 11 个是国际机场。

同中国的关系 1998 年 1 月 1 日中南两国建交。

华人经济

根据南非有关方面统计，2010 年南非

的华侨华人有 30 万以上，主要来自中国大陆和台湾、香港等地区，来自台港的有 1.2 万人，多聚居在约翰内斯堡和沿海各港口城市，如比勒陀利亚、开普敦、金伯利等地。

南非华侨华人经营的行业广泛，规模一般较小，但却很兴隆，如做点小百货、鞋帽等生意，生活就显得很富足。华人中经营好的多是台湾人。早期的老侨民以经营杂货、餐馆、洗衣店为主，但他们的第二代或第三代因接受了高等教育，很多从事医生、会计、建筑师等专门职业，因此华侨华人社会地位、形象已大幅提高。20 世纪 70 年代后，由于中国大陆的广东、上海、福建及其他省份来的新移民不断增加，为数不少的台湾及香港地区的移民也陆续增多。新移民除了经营传统行业外，还介入大型超市、房地产、旅游等行业。由华侨独资兴建的位于约翰内斯堡市中心主要街道上的“中国广场”是批发商城。

南非华侨华人厂商共 620 家，投资总额 15.6 亿美元，雇用当地员工人数超过 4 万人以上。其中工业厂商有 280 家，总投资金额 10.43 亿美元左右，雇用 3.6 万人。华侨华人投资的主要行业为纺织成衣及毛衣，其他有塑胶、电子、电器、鞋类、木材加工、金属制品、宝石加工、矿产加工、饰品、钟表、橡胶、皮革、食品、化学品等。台商投资商业与服务业的有 340 家，总投资额大约 4.84 亿美元，雇用员工 5000 多名。投资以进出口贸易为主的约 94 家，其他有批发业 58 家、杂货业 48 家、餐馆业 42 家、不动产业 17 家、运输及报关业 7 家、旅游业 35 家、工商服务业 8 家及其他 40 家。

南非的华人社团最早是台商组建的。原籍中国大陆大连的新移民尹晶业于 1993 年成立“南非国际文化交流贸易中心”下设“华语教育中心”和“武术中心”。1999 年他创办了由他任主席的“开普敦华侨华人工商联合会”。

南非约堡的华人美食街：南非约堡西罗町地区有条 Derrick 街，这是条从头到尾大约走 5 分钟的小街，南非人习惯称它为华人美食街，因为就在这条不长的街道两边，华人开设的大大小小的中餐馆竟然有 16 家之多，经营的品种更是山南海北，丰富多彩。

这条街上除了供应各种中国地方食品，还有 6 家规模各异的华人超市，节假日的“华人美食街”人潮如涌，华人扶老携幼，举家前来此地购物就餐。华人美食街上最早开设的小吃店要算是“秦记面馆”了，可是在外国人心目中最富有中国民族特点的食品要算是水饺了。“北方水饺”是能获得众多华人、南非人首肯的店家。“北方水饺”的生意相当地稳定，一些外地华人还会定期带着保温桶来店里购买水饺，然后再带回当地与亲朋好友共享。

斯威士兰（Swaziland）

国名　斯威士兰王国（The Kingdom of Swaziland）

面积　17363平方公里

人口　120万（2010年估计）。英语和斯瓦蒂语为官方语言。60％的居民信奉基督教，30％的居民信奉原始宗教，10％的居民信奉伊斯兰教。

首都　姆巴巴内

国内生产总值（2010年）：31.65亿美元

人均国内生产总值（2010年）：3072美元

货币名称：里兰吉尼；复数称埃马兰吉尼

汇率（2010年平均）：1美元＝7.6埃马兰吉尼

简　况

非洲东南部内陆小国，北、西、南三面为南非所环抱，东与莫桑比克为邻。属亚热带气候，年均气温西部为16℃，东部为22.2℃。

15世纪后期，斯威士兰人由中部非洲和东非逐渐向南迁移，16世纪定居于此地并建立起王国。1907年后成为英国“保护地”。1968年9月6日宣布独立，定名斯威士兰王国。

全国划分为4个区。

经　济

斯奉行的是自由市场经济，鼓励私人及外国资本的投入，鼓励出口。斯人均国内生产总值居黑非洲国家前列，被世界银行列为中等偏下收入国家。

资源　自然资源丰富，矿藏主要有石棉、煤、铁、金、钻石、高岭土等。森林面积54.1万公顷，约占国土面积的31.5％，斯人造林规模在世界上名列前茅。斯水力资源较丰富。

工业　工业发展较快，在国民经济中占较大比重。主要有石棉、钻石、煤、榨糖、木材加工、纸浆、水果罐头和棉纺等工业。

农牧业　农牧业在国民经济中占有重要位置。斯全国有80％的人口是农业人口，可耕地面积占国土面积的14.3％，但粮食不能自给。主要农作物有甘蔗、玉米、棉花等。种植甘蔗是斯就业人口最多的行业。斯草地牧场面积占国土面积的67％，主要是养牛业。

旅游业　旅游业较发达，但基本由南非财团控制。斯博彩业是旅游业的一大特色项目，游客主要来自欧洲和南非等国，外国游客中60％为赌客。近来政府通过开发野生动物园和展示斯国丰富多彩的礼仪文化来招揽游客，有完好的旅店设施，太阳国际集团在斯开有数家五星级宾馆。

交通运输　以公路运输为主，公路总长3800公里。铁路总长370公里，与莫桑比克和南非的铁路相连。铁路货运是斯国内及与周边国家开展贸易的重要运输方式。空运方面，曼齐尼国际机场有定期国际航班通往南非、马拉维、莫桑比克、津巴布韦、赞比亚、肯尼亚、莱索托、坦桑尼亚、乌干达等国。

华人经济

斯威士兰的华侨华人 2010 年约 1419 人，其中多数人来自中国大陆和香港、澳门地区，来自台湾的约 218 人，华侨华人主要居住于斯国商业城市曼齐尼(Manzini)及首都姆巴巴内(Mbabane)。

斯国华侨华人经营的行业有成衣业、纺纱业、纸箱业、餐饮业、娱乐业、贸易业及模具制造业等。其中成衣厂均为近年来的新兴投资事业，以外销美国为主。其余多为华侨之小型家庭式企业。

华侨华人中较早的移民来自中国大陆及港澳，新近前来投资的是台商，虽然人数不多，但在非洲地区斯国可是台商家数较多的国家。台商在斯国投资以纺织成衣业为主，目前共有 25 家台商工厂投资于斯国，包括成衣厂、绣花及印花厂、纺织厂、织布厂、染整厂、塑胶编织袋厂、机械厂、纸箱厂，总投资额合计约 9000 万美元，共提供 1.5 万余个就业机会。

斯国华侨华人社团不大，目前“斯威士兰中华公会”是唯一的华侨组织，成员由来自各地的华人组成，其所设的“斯威士兰台湾商会”以台商为主要成员。

附：世界各地华侨华人人口最新统计

世界各地华侨华人人口最新统计

洲别	国家（地区）	华侨华人人数	资料年限
亚洲			
东南亚	文莱（Brunei）	60000	2012
	柬埔寨（Cambodia）	600000	2011
	东帝汶（East Timor）	22000	2010
	印度尼西亚（Indonesia）	18000000	2009
	老挝（Laos）	300000	2008
	马来西亚（Malaysia）	6392636	2010
	缅甸（Myanmar）	6000000	2012
	菲律宾（Philippines）	2000000	2012
	新加坡（Singapore）	2760000	2009
	泰国（Thailand）	7000000	2008
	越南（Viet Nam）	1140000	2009
东北亚	日本（Japan）	674871	2011
	韩国（R. O. Korea）	636500	2010
	朝鲜（D. P. R. Korea）	5400	2009
	蒙古（Mongolia）	2300	2012
南亚	孟加拉国（Bangladesh）	480	2000
	印度（India）	143768	2010
	巴基斯坦（Pakistan）	4000	2009
	斯里兰卡（Sri Lanka）	600	2000

续表

洲别	国家（地区）	华侨华人人数	资料年限
西亚	以色列（Israel）	30000	2003
	约旦（Jordan）	674	2000
	黎巴嫩（Lebanon）	200	2002
	沙特阿拉伯（Saudi Arabia）	200000	2012
	土耳其（Turkey）	40000	2009
	阿拉伯联合酋长国（The United Arab Emirates）	200000	2011
中亚	哈萨克斯坦（Kazakhstan）	30000	2004
	吉尔吉斯斯坦（Kyrgyzstan）	10000	2004
美洲			
北美	加拿大（Canada）	1300000	2010
	墨西哥（Mexico）	60000	2002
	美国（United States）	4300000	2012
中美	伯利兹（Belize）	6500	2009
	哥斯达黎加（Costa Rica）	42546	2009
	古巴（Cuba）	5900	2009
	多米尼加（Dominican）	17948	2009
	萨尔瓦多（EL Salvador）	2050	2009
	危地马拉（Guatemala）	25396	2009
	洪都拉斯（Honduras）	4500	2009
	尼加拉瓜（Nicaragua）	2000	2009
	巴拿马（Panama）	300000	2008
	圣文森特和格林纳丁斯（St. Vincent and the Grenadines）	24	2009

续表

洲别	国家（地区）	华侨华人人数	资料年限
南美	阿根廷（Argentina）	120000	2011
	巴西（Brazil）	300000	2012
	智利（Chile）	8895	2009
	哥伦比亚（Colombia）	660	2002
	厄瓜多尔（Ecuador）	38755	2009
	巴拉圭（Paraguay）	5000	2009
	秘鲁（Peru）	2000000	2012
	委内瑞拉（Venezuela）	150000	2007
	巴哈马（Bahamas）	654	2009
欧洲			
西欧	比利时（Belgium）	9000	2009
	法国（France）	450000	2009
	爱尔兰（Ireland）	17000	2009
	荷兰（Netherlands）	112000	2009
	英国（United Kingdom）	600000	2012
中欧	奥地利（Austria）	30000	2012
	德国（Germany）	150000	2010
	瑞士（Switzerland）	14000	2009
南欧	希腊（Greece）	20000	2011
	意大利（Italy）	210000	2011
	葡萄牙（Portugal）	15000	2012
	西班牙（Spain）	200000	2011
北欧	丹麦（Denmark）	200000	2011

续表

洲别	国家（地区）	华侨华人人数	资料年限
	芬兰（Finland）	5000	2009
	挪威（Norway）	13000	2009
	瑞典（Sweden）	23000	2009
东欧	捷克（Czech）	4000	2007
	克罗地亚（Croatia）	600	2007
	匈牙利（Hungary）	15000	2009
	罗马尼亚（Romania）	10000	2011
	乌克兰（Ukraine）	30000	2004
大洋洲			
	澳大利亚（Australia）	670000	2008
	斐济（Fiji）	5500	2009
	法属波利尼西亚（French Polynesia）	30000	2000
	关岛（Guam）	5000	2000
	密克罗尼西亚（Micronesia）	20	2007
	新西兰（New Zealand）	150000	2007
	巴布亚新几内亚（Papua New Guinea）	5000	2010
	帕劳（Palau）	1000	2009
	所罗门群岛（Solomon Islands）	1000	2006
非洲			
	埃及（Egypt）	20000	2011
	莱索托（Lesotho）	2379	2009
	马拉维（Malawi）	1068	2010
	毛里求斯（Mauritius）	38000	2009

续表

洲别	国家（地区）	华侨华人人数	资料年限
	纳米比亚（Namibia）	4000	2009
	尼日利亚（Nigeria）	24792	2010
	南非（South Africa）	300000	2010
	斯威士兰（Swaziland）	1419	2010

图书在版编目（CIP）数据

华人经济年鉴．2012～2013/《华人经济年鉴》编辑委员会编．—北京：中国华侨出版社，2013.8

ISBN 978-7-5113-3845-7

Ⅰ.①华… Ⅱ.①华… Ⅲ.①华人－经济－世界－2012～2013－年鉴 Ⅳ.①F112-54

中国版本图书馆 CIP 数据核字（2013）第 183565 号

华人经济年鉴（2012～2013）

主　　编　葛　兰
责任编辑　月　阳
责任校对　孙　丽
经　　销　新华书店
开　　本　899 毫米×1194 毫米　1/16　印张/15.25　字数/240 千
印　　刷　三河市国新印装有限公司
版　　次　2013 年 10 月第 1 版　2013 年 10 月第 1 次印刷
书　　号　ISBN 978-7-5113-3845-7
定　　价　430.00 元

中国华侨出版社　　北京市朝阳区静安里 26 号通成达大厦三层　邮编 100028
编辑部：（010）64443056　64443979
发行部：（010）64443051　传真：（010）64439708
网　址：www.oveaschin.com
E-mail：oveaschin@sina.com